北方民族大学文库

2008 年度国家社科基金项目"回族话语料库建设"

（08XYY017）结项成果之一

西北回族话研究

Study on Chinese Northwest
Hui Muslims' Dialects

李生信　著

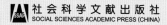
社会科学文献出版社
SOCIAL SCIENCES ACADEMIC PRESS (CHINA)

目　录

回族话概说

　　关于回族话的界定，人们向来说法不一。有人认为回族话是一种汉语方言现象，所以把回族话看作"回族汉语方言"[1]；有人认为回族话是一种语言文化现象，因而把回族话归为文化语言的范畴[2]；也有人从民族语言学的角度，把回族话界定为"回族语言"[3]。笔者认为，回族话其实是一种特殊的汉语方言现象，是以民族和地域为界线而形成的。一方面，在语音上，回族话融入所处区域的方言中，形成了地异音殊的特点；另一方面，在词汇上，回族话又跨方言区域而共同存在，形成了异地同词现象。因此，我们把回族话归之为特殊的汉语方言现象。回族话就是回族使用的汉语。其实，回族话的形成不仅仅是一个简单的语言学问题，而是民族学、文化学、社会学、语言学等诸多学科综合讨论的问题。从语言发展历史来看，回族话的形成是语言接触和文化交流的结果，和民族先民母语有着千丝万缕的联系，有着丰厚的民族语言文化基础。

　　回族并没有独立的民族语言，回族人无论是民族内部交际，还是和其他民族成员交际，都以汉语为交际工具。但回族在使用汉语时，却为其打上了鲜明的民族语言烙印。这一点在回族聚居的地方表现得尤为突出。因为这种鲜明的民族语言特征主要表现在回族内部的口语交际中，所以称这种现象为"回族话"。其实，

---

① 金雅声、柳春：《临夏回族汉语方言语音格局》，民族出版社，2011。
② 杨占武：《回族语言文化》，宁夏人民出版社，1996。
③ 刘杰：《关于回族语言研究的回顾与思考》，《长春工业大学学报》（社会科学版）2013 年第 5 期。

回族话并不是简单的汉语方言现象，回族话是超越了地域边界而形成的特殊的方言现象。回族话虽然不属于独立的民族语言，但和先民母语的联系是密不可分的，有着鲜明的民族语言特征。

早在唐、宋时期，从波斯、阿拉伯等地来华从事贸易的穆斯林商人就生活在广州、泉州、扬州、杭州、长安等城市，把自己原来的波斯语、阿拉伯语等语言自然而然地带到了中国。元代，由于成吉思汗西征，大批的波斯人、阿拉伯人、中亚人迁徙到中国来，且分布在全国城乡各地，其政治地位也比较高。在元代，朝廷专门设立了"回回国子学""回回国子监"这样一些学习研究回回语言文字的机构，教授"亦思替非文字"，即当时通行的"回回文"。人们把当时元朝通行的波斯文称作"回回字"。《泉州伊斯兰教石刻》① 所载元代遗留下的石碑，上面刻有阿拉伯文字，说明当时阿拉伯文流行也很广。由于元代的开放政策，回回人可以讲阿拉伯语、波斯语，朝廷还为回族先民使用阿拉伯语和波斯语及其文字提供了有利条件。直到元末明初，虽然有一些政治、经济、文化等领域的上层回族人士为了仕进而学习汉语，但整个回族内部，主要还是使用阿拉伯语和波斯语。这一时期，在回族当中还出现了阿汉对照的各种公文、门牌等。明朝在"四夷馆"和"会同馆"内专设"回回馆"。明朝后期至清朝，对外实行封闭政策，对内特别是对回族实行了强制性的汉化政策，语言方面自然也受到限制，这使阿拉伯语、波斯语等部分回族先民的母语逐渐衰落，最后汉语成为回族的共同语。现在只有海南岛三亚市羊栏区回辉乡和回新乡的四千三百多回族，除了会讲汉语海南话和广州话以外，在本民族内部仍保留着一种跟国内任何民族都不一样的语言，暂定名为"回辉话"。这种语言的语音系统、词汇、语法等基本要素都有自己的独特之处，至今已保持了数百年。除此以外，现在全国各地的回族都讲汉语。

回族话形成的历史，和回族民族形成的历史是同步的。关于

---

① 陈达生主编《泉州伊斯兰教石刻》，宁夏人民出版社，1984。

回族先民的成分以及回族先民使用的语言,学术界众说纷纭。人们一般认为,回族先民主要是元代时来自中亚、西亚的穆斯林。但中亚和西亚地区的古代民族,其语言成分是相当复杂的,呈现出语言多元化的特征。以此类推,回族先民的语言成分,自然也是相当复杂的。由回族先民的语言,发展为现在的回族话,必然经历语言整合的动变过程。这样一个语言渐变的整合,至少应该经过了先民母语阶段→双语阶段→汉语阶段这样一个演变过程。

人们一般认为,回族先民最初使用的语言不下四五种,主要有阿拉伯语、波斯语、中亚各国语及中国境内一些少数民族的语言。这应该是回族话尚未形成时的先民母语阶段。回族先民母语的千差万别,显然不利于语言交际,既影响民族内部的交际,又影响与其他民族的交际。语言交际问题成为一个十分突出的问题,也就很有必要寻找一种共同的交际语言,汉语就成了首要的选择。

至于回族先民放弃民族母语而选择汉语,这是由多种因素决定的,包括社会因素、文化因素、政治因素、经济因素、民族因素及地域、人口等多种因素,但归根到底决定因素还是语言接触。

回族先民最初来到中国,重要的目的就是经商,他们和以汉语为主要语言的贸易对象交际中,语言障碍自然就成为最大的障碍之一。这种语言障碍不仅存在于回族先民和汉族的交际中,也存在于不同来源的回族先民的内部交际中,人们在努力寻找突破语言障碍的途径,使用汉语就成了最简便的选择,这也就为回族转用汉语打下了基础。长期的贸易往来,必然会带动文化交流,使交际范围更加广泛。语言的交际障碍和文化的交流障碍因为汉语的使用而消失。多层次的语言接触成为回族最终以汉语为民族共同语的最重要的因素。

回族话的形成和先民母语有着千丝万缕的联系,我们从现代回族话中能够找出不少这方面的语言材料证据。回族先民在由民族母语转用汉语的过程中,把许多先民母语词汇带入汉语之中,形成了现在回族话中夹杂着大量的阿拉伯语词汇、波斯语词汇的特殊现象,也使回族话成为汉语的一种特殊类型。这也是形成回族话的民族语言基础之一。

回族话中有不少用汉语音译的或者音意合译的先民母语词汇，主要有阿拉伯语词、波斯语词，人们一般称之为阿拉伯语、波斯语借词，我们视之为转用词。如"安拉""古尔邦""胡达"等，这些音译词融入回族话后，就要服从汉语的内部规律，但又表现出自身的一些特征。在语音方面，它是按照音译词语音系统被汉语化了的，用的是汉语读音，有自己的声调，符合汉语声母、韵母相拼的规则。这些译词中的不少词语，都具有宗教的内涵，根本无法用一个相应的汉语词来翻译、代替，在这种情况下，一般用原有的读音，将原有的意义附着在汉语的形式之上。回族话中的这些词来源比较单纯，主要源于民族宗教的需求，以表现伊斯兰教宗教生活为主。回族人在民族内部交际时经常使用这些词，像"乃玛孜""胡达""色俩目"这些词在回族内部交际时已经司空见惯了，回族人和汉族交际时并不经常使用这些词语。在宗教活动场合，这些词的使用频率高一些；在一般场合，这些词的使用频率相对低一些。回族宗教人士、宗教意识较强的穆斯林使用这些词的频率要明显高于一般回族人。这样就形成了回族话特定的语用范围。

回族话中对先民母语的传承，大多数是回族先民在转用汉语后把自己的民族母语词汇带入汉语中。回族话中的这种语言现象主要出现在口语中，还没有大量进入书面语，因而这些词保持着鲜明的口语色彩。

回族话对先民语言的传承，是语言演变中民族心理的文化沉淀。回族先民的语言在向汉语转化的初期，原来先民语言中固有的民族母语词汇，也随之融入汉语中，形成了回族话中特殊的先民母语借词现象。这样，在回族转用汉语后，回族话中的民族特征并没有消失。

回族话中存在大量的阿拉伯语、波斯语词，也存在少量的突厥语词。这些语言成分，和回族先民的民族成分恰好是一致的。这绝不是巧合，而是回族先民语言的遗存证据。从语言发展演变的理论来看，当一个民族的语言同另一个民族的语言在相互交融中出现语言的转换时，必然要把本民族的一些语言成分带入另一种语言中，形成另一种语言的一个系属，这是符合语言演变规律的。

回族话是汉语的一种特殊类型，其特殊性主要表现在回族话产生的文化背景上。和汉语方言一样，回族话也以地域为界限，形成了若干个方言区。但是，回族话在使用过程中又表现出了许多与现代汉语不同的地方，回族话以回族文化为中心，超越了地域和方言的限制，形成了一些跨地域的民族内部交流词汇，从而赋予了回族话鲜明的民族特色。

一般认为，民族是在长期的历史发展进程中形成的具有共同语言、共同地域、共同民族文化、共同心理特质的稳定的共同体。历史上，由于各种复杂的原因，或者出于主观需要，或者出于客观强迫，经常出现民族迁徙。在民族迁徙过程中，民族地域特征也会出现一些变化，往往使一个民族失去了过去的民族共同地域，在迁入新的地域后，和其他民族形成民族杂居的情况。在新的杂居区，一般都要以民族为中心形成新的民族地域。回族这种"大分散，小聚居"的地域特征，就是在漫长的民族迁移过程中逐渐形成的。这种地域特征，也促使回族话出现了一些变化。一方面，在进入新的语言环境后，回族话中仍然保留了共同的民族语言文化成分，在语音、词汇和语法结构上，都带有鲜明的民族特性。另一方面，地域不同引起了语言的方言分化，使不同地域的回族话融入各个汉语方言区中，并依附于汉语方言而存在。在全国主要方言区，诸如北方方言区、吴方言区、湘方言区、赣方言区、客家方言区、粤方言区、闽方言区等都有回族杂居，各个方言区中的回族在语言上不可避免地带上了区域的方言特征。拥有全国50%以上的回族人口分布的西北地区的方言，也有中原官话及秦陇方言、兰银方言等差别。这些地域中回族话的特征，也和这些地域的方言特征基本上一致。回族话有机地融入各个汉语方言区中，成为汉语方言的重要组成部分。语言和地域的这种密不可分的关系，形成了回族话的地域性特征。

地域是方言形成的主要因素，地域的差异表现在方言的差异上。回族居住地的差异，使回族话的方言特性十分突出。和汉语有方言区一样，回族话除了因为"大分散"而形成了若干个规模较大的方言区外，还因为"小聚居"而形成了一系列准方言区。比如，在回族聚居的宁夏西海固地区，就有若干个方言片：泾源回族的祖先多数是历史上从陕西省渭南地区迁移来的，直到现在，泾源回族口语中还带着很浓的陕西渭南腔；同心、海原的部分回族聚居地从地域上靠近兰、银方言区，所以这里的部分回族话就接近兰银方言；西吉和甘肃接壤，西吉的部分回族使用的是甘肃一些地方的方言。同是回族，因为居住地不同而出现了方言差别，这是回族话地域性的必然结果。

回族话的地域性，表明回族话和现代汉语在很大范围内具有共同属性，这种属性主要取决于回族和汉族长期生活在一起，在政治、经济、文化等方面发生了密切的关系。没有这种关系，两个民族使用一种共同的语言是不可能的。回族话的地域性，是由回族居住地的地域性决定的，并和汉语方言的地域性基本上是一致的，这就是不同民族生活在共同地域并且不断交往的必然结果。当然，一种语言被不同的民族共同使用，并不是一成不变的，必然要打上民族文化的烙印，带有民族文化的色彩，这就决定了回族话具有民族性。

民族性是回族话的又一个重要特征。居住地域的变动引起了语言的方言分化，这是符合语言演变规律的。就民族语言而言，不同方言中贯穿着共同的灵魂，这就是语言的民族文化属性。回族的居住特征导致了回族话的地异言殊，但是各地回族方言中仍然保留着具有共同文化属性的民族共同语言。无论铿铿秦声，还是依依吴音，不同的回族方言中贯穿着同一个民族语言文化纽带，这就是回族话的民族属性。回族话中的民族文化属性，主要指回族话中夹杂的大量阿拉伯语、波斯语转用借词以及具有民族特色的回族选择用语，同时也包括具有民族个性的语音、词汇和语法。

由于回族信仰伊斯兰教，许多阿拉伯语、波斯语在伊斯兰教义的传播过程中融入回族话中，并由宗教专门用语逐渐演变为日常生活用语，形成了回族话中大量的阿拉伯语借词和波斯语借词。这些阿拉伯语词、波斯语词，不仅用于回族宗教生活，还用于回族经济、文化及日常交往，成为回族话中独具特色的民族语言成分。最能体现回族话中民族特性的现象还要数经堂语的世俗化及其广泛使用。这种以阿拉伯语词、波斯语词为主体的回族宗教语言，在语音方面，因地域不同而存在方音差别，但也有许多异地相通的词汇，形成了不同地域回族穆斯林的通用语。无论讲秦陇方言的甘肃天水回族，还是操兰银官话的宁夏吴忠回族，尽管因地异而言殊，我们却能够从他们的宗教用语中找出许多共同词语。这些共同词语主要源自阿拉伯语和波斯语。我们还在回族话中发现这样一种有趣的语言现象：回族尽管以汉语为交际语言，但在回汉杂居的每一个方言区中，回族话和汉族语言总有一些或明显、或细微的差别。在同一方言区，单凭语言声调就能判定出说话者是不是回族。这种差别正表现了回族在语言上有别于汉族语言的民族语言个性。在回族内部，尽管各个方言区的回族话融入所处地区的汉语方言中，但不同方言区的回族人在日常生活中，特别是宗教生活中使用的许多常用语、惯用语基本上是一致的，体现出了语言的民族个性。

我们知道，语言的本质是一种社会现象。语言的形成，和人们的各种活动，包括思维活动都有着密切的关系。不同的社会特征、不同的生活方式、不同的心理状态等都会在语言中或多或少地表现出来。不同的民族因为所处的社会环境和语言环境、民族关系以及文化发展等诸多方面的不同，语言发展的特点也就不完全相同。从这个意义上看，语言就像一面镜子，能够真实地反映出不同民族的特点。回族话中的民族特性正是因语言的这种属性而形成的。我们从回族话中不难看出回族各方面的特征，特别是回族话中的词汇，更能表现出其民族文化特征。无论是这些词汇的内容，还是词的组合方式，都带有鲜明的民族特性。

回族话的地域性是伴随汉语方言的地域性产生的，回族话的民族性是民族语言文化的必然属性。以语言的民族性为经，以语言的地域性为纬，形成了回族话的综合体。这是我们要从汉语中界定出回族话的基本缘由，也是回族话既从属于现代汉语又有别于现代汉语的特征所在。从回族话的地域性和民族性中不难看出，回族话并不单纯属于汉语方言的简单范畴，而是一种集地域性与民族性为一体的、具有鲜明个性的民族语言文化现象。

回族话毕竟属于汉语的范畴，是汉语的一种特殊形式。汉语不仅是回族和其他民族交际的工具，也是回族内部交际的工具。回族文化的交流、情感的表达以及共同社会生活需要的实现，都以汉语为基本交流工具，使用汉语已成为回族的主要民族特征之一。汉语实际上已成为回族的共同语，只是回族使用的汉语已经打上了很深的民族文化烙印。

语言不是独立存在的，总要依附于一定的人类集团。自人类社会形成民族后，具体的语言使用就属于一定的民族，并成为民族的一个重要特征。语言在形成民族特征后，便和民族及其历史、文化等在各自的发展进程中相互作用、相互影响。回族先民一开始并不是以汉语为民族母语，回族转用汉语，基于多方面的原因。

第一，和回族先民的经商活动有关。人所共知，回族先民的历史，与商业结下了不解之缘。伊斯兰教本身就比较重视商业，充分肯定商业的价值，认为商业是真主最喜欢的产业之一。回族穆斯林就把远行经商行为称为"寻求真主的恩惠"（回族谚语）。由于对经商活动的高度重视，回族也就十分注重寻求各种有利于经商的途径。回族经商的主要对象为汉族，在经商中使用汉语才更加便利，这就在回族先民中形成了民族母语和汉语共用的双语现象，年长日久，他们也就逐渐转用汉语。从回族形成和发展的历史来看，回族话曾经历过民族母语和汉语共用的双语阶段，这是符合民族发展和语言演变规律的。

第二，和回族先民的居住特点有关。回族先民分别由陆路和海路初入中国后，在历史进程中很早就具有了"大分散，小聚居"的居住特点。某一居住区的回族先民不仅人口少，而且还处于汉语文化的包围中，在长期与外界交往的过程中，逐渐淡化了民族母语，最终转用了汉语。

第三，和回族先民复杂的民族成分有关。回族先民由多种民族成分构成，有阿拉伯人、波斯人、突厥人等。回族先民来源的多元性，注定了回族话的多元性，阿拉伯语、波斯语、突厥语自然都成为不同的回族先民们分别使用的语言。民族内部语言的不统一，造成回族人之间相互交流也有一定的困难，在寻找共同语作为民族内部交流工具的过程中，回族先民便逐渐转用了汉语。

第四，和回族文化的兼容性有关。回族是一个兼容性较强的民族，回族文化在保留伊斯兰文化主体的同时，还不断吸收和接纳其他民族的文化成分，特别是对儒家文化的吸收。如果不具备这种文化的兼容性，在封闭的状态中，回族人就不可能以汉语为民族共同语。

民族的发展、变化对语言的发展、变化起着十分重要的制约作用，它规定着语言发展的方向和民族社会文化形态的发展变化方向。回族使用汉语，有多种复杂的历史原因，但主要出于民族的社会、经济、文化需求。有人把历史上的民族压迫作为回族转用汉语的主要原因，这并不十分可信。回族的坚韧，使他们在高压政治下并不会放弃先民母语而转用汉语。回族转用汉语是出于自愿与需要。在某种程度上，使用汉语是回族形成的标志。[1]

回族话曾经历了由先民母语向汉语过渡的发展过程，回族虽然最终以汉语为民族共同语，但在日常生活中，特别是在宗教生活中使用的一些词语，仍然保留了很强的民族个性。回族话的民族个性主要表现在以下几个方面。

第一，先民语言的传承。回族先民进入中国之初，都使用着自己的母语，主要有阿拉伯语、波斯语等。回族转用汉语后，这

---

[1] 杨占武：《回族语言文化》，宁夏人民出版社，1996。

些先民的语言并没有完全在回族话中消失。这些回族先民的语言，不仅保留在回族宗教活动用语中，还保留在回族经济、文化以及日常生活等各个方面的用语中。这些阿拉伯语、波斯语词汇大多为宗教用语，但不仅仅用于宗教活动中，也用于日常生活中。这些回族先民的语言在现代回族话中的广泛运用，充分体现了回族对先民的尊敬，对伊斯兰教以及对阿拉伯语、波斯语在心理上的亲近感。

第二，民族选择用语。由于禁忌或传统习惯的原因，回族对汉语中的某些词语采用了选择使用的态度。这种词语的选择，并不局限在语言规则的简单范畴，而是出于民族观、宗教观、社会观、文化观以及人文心理的综合原因，已经超越了语言本身而成为民族特质的一部分。词语的选择，其实是民族风俗的重要标志。在西北回族话中，因为语言选择而形成了种种语言禁忌，如"宰"专门用于屠宰牲畜、切割食品，如宰牛、宰羊、宰鸡，而回族人在日常生活中禁忌使用"杀"字；"无常"是对"死"的代替，回族群众中死了人称之为"无常"，禁忌使用"死"字；"埋体"即尸体，或称"亡人"，回族禁忌使用"尸体""死人"；"坟"指埋葬"亡人"的地方，回族忌用"墓""墓穴"等；在宗教活动中要点香、念经，但不能把"点香"叫作"烧香"。在回族话中，有些禁忌十分严格，如因生活习惯中禁忌猪肉，大多数回族就把猪叫"哼哼""罗罗""狠则若"等；"壮"一般指肉壮，特别在宗教活动中，十分禁忌说"肉肥"；"口到"指请阿訇或尊长者吃东西，一般不能直接说"吃"；人将去世时的"咽气"不能说成"断气"；等等。这种对语言的选择运用，形成了回族话中有别于一般汉语的一些特殊词汇。

每个民族的语言中都不同程度地存在语言禁忌，相比之下，回族话中的禁忌现象却比较突出。影响词语选择的因素很多，既有语音、语义和结构等方面对语言的制约，又有交际活动的场景和方式以及交际的文化心理背景等方面的制约。从一般语言理论上看，被选择的同义词在某些场合是可以相互替代的，回族话中的词语选择则主要出于民族心理文化的需求，词语选择对象间绝对不可相互替代。词语的选择超越简单语言学范畴，而和民族习俗、宗教理念、人伦纲常紧紧联系在一起。这种对词语的选择，具有不可逾越性，成为代表民族习俗的特征之一。正因为这种对词语的选择如此严格，才形成了回族话的又一民族特色。

第三，民族专有词汇。语言是使社会生活得以进行的最重要的交际手段，社会生活风俗必然要在语言中得到反映。回族的生活习俗受伊斯兰教影响很深，使回族话中产生了一些回族专有词汇。这些民族专有词汇，表现在回族宗教生活和日常生活的各个方面。我们平时经常见到的回族专有词汇就有汤瓶、吊罐、吊桶、开学、穿衣、盖头、号帽、油香、麻食子等。回族由于受伊斯兰文化的影响，创造了这类专有词汇。这些词语带有明显的民族特征和地域特征，反映了回族特有的风俗文化、民族文化内涵，也极大地丰富了汉语词汇。

白寿彝先生在《关于编写新型回族史的意见》中认为："回回常用的宗教词汇、生活语汇，回族在语言表现里的文法形式及小儿锦，等等，都可包含在这里面。"① 回族经堂语、小儿锦，是回族话中最具影响力的民族语言形式。

经堂语是经堂教育中使用的语言，经堂语和经堂教育一样有着悠久的历史。在某种程度上，可以把经堂语看作回族内部的"普通话"。回族"大分散，小聚居"，分布在全国各地，回族话也不可避免地融入各个方言区中，唯有经堂语共同存在于各个方言区中，并且在词汇上和语法结构上表现出高度的一致性。这种一致性充分说明经堂语在回族话中具有某种"通语"和"准通语"的作用。经堂语之所以能超越方言而存在于不同方言区中，一是经堂语是经堂教育的专门用语，具有相对的独立性和封闭性，很少受生活用语的影响，也就免于被方言异化；二是经堂语用于经堂解经，主要用语都沿用阿拉语和波斯语的原称，具有一定的宗

---

① 白寿彝：《民族宗教论集》，河北教育出版社，2001。

教权威性，一般不能轻易改变。经堂语特定的语用目的、语用环境、语用对象，决定了这种用语在回族心目中的地位和价值。宗教的产生、传播、变化，影响并促进语言的发展、扩展、变异，又往往在语言中保留宗教的痕迹。经堂语用于传播伊斯兰教，作为回族伊斯兰宗教文化的载体，对回族话的影响十分重大。

小儿锦是流行于回族中的一种拼音文字，又称"小经""小儿经"。这是回族中一种在讲经时用阿拉伯文字母拼写汉语的拼音文字。回族群众为了记住所学的汉字，或需要表达某种思想、感情时，使用阿拉伯文字母拼写汉字。在特定场合，小儿锦是回族内部流行的特殊文字。小儿锦是中国回族穆斯林学者创造出来的，是伊斯兰文化在中国传播并和中国文化交融的产物。这种拼音文字在中国回族中的流行至少已经有五百多年的历史，直到今天，还有少数人使用它，可以称得上最早的汉语拼音文字，是回族对拼音文字的一种贡献。

在回族话研究中，东干语被看作回族话的"活化石"，是研究近代西北回族话的宝贵资料。东干语是东干人所说的语言。东干人是清代同治年间开始移居到中亚的中国陕甘回族，至今仍自称"老回回"，与今天西北回族的自称完全一致。今天的东干人仍然用他们当时的西北方言进行交流，并在此基础上形成了以甘肃话为基础的标准语。东干语的语言学意义就在于：首先，为了解近代回族话，特别是明清时的西北方言特征，提供了历史性的活资料，是汉语史研究绝好的一面镜子；其次，东干人在境外异语环境中生活百余年而乡音不改，东干语就为汉语的语言接触理论研究提供了宝贵的实验材料。这两点是东干语对汉语研究的重要意义，也正是回族话对汉语研究的重要意义。

由于复杂的历史原因，特别是出于交际的需要，回族转用了汉语，回族话归属于汉语系统。民族文化与民族心理，又使回族在使用汉语的同时，努力恪守语言中的本民族特色，从而形成了独具特色的回族汉语，在某种程度上丰富和发展了汉语系统。事实上，语言的影响是双向的，在回汉杂居区，随着回汉文化的不断交流，一些回族话中特有的词汇也被汉族所接受，回族话也对汉族语言产生着一定的影响。这种影响主要表现在以下几个方面。

一是随着经堂语融入生活用语，即经堂语的世俗化，它对回汉杂居区的汉族语言产生了影响，丰富了汉语词汇。例如回族话中的阿拉伯语词、波斯语词，诸如"恕迷"（阿拉伯语）、"乌巴力"（阿拉伯语）、"尔卜"（阿拉伯语）、"胡达"（波斯语）、"尔林"（阿拉伯语，也有人认为是波斯语）、"乜帖"（阿拉伯语）等词语也在西北地区的汉族语言中使用。二是一些回族特有的、具有回族风情的词语也被汉族所接受。例如在回族日常生活用语中使用的词汇"口到""口唤""油香""完了"等也被西北地区的汉族采用。一些表现回族风情的词汇，如"盖碗"等也融入汉族生活中。

从这种语言的交融现象中不难看出，生活的交流引起了语言的交融，这是符合语言发展现状的。但有一点是必须指出的，由于语言是民族文化的重要标志，回族话仍然努力保持着语言的民族特色，尽管回汉语言在不断转化和交融中，但回族话作为汉语中一个独具特色的民族语言体系，以相对独立的民族语言特性形成了颇具民族特色的语言规则，这是回族话研究应该努力探讨的民族语言学课题。

回族话源远流长，"源"自伊斯兰语言文化，"流"中不断融入了中国传统文化的精华。回族虽然使用的是汉语，但回族话产生的特殊文化背景使回族话具有自己的民族文化特质。

总而言之，语言在民族诸特征中占有十分重要的地位，人们在使用自己的民族语言时，倾注了丰富的民族感情，使语言闪耀着民族智慧的光芒。无论是语言信息的传递者，还是语言信息的接受者，都是用各种丰富的民族情感、民族知识来理解语言的。回族虽然以汉语为民族语言，但不可否认，回族使用的汉语已经是完全回族化了的汉语。以上我们分析归纳出的回族使用汉语时所表现出来的种种民族语言特征，正是回族在使用汉语时将其回族化的表现，也是回族话有别于一般现代汉语的语言基础。

目前学术界对回族话的研究，总体上还比较薄弱，还没有出现系统的研究成果。对回族主要聚居区的回族话研究，也只散见于各地的方言研究中，人们还没有对回族话的概念、形成、语言特征以及演变过程等进行比较系统的调查和分析。本书是在深入回族聚居地进行调查研究的基础上，归纳、分类、整理出一些回族话中富有民族特征的语料，为进一步研究回族话搭建起一个平台。本书的主要目的就是为进一步研究回族话打下良好的基础，促使回族话研究领域形成系统的研究成果，具有一定的理论意义和实践意义。首先，本书以系统地考察回族话为前提，有利于比较系统地总结回族话的概貌。本书采用田野调查和研究有关资料等多种方式，对回族话进行了比较全面的调研，考察回族话的分布状况和演变历史，构建一个内容比较丰富、特点比较突出的回族话语料体系，为研究工作者进一步研究回族话提供有价值的语料，建成一个回族话研究语料平台，在回族话研究领域实现语言资源共享。其次，本书主要在语音、词汇、语法、语用等方面比较系统地反映回族话的基本特征，特别注意收集整理回族话中有别于现代汉语的一般语言特征的语料，从中反映出回族话的形成、发展、演变历史和民族语言特征，初步构建回族话的民族语言理论体系。另外，本书从语言研究入手，充分了解回族语言文化特征和回族社会人文状况，为进行民族工作和制定民族政策提供相关依据。回族有许多选择用语和民族专有用语，在伊斯兰文化背景下，形成了许多语言文化特征，这些语言文化现象能够透视出回族的民族心理、人文素养、伦理观念、道德准则等多方面的内容。本书也可从一个侧面为回族聚居地的社会工作者提供决策依据。

本书在调查研究的基础上，结合对民族史料的研究，以回族话语料为基础，系统总结回族话的基本构成、民族特征以及语言演变过程，描述回族话的分布状况、传播与影响，掌握回族选择用语及在此基础上形成的种种语言禁忌，诠释回族话中的特殊借词、回族姓氏人名、回族地名和亲属称谓，解读回族民族专有用语等，分析回族话中有别于现代汉语的一般特征，从语音、词汇、语法、语用等多方面对回族话语料进行比较全面的采集、分析、整理，最终形成能够比较系统地反映回族话概貌的著作，以方便不同层次研究者的需要。

回族话不属于独立的民族语言，而是作为汉语的一种特殊类型出现。和汉语方言一样，回族话以地域为界限，在许多方面又表现出了和现代汉语不同的地方，超越了地域和方言的边界，形成了一些跨地域的民族内部交流词汇，而使回族话具有了鲜明的民族特色。本书主要从以下几个方面进行分析和探讨。

一是回族话概说。主要阐释回族话的界定、回族话的形成与民族母语的联系、回族话的发展演变历史等，特别是关于回族转用汉语的原因、回族话有别于现代汉语的民族语言特征、回族话的民族文化基础等方面的论述，体现出研究者的独到见解。

二是语音。"大分散，小聚居"的居住特征，使回族处在汉语文化的包围中，特别是回族以汉语为民族的共同用语，回族话也就不可避免地融入汉语的各个方言区中。回族话在语音上也表现出了汉语方言地异音殊的基本形式。本书简要分析了回族话地异音殊的特点。

三是词汇。回族话中最具民族特征的语言要素就是词汇，这也是回族话研究的重点。回族话在语音上表现出了鲜明的地异音殊特征。而处在不同方言区的回族话中，还存在一个表现民族语言共性的纽带，即异地同词现象。本书重点归纳整理了回族话中的阿拉伯语词汇和波斯语词汇、民族专用词语、近代汉语词汇等方面的语料，并进行了比较系统的分析。回族话中夹杂着一些阿拉伯语词和波斯语词，回族话中的这类词，并不像一般的借词那样属于对外来语言的借用，而是属于先民语言的积存。回族先民在由民族母语转用汉语的过程中，把许多先民的母语词汇带入汉语之中，形成了现在这种在回族话中夹杂着大量阿拉伯语词汇、波斯语词汇的特殊转用现象。严格地说，这就是词语的"转用"，即在由先民母语转用汉语的过程中，把先民的语言自然而然地带入汉语中，形成汉语的一种特殊类型。伊斯兰教对回族生活习俗影响巨大，使回族话中产生了一些只有回族人才使用的专用词汇。这些回族专用词汇，出现在回族宗教生活和日常生活的各个方面，成为回族社会、宗教、文化生活的真实写照。至今在西北回族话中，还保留了不少颇具特色的近代汉语词汇。我们从宋元话本、元曲、明清小说等口语色彩较浓的文学作品中，能找出不少现代西北回族话中常见的词汇，表明了宋元文化对回族文化的影响，这些词汇是回族历史的"活化石"。这些近代汉语词汇融入现代回族话中，大多被赋予了民族文化内涵。

四是语法。回族话毫不例外也要遵循汉语的一般规则，这是回族话的一般性。除了语言的这种一般性外，回族话还具有特殊性的一面。回族话中大量夹杂着一般现代汉语所没有的阿拉伯语、波斯语词汇，形成了回族话中汉语与阿拉伯语借词、波斯语借词间的特殊组合现象。本书简要总结了回族话中的这种特殊结构现象。

五是语用。在回族话中，有许多语言禁忌。这些语言禁忌，也是回族话的民族语言特征之一，它被深深打上了伊斯兰文化的烙印。另外，回族使用汉语，总要努力保留带有民族特性的语言习惯，从而形成了回族话中的别同现象。别同，指的是在语言运用中有意回避一些汉语词汇，代之以具有民族色彩的词汇，以形成语言边界。

六是回族谚语和歇后语。回族谚语是回族群众长期口头创作的结晶，它既是宝贵的民族语言艺术，也是回族社会、文化的缩影。回族文化的多元性，决定了回族谚语具有广博的文化内涵和丰富的表现力；回族文化中的伊斯兰特性，又使回族谚语具有浓厚的民族特性。民族性主要表现在回族宗教类、哲理类、品行类、家庭婚姻类、生活类、礼仪类、经商类等谚语中。

七是回族常见姓氏和常用经名。在回族姓氏中，有"回族十三姓"[①] 之说，这十三姓多不见于中国的《百家姓》，大多源自中

[①] 魏德新编著《中国回族姓氏溯源》，新疆大学出版社，1999。

亚布哈拉王族。中国回族姓氏历经长期的演变融合，已经基本中国化了。但这些回族姓氏中仍然保留着鲜明的个性和独特性，是回族历史文化中最可信的材料之一。回族经名的选取，主要以伊斯兰文化为标准，男的多数选取《古兰经》中提到的先圣先贤的名字，女的多数用圣母圣妻的名字。以先圣先贤和圣母圣妻的名字命名，是表示对受名者的尊敬，同时也希望受名者能够像先圣先贤、圣母圣妻那样具有完美的品行。

八是回族话主要研究成果。我们汇集主要论文索引、主要著作索引等，为后续研究者提供便利条件。

本书的最终目的是通过对回族话比较系统的调查研究，初步建立回族话的理论体系，为地处西北和回族自治地方的民族高校在条件成熟时开设"回族话概论"特设课创造必要的条件。同时，本书也为语言接触理论研究提供最具说服力的语言材料，为从事民族语言研究搭建一个平台。另外，本书从语言研究入手，充分介绍回族话的语言特征和回族社会人文状况，介绍回族的语言习俗，为从事民族工作提供相关资料，也可作为对外交流的资料。

本书在研究中尚存在一些缺陷。一是对回族话中语音和语法特点描写不充分。由于回族话的民族语言特征主要表现在词汇上，因此语音和语法方面的语料不足。二是对回族话研究成果只做了目录索引和内容简介，没有系统辑录。由于本书容量有限，大量有价值的成果没有辑录。针对本书中的不足，笔者尚需深入研究的问题主要有：对全国不同方言区回族话地异音殊的语言现象的系统描述、对现代社会回族小儿锦使用情况的调查等。另外，也需要对回族话从民族语言学理论方面进行进一步研究，使其成为民族语言学课程教学中的内容之一。

第一章　地异音殊的回族话

"大分散，小聚居"的居住特征，形成了民族杂居区中的回汉共居地。处在不同汉语方言区中的回族话，自然就打上了所处地域汉语方言的烙印。汉语方言的基本表现形式是地异言殊，按照方言的内部特点，汉语方言可分为七大方言区，即北方方言（官话方言）区、吴方言区、湘方言区、赣方言区、客家方言区、闽方言区和粤方言区。在复杂的方言区内，又可以再分出若干个方言小区，即一般所说的次方言区，甚至还可以再从中分出更小的方言小区来，直到形成一个个"地点方言"。在全国各主要方言区内，基本上都有回族居住。居住在不同方言区中的回族人使用的交际语言也基本上和所处的方言区的语言是一致的，这样就自然而然地形成了回族话的方言差别，北京回族说的是北京话，陕西回族说的是陕西话，云南回族说的是云南话。和汉语方言区界一样，宁夏北部回族话从语音上属于兰银官话银吴片，而宁夏南部回族话从语音上则分属中原官话秦陇片。回族话作为汉语的民族变体，又因回族生活的区域不同而在语音上有明显差别，并不是简单的因地域不同而形成的方言区域差别，其中无不包含着民族区域因素。虽然北京回族说的是北京话，天津回族说的是天津话，云南回族说的是云南话，陕西、青海、新疆的回族话都在语音上有差别，这可以说是汉语民族变体中的方言变体，这种方言变体与回族所居住区域语言有密切的联系；但是我们也不能忽略另外一种语音现象，即从属于各个方言区中的回族话，在语音上又和该方言区中的汉族话有明显的差别，形成了语音"别同"现象。如宁夏平罗回族话中有卷舌韵母 ar。"儿尔而耳饵"，都读 ər，而

汉族则长读 ar；另外，除 a 组外，其余后鼻尾韵母均合入前鼻尾韵
母，即庚—根、风—分、灵—林、冲—春、红—魂、穷—群、永
—云。这一点与汉族语音正好相反。乌鲁木齐汉族和乌鲁木齐回
族，虽同处一个城市，但两者的语言有很大不同，甚至分属于两个
不同的次方言。同其他北方方言比较，乌鲁木齐汉族话和乌鲁木齐
回族话中的轻声都各有其显著特点。汉族话的轻声可导致连读变
调，回族话中还存在一种"长轻声"，可将其分析为非轻声与轻声
之间的过渡形式。这种同一方言区中回汉语音的差别，是基于语
言、民族、文化等多重因素的民族语言变体现象，同时，正好从
语音方面为回族话打上了民族语言的烙印。从回族的发展历史来
看，回族先民失去民族母语后，无论民族内部交际还是民族对外
交际，一般都使用汉语。语言是一个独立民族的重要标志，使用
汉语的回族，在使用汉语的同时，还要努力表现语言的民族特色，
使用一些与现代汉语不同的语调、词语，以形成回族话中的民族
语言特色，这就是处在同一方言区中回汉语音别同现象产生的文
化基础。人们的语言或者语言行为，在很大程度上反映出这个社
会群体的情感世界。说话者对语音的选择，总要受到民族文化因
素的制约，使语言被打上民族文化的烙印。回族话虽然因为受汉
语方言的影响而出现了明显的地异音殊现象，但处在同一方言区
中回汉语音的别同现象，却使回族话打上了民族语言的烙印。

　　回回民族分布在全国各地，回族话也就分布在各个汉语方言
区内，回族话因地异音殊而形成了各种方音。有一种语言现象却
十分明确，同一方言区的回族方音和汉族方音有明确的界限，即
便是同一个居住区内的回汉方音仍然界限分明，人们从话音中就
能准确判断出说话者是回族还是汉族，在各个方言区、准方言区，
便形成了富有代表性的回族方音，从而构成了回族话的又一民族
特征。尽管回族话从属于不同方言区，有明显的方言区别，但从
南到北，在经堂语中却有共同的民族词汇现象，诸如阿拉伯语、
波斯语的转用借词，对一些词语的选择运用，一些富有民族特色
的专有词汇，等等，构成了回族词语。由于回族话具有这些富有

民族特征的属性，便很有必要把回族话从一般现代汉语中分离出来，加以专门研究，形成专门的语言学体系。回族话的民族特征，是由语言的民族属性决定的。语言是民族的一个重要特征，所以语言界限和民族界限在多数情况下是一致的，同一民族使用同一种语言，不同的民族使用不同的语言；而即便是不同的民族使用同一种语言，也必然在某些方面表现出不同的语言文化属性，回族话中的民族属性就是由此而来的。

关于回族话的地异音殊的特征，在新疆乌鲁木齐回族中表现得比较明显。乌鲁木齐的回族来源于大批清朝迁徙而来的陕甘回族，乌鲁木齐回族话正是由这些定居在乌鲁木齐的陕甘回族所操的方言演化而来。由于来源不同，乌鲁木齐回族话内部还有些差异，分为甘肃回族话、陕西回族话等。不同来源的方言在同一地区重新组合时，总是以其中的某一方言为基础，乌鲁木齐汉族话基本以甘肃河州话为基础，这是因为甘肃人进入新疆的历史较久、人数较多。湖南人入疆历史虽早，但人数不多、影响有限。盛世才统治新疆时期虽有一批东北人、山东人入疆，但历史都比较短。甘肃与新疆毗邻，入疆人数有增无减，远非数千里之外的湖南、东北、山东等地所能比。乌鲁木齐回族话基本以陕西关中话为基础，主要也是入疆人数、历史等因素起作用。甘肃回族入疆历史虽与陕西回族相同，但人数不及陕西回族，乌鲁木齐回族话基本以陕西关中话为基础，这一事实不仅为人文历史材料所证实，而且语言材料本身也是明证。例如，甘肃河州话三个声调，乌鲁木齐汉族话也是三个声调；陕西关中话有鼻化韵，乌鲁木齐回族话也有鼻化韵。① 不难看出，回族话的语音特征带有鲜明的方言色彩。

三亚回族话是回族话中比较特殊的现象。海南三亚羊栏的回新和回辉两个村，聚居着回族居民。这些回族是由海路从东南亚迁徙而来，这些回族不仅宗教信仰、风俗习惯有别于其他民族，

---

① 刘俐李：《略论乌鲁木齐汉族话和回族话的形成》，《新疆大学学报》（哲学社会科学版）1983 年第 4 期。

更有自己的语言。这个语言既不是海南的汉语方言，如闽南话、粤语、军话、迈话，也不是黎语、苗语、村话或临高话。三亚回族话是一种以单音节为主的有声调语言。音节由声母、韵母、声调组成。人们称三亚回族话这样一种历史来源和结构类型分属两个不同语系的语言为"回辉话"，一般归之为"南岛－汉藏语"或者"马来－汉语"，学术界尚有争议。但三亚回辉话，则更是回族话地异音殊的独特表现。①

在回族聚居的银川纳家户村，其方言也具区域特点。纳家户地处银川近郊，方言和银川回民话相近，属于兰银官话银吴片。纳家户因为其一姓繁衍发展，历史悠久，在宁夏回民话中颇具代表性。纳家户方言内部可分新派和老派两种，60 岁以下为新派，60 岁以上为老派，新派接近银川话。二者的主要差异是：新派将普通话里的前鼻尾音韵母都归入后鼻尾音韵母中；老派则相反，将普通话里的后鼻尾音韵母都归入前鼻尾音韵母中。② 地域和年龄成了影响纳家户回族话特征的二大要因，这是符合方言形成规律的，也恰好证明了回族话地异音殊的特点。

回族话的地异音殊现象，和民族文化也有着千丝万缕的联系。表面上看，语音似乎对文化心理没什么影响，也更难推论文化心理对语音有影响。实则不然，语音与民族心理文化有着不可分割的联系。人们通常认为：汉语是单音节词或字占主导地位的语言。音素组合具有共起性，单音节和语义结合得很紧密，以至于离开语义就无以论音，离开音节则无从说义，音义和语义二者如影随形，难以分离。汉语音节紧密的特征，使音节成为汉语语音的基本单位。这正说明了汉语与中国传统文化心理的关系。因此，词音的产生、词音之间的派生以及词音相连的网络系统，才是一种语言的语音系统的全部内容及文化价值所在。这种语音系统与语义系统对称平行，各个包含语素义的音节之间相互联系，由此而

---

① 倪大白：《海南岛三亚回族语言的系属》，《民族语文》1988 年第 2 期。
② 林涛、许钟宁：《纳家户方言的语音系统》，《西北第二民族学院学报》（哲学社会科学版）1997 年第 4 期。

来的派生系列与网络结构构成了这种系统，它并非仅仅简单地表现为语义的听觉载体或物质外壳，它本身就是人类认知活动、符号功能及文化形态的表现。因此，在某种程度上，语音是一种认知方式，语音是一种符号功能，语音是一种文化形态。可见，语音和文化是有联系的，同样，文化心理和语音也是有联系的。丰富、深刻的民族个性和文化功能影响着语音，具体表现为汉语语音的表达功能、认知功能、美学功能和社会功能。回族话中的地异音殊现象，也有着深刻的民族文化和地域文化背景。

第二章　回族话的异地同词现象

回族话在语音上因方言区域不同表现出了鲜明的地异音殊特征，处在不同方言区、地异音殊的回族话中，却存在一个表现民族语言共性的现象，即异地同词，而经堂语则是这个现象的内核。由于回族的居住特点，经堂语存在于各个不同的方言区中，并且发挥着"通语"和"准通语"的作用。经堂语除了在语音上表现出一定的方言差别外，在词汇和语法结构上都超越了方言的界限，表现出惊人的一致性，从而使经堂语跨越地域的局限而在各个回族方言区中能够通用。经堂语的词汇特点主要是汉语中夹杂着大量的外来词，这些外来词的主要成分是阿拉伯语和波斯语，突出表现出了回族的先民母语文化遗存。这些源于阿拉伯语、波斯语的词，作为回族文化世界和情感世界的载体，通行于不同方言区的回族话中。

经堂语中这些阿拉伯语词、波斯语词，蕴含着十分丰富的宗教文化内容。一方面，这些阿拉伯语词和波斯语词为回族族源研究和伊斯兰文化的传播研究提供了有力的语言证据。另一方面，从这些阿拉伯语词、波斯语词中还可以探讨出回族历史、回族宗教和回族文化的内涵。正因如此，这些最能代表回族话特征的阿拉伯语词、波斯语词才打破地域造成的方言堡垒，在不同方言区域的回族话中通用，这种"通用"地位是以民族宗教文化为基础的，充分表现了语言在民族文化生活中的特殊地位。

虽然各地方言千差万别，但一般回族人都能听懂并能理解这些含有民族宗教内容的词汇。所以，我们认为这是一种特殊的语言现象。正是因为有了这种特殊的语言现象，才得以形成了回族现在的这种特殊的语言群。我们通常认为，任何一种特殊现象，都是由其特殊的历史背景和社会环境所造成的，也绝不会平白无故地出现。回族话中异地同词现象的形成就是如此。

我们说居民的迁徙或者扩散都会导致不同民族间文化、语言的相互接触和影响。使用人口多的语言总是影响或者替代了使用人口少的语言。而继续保留下来的语言，也因为与外族语言接触的频繁和密切，在一定范围内吸收外族语言中有用的成分来丰富自己。一般认为，居住在中国的回族先民们，其实最初并不是以汉语为民族语言的，他们学习当地的语言和文化知识，深受当地文化的影响。可是除了宗教用语因为宗教信仰原因而被保留下来，那些较为常用的生活词汇，为什么还能沿用至今呢？这和回族话的使用范围不无关联。回族人在民族内部交际中，往往使用这些带有民族特色的词；在和其他民族交际时，并不使用这些词。在宗教生活中，必须使用这些词；在日常生活中，并不严格使用这些词。这样，久而久之，就形成了一系列语言特征。回族在公众交际场合使用汉语交际，他们谈学习、谈时事政治、谈科学研究等话题时，并不使用那些富有民族特色的词汇。当回族在本民族的交际圈内进行交际时，不管是宗教活动，还是婚丧娶嫁、礼仪习俗、崇尚和禁忌，都带有鲜明的民族特色。回族话与汉民族共同语在词汇方面有较大的差别。这些差别表面上看来表现在家庭、礼仪、习俗等方面，但究其根源却是与回族的民族文化、宗教文化有关。回族话中对先民母语的传承，大多数是回族先民在转用汉语后把自己的民族母语词汇带入汉语中。回族话中的这种语言现象主要出现在口语中，还没有大量进入书面语言，使这些词保持着鲜明的口语色彩。

回族话中异地同词现象的形成，是回族先民语言的沉淀，回族话中大量的阿拉伯语借词、波斯语借词和少量的突厥语借词，来源于先民母语的遗存。回族先民的民族成分，主要由阿拉伯人、波斯人组成，也有少量的突厥人。这些回族先民在成为回族的同时，也把自己的民族母语以借语的形式融入回族话中了。回族话中的阿拉伯语词、波斯语词，也来源于宗教生活的需求。宗教的传播和流行，对一个民族的语言的使用特点必然会产生一定的影响。随着宗教的传播，该宗教的传播者的语言也随之而传播。信奉伊斯兰教的回族转用汉语后，单凭这些汉语词汇还不足以完全准确表达伊斯兰教的宗教内容，在这种宗教文化背景下，大量的阿拉伯语、波斯语成分便渗入回族话中，这样就为阿拉伯语借词、波斯语借词融入回族使用的汉语中创造了充分的条件。回族话中异地同词现象的形成，也不排除民族心理文化原因。一般来说，任何民族都有强烈的维护、强调民族语言和民族文化的意识，并且常常把民族语言和民族文化等同起来。回回民族因为各种原因转用汉语后，要在语言中努力保持伊斯兰教文化特色，便把使用阿拉伯语词、波斯语词作为表达民族情感的一种重要方式。回族话中异地同词现象反映了使用者的民族情感，因为这些共同的词汇本来就出于生活在不同地域的回族人对共同的宗教理念的表达，并以民族情感交流为重要的语用目的。

第一节　回族话对阿拉伯语词、波斯语词的转用

回族话中有一种特殊的用词现象，就是在汉语中夹杂着一些阿拉伯语词和波斯语词。这是一种特殊的借词现象，一般借词是借用不同民族、不同语言中的词汇来丰富自身的词汇系统，借词的基本特征就是词语的借用。和汉语中的其他借词相比，回族话中这种特殊的用词现象，产生于特殊的民族历史文化背景下，出于特殊的民族语用心理文化的需求，有着十分鲜明的民族语言文化特征。我们不能把这种特殊的语言现象简单地看作借词。首先，应从回族话中这些特殊词的本源谈起。一般认为，回族先民最早使用的语言成分比较复杂，但主要是阿拉伯语和波斯语。来源于不同族源的回族先民操着不同的民族母语，他们在内部交际中都使用各自的民族母语，在与汉族和其他民族交际时也使用自己的民族母语，这样，无论民族内部交际还是民族外部交往，都有种种

不便。为了最大限度地减少这种不便,回族先民便逐渐开始使用汉语了。随着时间的推移,由于各种复杂的原因,回族先民逐渐放弃了自己的母属语言,把汉语作为民族对内和对外交际的语言工具,回族先民的语言也随之由民族母语转化为汉语。从回族话发展历史的角度来看,回族话中的这类词,并不像一般的借词那样属于外来语言的借用,而属于先民语言的积存。回族先民在由民族母语转用汉语的过程中,把许多民族母语词汇带入汉语之中,而以阿拉伯语词汇和波斯语词汇最多,形成了现在这种在回族话中夹杂着大量的阿拉伯语词汇、波斯语词汇的特殊转用现象。严格地说,这就是词语的转用,即在由先民母语转用汉语的过程中,把先民的语言自然而然地带入汉语中,成为汉语的一种特殊类型。这些一般认为被借用的词语,是回族使用的汉语中本身就有的,不存在借用和吸收的问题,只是在具体语用过程中因为意义附和和习惯而成为具有回族文化特色的词汇,使这些汉语词汇带上了宗教内容。

回族话中的这些因转用形成的借词,主要指那些用汉语音译的词,也有一些音意合译词,如"安拉"(阿拉伯语,意为"真主")、"古尔邦"(阿拉伯语,意为"宰牲")、"胡达"(波斯语,意为"真主")等,这些音译词融入回族使用的汉语中后,就要服从其内部规律。在语音方面,它是按照自己的语音系统汉语化了的。回族念"安拉""古尔邦"时,用的是汉语读音,有自己的声调,符合汉语声母、韵母相拼的规则,在使用上也符合汉语的语法习惯。由于汉语的名词缺少性、数、格的变化,因此在阿拉伯语词、波斯语词中有这种变化的名词进入汉语以后也就失去了自己的特点。因为这些转用词中的不少词语,都具有宗教的内涵,不便用一个相应的汉语词来代替,在这种情况下,一般借用它的读音,运用它原有的意义。回族群众对这些词的确切含义的理解,一般是通过"阿訇"讲"瓦尔兹"(阿拉伯语,意为阐释经典)来实现的。这些词从内容上可分为两类,一类是和宗教联系密切的宗教用语,如"伊玛尼"(信仰)、"穆斯林"(特指伊斯兰教教徒)、"伊玛目"(学者)、"满拉"(清真寺里求学的学员)等;另一类是日常生活用语,如"主麻"(礼拜日,特指七天一次的聚礼)、"恕迷"(波斯语,倒霉)、"乌巴力"(波斯语,可怜)、"山办布"(阿拉伯语,机遇)等。这些词出现在汉语的句子当中,并不破坏汉语的原有组合规则,它从属于汉语语法,成为汉语中的一部分。如"这个人多乌巴力",这个句子中"乌巴力"处在谓语的位置,做了句子的谓语。

　　回族话中的转用借词,在许多方面表现出与现代汉语中借词的不同。汉语借词产生的历史可以追溯到上古汉语时期,《史记·周本纪》记载:"至纣死所,武王射之三发而下车以轻剑击之。"这段话中的"轻剑"指的就是"轻吕",是匈奴的"轻路",意为宝剑,源于匈奴语。汉代以后,随着与匈奴的征战与交流,许多匈奴语言传入汉族民间,成为汉语中的借词。"胭脂"的语源也出自匈奴语"阏氏",匈奴人把已婚的女子称"阏氏",汉代"阏氏"指匈奴首领单于的妻子,又译作"烟支""烟肢""胭脂""胭支""燕子""焉支"等,后来在汉语中只保留了"胭脂"的用法,并逐渐演变成一种化妆品名称。东汉以后,随着佛教的大量传入和佛经的翻译,大量佛教术语传入中国,并成为汉语借词的重要来源,如"浮屠""罗刹""智慧"等。

　　从汉语借词产生的历史背景来看,古代汉语中的借词主要来源于民族间征战、商贸和交往中的语言交流。在回族尚未正式形成之前,汉语中就有了一些源于西域民族的词汇,如"葡萄""苜蓿""狮子""石榴""胡桃"等动物、植物的名称都是从西域引入的,是汉语对西域各民族语言的借用,属于词的借用现象。而现代西北回族话中的"转用"借词则出现在回族先民使用汉语之后,来源也比较单纯,主要源于民族宗教的需求,所以回族话中的转用借词主要以表现伊斯兰教宗教生活为主。总体上看,转用和借用相比,最起码在以下几个方面不同:其一,使用对象不同。回族人在民族内部交际时经常使用这些词,像"乃玛孜""胡达""色俩目"这些词在回族内部交际时已经司空见惯了,回族人和汉族交际时并不经常使用这些词语。而现代汉语中借词的使用并没有这种交际对象的限制。其二，使用场合不同。回族话中的许多转用词，大都用于宗教活动中，在宗教活动场合，这些词使用频率较高一些；在一般场合，这些词的使用频率相对较低一些。而现代汉语中借词的使用，对语言环境的选择并不这样严格。其三，使用群体不同。回族宗教人士、宗教意识较强的穆斯林使用转用词的频率要明显高于一般回族人。回族话中的转用词，民族特征十分鲜明；而现代汉语中的一些借词，甚至连自身的借词本源都已十分淡化了。

回族话中的这种转用借词，比一般现代汉语中的借词要更加稳定一些。现代汉语中的一些借词随着生活的变化和时间的推移已经消失，而回族话中的转用词一旦形成，就很少发生变化。这些词进入汉语后，努力保持着独立的先民母语特征而避免被汉语完全同化，如"古尔邦"（宰牲）、"尼卡哈"（证婚词）等，大多是直接的语音对译，使人一眼就能看出这些词的民族语源。

回族话中的转用借词和现代汉语中的借词相比，无论从内容上还是从形式上，都有明显的差别。回族话中词的转用主要来源于回族先民语言的遗存，现代汉语中的借词则主要来源于新概念的输入。回族话中的转用词，大多数是回族先民在转用汉语后把自己的民族母语词汇带入汉语中。严格地说，回族话中的转用其实也是语言的传承现象。而现代汉语中的借词主要是随着外来事物的输入进入汉语中的。西北回族话中的转用词，其先民母语特性比较鲜明；现代汉语中的借词，有些已经被汉语同化。回族话中转用词主要出现在口语中，还没有大量进入书面语言，再加上回族人使用这些转用词时的强烈民族情感，使转用词保持着鲜明的民族特色，不像现代汉语中的一些借词，已经完全融入汉语词汇中了，一般人很少能看出这些词的外来属性。

回族话中词语转用现象的形成，是语言演变中民族心理文化的沉淀。回族先民的语言在向汉语转化的初期，一定吸收了不少汉语词汇，形成由"量变"到"质变"的转变过程。回族由先民母语转用汉语后，原来回族先民语言中固有的词汇也随之融入汉语中，形成了回族话中特殊的转用现象。转用的多少、转用范围的大小，都对语言变化的程度产生很大影响。这样，就在回族转用汉语后，回族话中的民族特征并没有消失，这在回族聚集的西北地区表现尤其突出。正是这些转用的词，才构成了回族话鲜明的民族特征。

回族先民语言的沉淀，是回族语言转用产生的主要来源。回族话中存在大量的阿拉伯语词、波斯语词，也存在少量的突厥语词，这些语言成分，和回族先民的民族成分恰好是一致的，这绝不是巧合，正好从一个侧面有力地说明了回族话中的转用词来源于回族先民语言的遗存。从语言生成理论来看，当一个民族的语言同另一个民族的语言在相互交融中出现语言的转换时，必然要把本民族的一些语言成分带入另一种语言中，形成另一种语言的一个系属。

回族话中词的转用，也来源于宗教生活的需求。宗教的传播和流行，对一个民族的语言的使用特点必然会产生一定的影响。随着宗教的传播，该宗教的传播者的语言也随之而传播。信奉伊斯兰教的回族转用汉语后，单凭汉语词汇还不足以完全准确表达伊斯兰教的宗教内容，在这种宗教文化背景下，大量的阿拉伯语、波斯语成分便渗入回族话中。有些宗教人士在公共宗教场合使用的就是阿拉伯语或波斯语，而在日常生活中却又使用汉语，这样就为阿拉伯语词、波斯语词融入回族使用的汉语中创造了充分的条件。回族话中词的转用，也不排除民族心理文化因素。

下面列举了一些回族话中常见的阿拉伯语词、波斯语的音译、意译或音意合译的转用借词。①

阿拉伯语转用借词

* 安拉 （الله）

阿拉伯语音译，有的地方也称为"安拉乎"。"安拉"和回族

---

① 词条确定和注释参考了何克俭、杨万宝《回族穆斯林常用词语手册》，宁夏人民出版社，2003。

穆斯林信仰的"真主"所指对象相同，是回族穆斯林对所信仰的"真主"的阿拉伯语称谓，和波斯语词"胡达"所指对象也一致。只是"安拉""胡达"使用语境有所不同，"安拉"多用于正式宗教活动场合，"胡达"多用于日常口语交往中。

＊安拉乎艾克拜热（الله أكبر）

阿拉伯语音译，基本意思是表示"真主至大"，这是回族穆斯林在宗教礼拜活动中入拜的时候都要使用的念词。在其他宗教生活中，甚至日常生活交往中，遇到高兴、喜庆的事情的时候也会念"安拉乎艾克拜热"这个阿拉伯语词以示感念之情。

＊安拉洪麦算力（اللهُمَّ صلِّ على）

阿拉伯语音译，基本意思是表示"真主啊，请赐福吧"。回族穆斯林在宗教活动中有一种仪式，就是接"都哇"，每逢伸开双手做"都哇"后，就口诵这个句子。回族宗教礼仪对接"都哇"有一套严格的规则，除了念词，结束"都哇"时还要双手抹脸。

＊安拉至知（الله أعلمُ）

回族穆斯林经堂语。阿拉伯语意译，基本意义是表示"安拉最清楚"。回族穆斯林用于表示自身诚信和谦虚的口头禅。在日常生活中，如果双方产生了互相不信任的情况，其中一方为了表示自己所做的事情是绝对真实的，就用"安拉至知"来表示诚信。另外，回族穆斯林面对一些无法解释的超自然现象或难以解开的疑难问题，也会说"安拉至知"。

＊阿卜杜（عَبْد）

阿拉伯语音译，和汉语中"奴隶""仆人""奴仆"等词的意义相近。回族穆斯林出于对宗教的绝对忠诚，往往自称是真主的仆人，该词也就是"真主的奴仆"的意思。阿卜杜也是回族穆斯林常用的男性经名，因此和回族穆斯林交往中，经常遇到称作阿卜杜的人。

＊阿德里（عدل）

阿拉伯语音译，同汉语中的"正直""公道""正义"等词的意义相近，是表示伊斯兰教伦理道德的专用术语，回族穆斯林修身养德中把"阿德里"做为基本准则。

＊阿格力（عقل）

阿拉伯语音译，表示"智慧""智力"等。在回族穆斯林看来，是真主给了穆民阿格力，也就是智慧。

＊阿给白（عَاقِبَة）

阿拉伯语音译，同汉语"结局""结果""后果"等词表示的意义基本相同。

＊阿黑热提（الآخِرَة）

阿拉伯语音译，同汉语中"后世""来世"等词表示的意义基本相同，只是这个词在使用时被赋予了特定的宗教内容。在回族穆斯林心目中，人的一生包括今世和后世两个部分，一个人今世的所作所为，都要在后世接受真主的审判，也就是说今世是阿黑热提的赏罚依据。

＊阿兰（عَالَم）

阿拉伯语音译，表示的是汉语中"世界"这一概念。回族穆斯林往往用这个词来表示穆民的胸怀、气度和气量。"阿兰"多用于比较正式的语境中。

＊阿林（عَالِم）

阿拉伯语音译，指的是汉语中的"学者"。回族穆斯林用以指宗教学识渊博、有本事、有能力之人，一般多用于指称宗教人士，有时也可用来指其他有学识的人。

＊阿目（عَامّ）

阿拉伯语音译，相当于汉语中"平民""老百姓"等词表示的意思。在回族话中，一般用来指称普通穆民。

＊阿米乃（آمِين）

阿拉伯语音译，有时又译成"阿敏"，基本意义是表示"请求真主承领""祈求真主恩准"。多用于宗教活动中，在《古兰经》首章诵结束之后或抬手做"都哇"时，都必须念这个词，用于表达"主啊，请您接受我们的祈求吧"或"愿主恩准我们的所求吧"等意思。

* **阿热比**（عَرَبِيَّة）

阿拉伯语音译，指的就是"阿拉伯语"。

* **阿师格**（عَاشِقْ）

阿拉伯语音译，基本意义是表示"爱人""爱慕者"。在回族话中，多用于伊斯兰教苏非派专用术语，指的是追求真主喜欢的人。

* **阿斯玛依**（السَّمَاءُ）

阿拉伯语音译，也有人认为是波斯语音译，指的是"天空"。回族穆斯林一般禁忌使用"老天爷"之类的称谓，多用阿斯玛依来称谓。

* **阿舒拉**（عَاشُورَاءُ）

阿拉伯语音译，表示的是"阿舒拉节"，专指伊斯兰教历 1 月 10 日，即先知穆罕默德之孙侯赛因在卡尔巴拉被害之日。相传真主于该日创造了天园、火狱和人类的祖先阿丹与哈娃，该日又是伊斯兰教的十大先知在危难之时获救之日，什叶派穆斯林每年此日举行盛大的悼念活动。回族穆斯林这一天一般都要举行求祈活动以示纪念。回族中的苏非派穆斯林在这一天还要过阿舒拉节，在这一天要吃阿舒拉饭，是用各种豆类熬成的豆粥；有些回族地区也把阿舒拉节称为"杂粮粥节"，有的地方还要宰牲过尔麦里，以示隆重。

* **阿也提**（آيَة）

阿拉伯语音译，也可翻译为"阿耶蒂""阿亚特"等词，表示的是文章结构中的"节"或"段"，专用于伊斯兰教宗教经典，指《古兰经》各章中按经文的内容、语句、音韵等为标准划分结构的基本单位。在回族话中多用于经堂解经。

* **艾哈卡姆**（أَحْكَامْ）

阿拉伯语音译，为"号空"一词的复数，意为"律、例"。指根据《古兰经》和圣训的原则，对穆斯林行为性质的分析和判断而做出的教法结论。

* **艾玛乃提**（أَمَانَة）

阿拉伯语音译，表示的是"忠诚""信任"等意思。回族穆斯林常把人生在世对社会、家庭所承担的职责往往叫作"艾玛乃提"，它被看作穆民应承担的基本义务。

＊艾米尔（أَمِيرَة）

阿拉伯语音译，相当于汉语中的"领导者""官员""首领"等。多指在穆民中有声望的人，多用于回族经名。

＊艾目热（أَمْرٌ）

阿拉伯语音译，表示的是"命令"的意思，回族穆斯林常说的"口唤"意即"艾目热"。这个词既指宗教领袖的口唤，也可用于普通人之间的相互委托。

＊艾色日（أَثَرٌ）

阿拉伯语音译，原意为"痕迹""标志"等，回族话中用来表示"表情"。

＊艾苏力（أَصْلٌ）

阿拉伯语音译，是"根源""血统"的意思。西北回族穆斯林在使用这个词时，还经常说"老艾苏力"。

＊艾泽力（أَزَلٌ）

阿拉伯语音译，表示"永远""永恒""始终"的意思。回族穆斯林往往用艾泽力表示一种永恒的事情。

＊艾哲理（أَجَلٌ）

阿拉伯语音译，表示"到期""期限""寿期"等意思，回族话中多用于指人的寿限。

＊巴推里（بَاطِلٌ）

阿拉伯语音译，相当于"虚假""无理""无效"等意思。回族话中多用于表示事理。

＊巴推尼（بَاطِنٌ）

阿拉伯语音译，指的是人或事的"内在""本质"。在回族穆斯林看来，内心比外表重要，内功比外功重要，内在的东西比外在的东西更为重要。

＊拜提（بَيْتٌ）

阿拉伯语音译，回族穆斯林常说的"拜提"有两个含义：一是指"房子""家""住宅"，二是指诗歌中的一句，所指对象差别较大。

＊拜同拉西（بَيتُ الله）

阿拉伯语音译，相当于回族专用语中的"天房"。

＊白黑里（بَخِيلٌ）

阿拉伯语音译，相当于汉语中的"吝啬鬼"。多用于贬义。

＊白拉提（بَرَاةٌ）

阿拉伯语音译，又译作"白拉特"，本义是"清白无辜""赦免无罪"，为伊斯兰宗教仪式。穆斯林把伊斯兰教历每年 8 月 15 日夜称作"白拉提夜"，也就是苏非派回族穆斯林的"念夜"。一些回族穆斯林在伊斯兰教历每年 8 月的前半个月，要请阿訇和满拉到家中念讨白，主动多做礼拜，以求得真主赦免自己全年的"罪过"，俗称"转白拉提"，这一个月被称作"白拉提月"。伊斯兰教历每年 8 月 15 日夜又被称作"赦免之夜"。

＊白俩（بَلاءٌ）

阿拉伯语音译，相当于"灾难""祸患"的意思，回族穆斯林通常用于指灾难。

＊白俩尔（بَلاغَةٌ）

阿拉伯语音译，本义是"雄辩"，后来成为一门学科的称谓，指的是阿拉伯语修辞学。

＊报应日（يَومُ الحِسَابِ）

阿拉伯语意译，表示的是"末日""清算日"等意思，报应日指的是最终审判和总清算的日子。按照伊斯兰教教义，现实世界是有始有终的，当世界末日来临的时候，真主将会让所有的死者复活，使其接受最终审判和总清算。真主根据天使记录的每个人生前行为的功过簿对每个人逐一审问，受审者将通过一座架设在火狱之上的细如发丝、利如刀刃的"绥拉提"桥，生前行善者将顺利通过此桥并进入天园，作恶者将堕入火狱。

＊比达尔提（بِدْعَةٌ）

阿拉伯语音译，指的是宗教方面的"异端"和"邪说"。回族穆斯林把不合正宗、节外生枝、标新立异者称作比达尔提，多指在宗教教律上背离了圣人的主张或违背了正统派的教义。

* **比斯敏俩**（بِسْمِ اللَّهِ）

阿拉伯语音译，意为"以主的名义""奉主之命"等。又可音译为"比斯敏俩希"，回族穆斯林一般在宰牲、吃饭、喝水、接受馈赠等行为之前都要默念此语。

* **朝向**（الْقِبْلَة）

阿拉伯语意译，回族穆斯林宗教仪式专用术语，指的是伊斯兰教教法规定的礼拜时所面对的方向。也叫作"正向"，就是礼拜时面对的正确方向。按照伊斯兰教教义的规定，所有的穆斯林礼拜皆以麦加的克尔白为朝向，因此各地和麦加的方位关系不同，朝向也不同，比如中国在麦加的东边，所以中国穆斯林礼拜的朝向为西。

* **慈悯**（الرَّحِيمُ）

阿拉伯语意译，相当于汉语中"怜悯""慈恩"的意思，在回族话中已经被赋予宗教内容。伊斯兰教认为，是真主创造了万物，也是真主给人类带来了智慧，因此真主是普慈特慈的。人类所拥有的一切福分，都是真主慈悯的结果。慈悯是真主的美德，因此人类要对真主表达感激和赞颂。

* **辞朝**（حَجُّ الْوَدَاع）

阿拉伯语意译，也叫作"告别的朝觐"，专指穆罕默德生前的最后一次朝觐。相传在公元632年，穆罕默德率领穆斯林进行了最后一次朝觐，因为这次朝觐是穆罕默德生前的最后一次朝觐，因此就成为"辞朝"了。这次朝觐在穆斯林心目中具有神圣的意义，也形成了系统的朝觐仪式，穆罕默德在这次朝觐中所履行的一系列仪式，便成为以后穆斯林朝觐必须遵循的范例。

* **穿布**（أَفَنْ）

阿拉伯语意译，相当于汉语中的"寿衣""殓衣"。回族穆斯林有时又直接用阿拉伯语称之为"卡凡"。按照回族穆斯林的丧葬习俗，穿布是每个穆斯林入葬时的裹尸布，为纯棉白布，不含任何化学纤维成分。男性三件：大卧单（大殓）、小卧单（小殓）、坎肩。女性除此三件外，再加缠腰布和盖头。穿布是每个穆斯林较为重视的丧葬必备品，有的回族穆斯林到沙特阿拉伯麦加朝觐时，一般都要自带或帮亲朋好友带一些穿布，用那里的"渗渗泉"水清洗以"沾吉"，以备"无常"后穿用。

*达黑里（داخِل）

阿拉伯语音译，表示"内在的""内里的"的意思。在回族话中多表示宗教理念。

*达乌德（داوُودْ）

阿拉伯语音译，《古兰经》中提到的伊斯兰教先知之一，也是回族穆斯林男性常用经名。

*打依尔（دَائِرّ）

阿拉伯语音译，表示"圆圈"的意思，是伊斯兰教苏非派的一种宗教仪式形式。打依尔指的是在诵经或干尔麦里时经常采用圆圈式的跪拜形式，参加者由伊玛目带领，跪成一个圆形，中间放上经桌及《古兰经》，然后开始诵经。

*待里力（دَلِيلّ）

阿拉伯语音译，相当于汉语中的"依据""凭证"。回族穆斯林往往在宗教经典中寻找教义所规定的种种行为的待里力。

*胆扎里（دَجّالْ）

阿拉伯语音译，相当于汉语中的"骗子"。回族穆斯林用这个词来指代末日来临前夕出现的坏人坏事。

*当然拜（وَاجِبّ）

阿拉伯语意译，伊斯兰教宗教仪式。回族话中指的是回族穆斯林依据伊斯兰教教义应该完成的礼拜，如开斋节拜、古尔邦节拜及宵礼中的维特尔拜等，都是当然拜。因为穆罕默德圣人曾经履行过当然拜，穆斯林纷纷仿效，教法学家据经训判定其也属于应当履行的拜功，因此称作当然拜。其字面意义同汉语中的"应该""应当""理所当然"相似。

*叨热（دَورّ）

阿拉伯语音译，本义为"一回""一曲"等，主要用于表示诵经时"念调""旋律"等。回族穆斯林念经时，不同的词句有不同的音调；同一语句，不同的教派也有不同的音调。

* 导俩提（دَوْلَة）

阿拉伯语音译，相当于汉语中的"运气""威力"等词的意义。回族穆斯林主要用这个词表示"福分"。

* 德尔杰（دَرَجَة）

阿拉伯语音译，指的是"品级""等级"等区界意义。

* 迪尼（دِينٌ）

阿拉伯语音译，相当于汉语中的"宗教"。回族穆斯林也把伊斯兰教用阿拉伯语音译称为"迪尼伊斯俩目"。

* 迪耶（دِيَة）

阿拉伯语音译，相当于汉语中"罚金""抵偿""命价"等词表示的意义。

* 顿亚（دُنْيَا）

阿拉伯语音译，相当于汉语中的"世界""现世""红尘"等词。这个词在回族用语中被赋予了浓厚的伊斯兰宗教内容，指的是今世生活，即人类生存的现实世界，是与后世相对而言的。伊斯兰教信仰今世和后世，认为今世是短暂的，后世才是长久的；今世是后世的栽种之地，今世的善恶在后世必将得到回报。

* 尔巴德提（عِبَادَة）

阿拉伯语音译，相当于汉语中的"崇拜"，回族穆斯林中特指"善功""功修"等。

* 尔白（عَيْبٌ）

阿拉伯语音译，表示"背后说坏话""诽谤"等行为，使用时带有一定的贬义。

* 尔达我提（عدو）

阿拉伯语音译，表示"仇恨""敌视"等意义。回族穆斯林倡导穆民之间要相互团结，不要相互尔达我提。

* 尔录布（عِقَابٌ）

阿拉伯语音译，表示"惩处"的意思。如"干罪行歹之人，要受真主的尔录布"。

＊尔合地（عَهْدٌ）

阿拉伯语音译，相当于汉语中"誓约""诺言"等词的意义。在回族话中，表示穆民交往中的行为准则。

＊尔林（عِلمٌ）

阿拉伯语音译，相当于汉语中的"知识""科学"等词表示的意义。回族穆斯林用语中专指伊斯兰教学问。

＊尔里玛依（عُلَمَاءُ）

阿拉伯语音译，是阿拉伯语"阿林"的复数词并含有尊敬的意思，近似汉语中"学者们"的表意形式。这个词常常和"阿林"连用，用"大尔里玛依"来表示伊斯兰学问极高的学者。

＊尔勒撒德（عَرْصَادٌ）

阿拉伯语音译，原义近似于汉语中"庭院""广场"的意义。回族穆斯林特指"审判场"，在伊斯兰教看来，人死后，要到该处去听候真主的最终审判。西北回民在使用这个词时，往往和汉语中的"场"一词连用，称作"尔勒撒德场"。

＊尔麦里（عَمَلٌ）

阿拉伯语音译，又可音译成"阿曼里""尔买里"。一是用来表示"善行""善事""善举"，主要指伊斯兰教功修以及符合伊斯兰教教义的善事。二是指一切有利于社会群体的慈善事业和行为。三是在回族伊斯兰教门宦制度形成后，又引申为一种特殊的功修形式，指用特定的音调念诵《古兰经》，赞美穆罕默德，并围桌跪圈，为亡人祈求恕饶，为活人祈求平安。清真寺、道堂、拱北以及穆斯林家庭都过尔麦里。一般逢宗教节日、先知的生辰纪念日、苏非门宦导师纪念日或为活人祈求平安等，都要举办尔麦里，称为"干尔麦里"或"过尔麦里"。

＊尔曼（أَعْمَى）

阿拉伯语音译，相当于汉语中的"瞎子""盲人"等词表示的意义，回族穆斯林使用这个词时往往和汉语中的"瞎"连用，如"瞎尔曼"等。

＊尔那德 (عِنَادٌ)

阿拉伯语音译，表示"反对""对抗""顽固""执拗"等意义，一般使用时含有贬义，把固执己见、不听劝告者称为"尔那德"。

＊尔热费 (عُرْفٌ)

阿拉伯语音译，相当于汉语中"习惯""常规""风俗"等词表示的意义。

＊尔热什 (عَرْشٌ)

阿拉伯语音译，表示的是"御位""宝座"等意义，主要用于宗教内容，特指真主创造的最高的被造者。

＊尔托福 (عَطْفٌ)

阿拉伯语音译，本义为"怜悯""偏向"，相当于汉语中"疼爱"所表示的意义。

＊尔咱布 (عَذَابٌ)

阿拉伯语音译，又可翻译成"尔扎布"，表示"疼痛""罪罚"等意义。这个词在回族话中被赋予了宗教意义，主要用来表示恶人恶行在后世将得到真主的清算和报应。

＊尔扎依布 (عَجَائِبٌ)

阿拉伯语音译，相当于汉语中"奇怪""奇特""新奇"所表示的意义。多作为中性词，有时也用作贬义，表示故弄玄虚等意义。

＊恩霖阴 (عِلِّيِينٌ)

阿拉伯语音译，表示"高贵之处"的意思，伊斯兰教认为今世是后世的播种地，恩霖阴指的就是后世天园中的高贵之处，是今世行善者最好的归宿。也引申为"善行簿"，是用来证明今世善行者进入天堂的证据。

＊福日杂尼 (فُرْقَانٌ)

阿拉伯语音译，专用于伊斯兰宗教经典，表示的是"证据""分明真假"等。

＊辅士 (أَنْصَارُ)

阿拉伯语意译，伊斯兰宗教专用称谓词，是对麦地那穆斯林的通称，在伊斯兰教创建初期，他们曾辅助过穆罕默德。

* **尕麦提** (إقامَة)

阿拉伯语音译，本义相当于汉语中"起立"的意思，后成为宗教仪式专用词，专指回族穆斯林汇聚到清真寺大殿内准备礼拜时所用的唤礼词。

* **尕最** (قاض)

阿拉伯语音译，这个词有两层含义，一是指"法官"；二是指回族经堂教育的课本。这两个表面上毫无关联的意义之间是有密切关系的，因经堂课本的编写者曾经任过法官，所以课本也被称为"尕最"。

* **戛德忍耶** (قادِريَة)

阿拉伯语音译，又可译为"戛德林耶"。这个词的本义是指"大能者"，后来成为中国回族伊斯兰教苏非派四大门宦之一的专指词。戛德忍耶在遵行《古兰经》、圣训的同时，主张必须静修参悟，认为只有辛苦修炼才能大彻大悟。

* **嘎做** (قضَى)

阿拉伯语音译，这个词的本义指的是"完成"的意思，后引申为宗教专用词，专指"还补拜功"，指出于种种原因没有能够按时完成宗教礼拜时，需要进行补做，或者将两次礼拜合并在一起完成。

* **该代了** (قَيْد)

阿拉伯语音译，相当于汉语中"前提""条件""因素"等词所表示的意义。

* **干兰** (قَلَم)

阿拉伯语音译，又可翻译成"格兰"，指的就是汉语中的"笔"。古代阿拉伯人使用的笔大多用树枝或竹子作为材料，削尖后使用，阿拉伯文书体也就很独特，中国回族穆斯林也通常用自制竹笔蘸上墨汁书写阿文，并且把这种竹笔称作"干兰"。

* **格底目** (قديمٌ)

阿拉伯语音译，又可翻译成为"格迪目"，本义表示的是"古老的""遵古派"等意义，后成为中国回族伊斯兰教派别专用术语，指的就是回族穆斯林的"老教""老古"。格底目教派遵守和沿袭伊斯兰教早期的教规、教法和经典。

* 格德尔 (قَدَرّ)

阿拉伯语音译，表示的是"前定""能力""大能"的意思，多用于指宗教行为。

* 格里布 (قَلبّ)

阿拉伯语音译，指的就是汉语中的"心脏"。

* 格麦尔 (قَمَرّ)

阿拉伯语音译，指的就是汉语中的"月亮"。

* 给布莱 (قِبْلَة)

阿拉伯语音译，表示的意义和另一阿拉伯语意译词"朝向"相同，指的是礼拜时的方向。

* 给索苏 (قِصَصّ)

阿拉伯语音译，表示的是"刑罚"的意思。

* 给亚斯 (قِيَاسّ)

阿拉伯语音译，表示的是"类比"的意思。

* 给亚麦提 (قِيَامَة)

阿拉伯语音译，又可翻译成"给亚迈"，本义是"站立""起立"的意思，后成为宗教专用词，指"复活日"或"清算日"。在穆斯林看来，人死亡后，灵魂与肉体分离，末日审判时，真主将其肉体还原、灵魂归体，让所有的亡者复生，接受审判。

* 更索 (قِصَّة)

阿拉伯语音译，指的是汉语中的"故事"。

* 拱北 (قُبَّة)

阿拉伯语音译，本义是"圆屋顶"，后成为宗教专用建筑术语。回族穆斯林用这个词专指清真寺的圆形拱顶，也专指苏非导师先贤坟墓上建造的圆形建筑物。拱北是苏非派回族穆斯林常去纪念的地方。拱北的样式既有阿拉伯、波斯的建筑风格，也有中阿结合的建筑风格，与回族穆斯林的一般陵墓有明显的不同。

* 古都热提 (قُدْرَة)

阿拉伯语音译，表示"大能"的意思，为宗教专用术语，回族穆斯林用来特指真主的大能。

* 古兰经 (الْقُرْآنْ)

阿拉伯语音意合译，伊斯兰教的根本经典。"古兰"为阿拉伯语的音译，原意为"诵读"。中国过去曾将"古兰经"翻译为"古尔阿尼""可兰经""宝命真经"等。《古兰经》名称还有"读本""光""真理""智慧""启示"等含义，分"麦加篇章"（真主在穆罕默德迁徙麦地那之前降示的）和"麦地那篇章"（真主在穆罕默德迁徙麦地那之后降示的）两大部分，共 30 卷，114 章，6000 多节，是由穆罕默德在传教的 23 年（公元 610～632 年）中，陆续传布的"真主的启示"，并由圣门弟子们背记或记录，最后在穆罕默德归真后被搜集、整理、订正而传世的。

* 古尔巴尼 (قُرْبَانْ)

阿拉伯语音译，本义为"接近""亲近"的意思，后来成为伊斯兰节日专用术语，特指宰牲节，即回族穆斯林的"古尔邦节"。

* 古尔邦节 (عِيدُ الْقُرْبَانْ أو الْأَضْحَى)

阿拉伯语音意合译，"古尔邦"表示"献牲"的意思。古尔邦节又称"宰牲节"，西北回族称之为"大尔德"（"尔德"一词为波斯语词音译，意为"节日"），是中国回族穆斯林的三大宗教节日之一，又称作"忠孝节"等。伊斯兰教规定，教历每年 12 月上旬，符合条件的穆斯林都要前往麦加朝觐，并举行宰牲仪式和庆典活动。凡经济条件宽裕的穆斯林，每年都要举行宰牲仪式。中国回族在节日之前，便已选好要宰的牲畜，根据家庭经济情况而定，骆驼、牛、羊都可。所得之牲，须体壮形美，所宰之肉要分成三份：一份自食；一份用于教门，如请阿訇到家过乜帖等；一份济贫舍散。

* 古土布 (قُطْبّ)

阿拉伯语音译，本义表示的是"显要""巨头""杰出人物"等意义，后来成为宗教专用术语，回族穆斯林特指具有神秘色彩和非凡奇迹的宗教人物。

＊哈德 (حَدّ)

阿拉伯语音译，表示"限度""界限"等意义，伊斯兰教教法专用语，指的是法度、处罚和刑罚等意义。按照伊斯兰教教义，任何事情都有限度的，一旦越过了这个限度就是违法，违法就要受到应有的处罚。处罚也要以限度为标准，应根据情节和超越限度的程度来决定。

＊哈卡耶提 (حِكَايَة)

阿拉伯语音译，相当于汉语中的"寓言"。回族宗教人士在宣讲经文、传播教义时，往往用一些寓言故事来劝谏穆斯林，以增强说服力。

＊哈吉 (حَاجّ)

阿拉伯语音译，指的是"朝觐者"，又可翻译成"哈只""哈志"等，是回族穆斯林对到伊斯兰教圣地麦加朝觐者的尊称。哈吉常和姓氏相连称呼，以表示荣誉和尊敬。

＊哈拉姆 (حَرَامّ)

阿拉伯语音译，表示伊斯兰教教义"禁止的"和"禁地"等意义。其一，"禁止的""不合教法的"，是伊斯兰教教法中专用称谓之一，与"哈俩里"相对应，专指伊斯兰教明文禁止的一切行为，一旦违背就会要受到惩罚；其二，特指伊斯兰宗教的"禁地"，不可超越。

＊哈勒苏 (حَرِيصّ)

阿拉伯语音译，本义是"贪婪"的意思。一般用来表示日常生活中具体的行为，如指饮食中吃相不好等。

＊哈里 (حَالّ)

阿拉伯语音译，本义与汉语中"情况""状况"等词的意义相近，回族穆斯林主要用这个词表示"运气"等意义。

＊哈里发 (خَلِيفَة)

阿拉伯语音译，又可翻译为"海里凡"。本义指"代理人""继位人"等。哈里发在回族话中还有另外的含义：一是虎夫耶门宦中对教主培养和指定的接班人的称呼，指的是宗教"继承人"；二是正在清真寺中学习的满拉。两个意义之间有密切的关联。

*哈里瓦（حَلَوَى）

阿拉伯语音译，指的就是汉语中的"甜食""糖果"等。回族穆斯林饮食专用词语，这种面食色、味、形特别讲究，一般用面粉、红糖、蜂蜜、芝麻、果脯等制成甜面料，再用专门的灶具，做成扇面、梅花等各种形状。可用于自家食用，也可作为礼物。

*哈俩里（حَلَالٌ）

阿拉伯语音译，又可以翻译成"哈拉勒"，表示"合法的""教法允许的"等意思。是伊斯兰教法专用词。特指《古兰经》中规定、圣训允许、各大法学家认可、伊斯兰教教法规定的穆斯林可吃的食物及穆斯林可做的事等。

*哈热克提（حَرَآة）

阿拉伯语音译，本义表示"活动""运动"等意义，在阿拉伯语语言学中，是动词的专用术语。回族穆斯林多把这一词引申为表示"不老实"等意义。

*哈苏（خَاصّ）

阿拉伯语音译，相当于汉语中的"特征""特性""特殊"等词表示的意义。

*哈娃（حَوَاءُ）

阿拉伯语音译，又可翻译成"好娃"。伊斯兰教传说中人类始祖阿丹的妻子，相传她受到了魔鬼依布利斯的教唆，在天园中偷食了真主禁食的果实，与阿丹被罚降到了人间。《古兰经》中记载哈娃是人类之母。

*哈瓦尼（حَيَوَانٌ）

阿拉伯语音译，本义是"牲畜"的意思。回族穆斯林多用此词来表示"坏家伙"等意思。

*海地耶（هَدِيّة）

阿拉伯语音译，相当于汉语中的"礼品""赠品"等词，并引申为宗教专用词，特指以主的名义自愿捐赠的礼品。回族穆斯林日常把送礼通称为海地耶。

∗亥提目（خَتْم）

阿拉伯语音译，又可翻译成"亥听""亥帖""孩听"等，表示"最后的""结束的"等意义。是伊斯兰经堂教育专用词，特指《古兰经》选本。

∗罕给（حَقّ）

阿拉伯语音译，相当于汉语中的"责任""义务"等词表示的意义。回族穆斯林使用这一词时，指穆民的一般责任和宗教责任。

∗罕乙（حَيّ）

阿拉伯语音译，相当于汉语中"区域中心"所表示的意思，西北一些回族穆斯林一般把大清真寺称为"罕乙清真寺"，把小清真寺称为"稍麻清真寺"。罕乙清真寺为宗教活动的中心区域，一些重大的礼拜活动要在罕乙清真寺中进行。

∗罕志（حِجَاز）

阿拉伯语音译，又可翻译成"希贾兹""汉志"。地名，伊斯兰教圣地麦地那就在其境内，位于今沙特阿拉伯西部。回族穆斯林往往把朝觐称作"朝罕志"。

∗号空（حُكْم）

阿拉伯语音译，又可翻译成"哈空""侯坤"。相当于汉语中的"教律"，是伊斯兰教教法专用术语，特指伊斯兰教教规教法。回族穆斯林把在宗教事务或生活上有了各种难解的问题，需要向阿訇请教，叫作"问号空"，而把阿訇进行分析、解答、判定叫作"出号空"。

∗合比布（حَبِيب）

阿拉伯语音译，相当于汉语中"朋友""挚友"等词。在回族话中多用于指宗教上的志同道合者。

∗合给盖提（حَقِيقة）

阿拉伯语音译，本义表示"真实的"意思，后来成为宗教专用术语，特指伊斯兰教苏非派根据本门宦规定而进行的修炼过程，又称为"真乘"。

* 合目杜 (حَمْدٌ)

阿拉伯语音译，表示"赞颂"的意思。

* 合色德 (حَسَدٌ)

阿拉伯语音译，表示"嫉妒"的意思。

* 合推布 (خَطِيبٌ)

阿拉伯语音译，本义表示"演讲者"的意思，后成为伊斯兰教专用术语，特指在主麻日和尔德等宗教仪式上念"呼图白"的人。

* 合娃 (هَوَى)

阿拉伯语音译，表示"私欲"的意思。伊斯兰教哲学专用术语，特指那些以损害他人的利益而满足一己之私的欲望。

* 合亚提 (حَيَاةٌ)

阿拉伯语音译，本义为"生活""生命"。回族穆斯林使用时常用来表示寿限。

* 赫特乃 (خَتْنٌ)

阿拉伯语音译，表示的是"割礼"，按照西北等地回族穆斯林宗教习俗，男孩到了七八岁的时候要行割礼，即割去包皮。

* 黑克麦提 (حِكْمَةٌ)

阿拉伯语音译，表示"智慧""哲理"等意义。主要用来阐明典故中的哲理。

* 黑俩夫 (خِلَافٌ)

阿拉伯语音译，表示"分歧不和""闲言碎语"等方面的意义。

* 黑兹布 (حِزْبٌ)

阿拉伯语音译，回族穆斯林经堂解经专用术语，用来划分《古兰经》中的篇、段，以便于析读。

* 狠贼热 (خِنْزِيرٌ)

阿拉伯语音译，相当于汉语中的"猪"，回民穆斯林日常用语中禁忌用"猪"字，有许多替代词，也常用阿拉伯语的"狠贼热"来替代，也可译为"狠则若"。

＊呼德（هُودٌ）

阿拉伯语音译，是伊斯兰教传说中的古代先知之一。呼德也是回族穆斯林男性经常使用的经名。

＊呼图白（خُطْبَة）

阿拉伯语音译，相当于汉语中的"宣讲""演讲"。回族穆斯林宗教仪式专用术语。在主麻日、尔德节礼拜时，都要举行念呼图白仪式，阿訇一般要站在清真寺礼拜殿右前方念诵呼图白，宣讲伊斯兰教教义，念时手中持一弯木棍，代表圣行。殿中的穆斯林必须跪坐静听，不能喧哗和走动。

＊虎夫耶（خُفِيَّة）

阿拉伯语音译，又可翻译成"虎非耶"，本义是"隐藏的""低声的"的意思，后成为伊斯兰教教派门宦专用术语，是回族伊斯兰教苏非派四大门宦之一的称谓，该门宦主张低声念赞词。

＊即克尔（ذِأْرَى）

阿拉伯语音译，也可翻译成"齐克尔""迪克尔"，表示的是"赞念""赞颂"等意义。即克尔赞词主要包括"清真言""作证词""泰斯比哈"等。赞念的方式有心中默念、小声低念和大声高念等。

＊吉哈德（جِهَادٌ）

阿拉伯语音译，表示"奋斗"的意思，伊斯兰教专用术语，特指为了真主的事业而奋斗。在回族穆斯林看来，每个穆斯林必须为真主的事业和社会利益奉献一切，为弘扬和捍卫宗教信仰而奋斗，并将其作为每个穆斯林应有的职责。

＊加米尔（جَامِعٌ）

阿拉伯语音译，指的是"大寺""总寺""中心寺"。是回族穆斯林对大清真寺的称谓之一，和"罕乙清真寺"的意义相近。

＊卡非勒（آفِرٌ）

阿拉伯语音译，又可翻译成"卡菲尔"，表示的是宗教背叛者的意思，用于贬义。

＊开德（آيْدٌ）

阿拉伯语音译，相当于汉语中的"欺骗""诱惑""诡计"等词所表示的意思，用于贬义。

*凯布日（إِبْرٌ）

阿拉伯语音译，表示"自高自大"的意思，常用作贬义。

*凯塔布（إِنَابٌ）

阿拉伯语音译，又可翻译成"克塔布""开塔布"，本义指的是"书籍"，后来成为宗教专用术语，回族穆斯林用来专指阿拉伯文或波斯文的经典。

*克罚热体（أَقَارَةٌ）

阿拉伯语音译，相当于汉语中的"罚金""罚款"等意义。伊斯兰教教法专用术语，回族穆斯林把没有遵行某一教规教法所出的罚金称为克罚热体。

*克拉麦提（أَرَامَةٌ）

阿拉伯语音译，本义相当于汉语中"奇迹"的意思，后成为伊斯兰教专用术语，特指苏非派导师的修炼方式，回族话中把在近主修炼所产生的种种奇迹和超常的感应称作克拉麦提。

*克立麦（أَلِمَةٌ）

阿拉伯语音译，本义为"言语"。回族穆斯林多用于宗教行为，克立麦大多代指清真言和作证词。回族穆斯林通常就把清真言和作证词称作"两个克立麦"。

*克俩目（آلامٌ）

阿拉伯语音译，本义相当于汉语中的"语句"。回族穆斯林使用时指代的范围有所变化，既可用来表示语言，也可用来表示认主学经典，还可用来表示语法上的一句完整的语句。

*克玛力（آمَالٌ）

阿拉伯语音译，相当于汉语中的"完美""完善"。

*克那也提（إِنَايَةٌ）

阿拉伯语音译，相当于汉语中的"暗示""寓意"。

*克尔白（أَعْبَةٌ）

阿拉伯语音译，本义为"四方形建筑物"，专指今沙特阿拉伯麦加禁寺里的一座方形石殿的名称，又称"天房"。

* **克孜布**（آذِبٌ）

阿拉伯语音译，相当于汉语中的"撒谎""谎言"。

* **库布忍耶**（آبرِيَّة）

阿拉伯语音译，本义表示的是"伟大的"，在回族话中成为宗教教派门宦专用术语，专指回族伊斯兰教库布忍耶门宦。

* **库夫热**（أفرٌ）

阿拉伯语音译，又可翻译成"库夫勒"，本义表示"昧恩"的意思，后成为宗教专用术语，专指"否认造物主"、违背教律的念头和行为。

* **库热西**（أرْسِيٌّ）

阿拉伯语音译，表示的是"王位""宝座"等意义，也有人释为七层天以外的更高一层天。后成为宗教专用术语，特指《古兰经》第二章第 255 节。

* **莱麦丹**（رَمَضَانَ）

阿拉伯语音译，指的就是伊斯兰教中的"斋月"，在伊斯兰教历的 9 月，回族穆斯林通常又将这个月称为"莱麦丹月"。

* **兰泽提**（اللَّذَّة）

阿拉伯语音译，表示"享受""快乐"等意义。

* **里巴**（رِبَا）

阿拉伯语音译，相当于汉语中的"暴利""重利"，是伊斯兰教专用术语。伊斯兰教教法规定，禁止拥有不合理的收入，包括利息。但不反对通过自己的辛勤劳动和智慧获取的利润、分红等。

* **利合耶**（لِحْيَة）

阿拉伯语音译，人体专用名词，指的是"络腮胡子"。

* **鲁合**（رُوحٌ）

阿拉伯语音译，也可翻译成"卢合""卢罕"等，表示的是"灵魂""精神"等意义。伊斯兰教认为鲁合是真主创造并赋予人的，它有感觉、理智和意志。它附着于肉体，人便有了生命；离开肉体，人便入睡或死亡。它能离开人体而独立存在。

* **鲁格布**（لَقَبٌ）

阿拉伯语音译，又可翻译成"道号"，表示的是"别称""绰号"等意义。

*鲁速里（رُسُل）

阿拉伯语音译，相当于汉语中的"使者"。后成为伊斯兰教专用术语，回族穆斯林用来特指穆罕默德之前的历代使者。"鲁速里"是"莱苏里"的复数形式。

*鲁特（لوط）

阿拉伯语音译，又可翻译成"鲁脱"。指的是伊斯兰教传说中古代先知之一，是曾经接受真主引导的超凡脱俗的使者。

*鲁托福（لطفة）

阿拉伯语音译；相当于汉语中的"仁慈""恩惠"等。

*马朱者（مَأجُوج）

阿拉伯语音意合译，伊斯兰宗教专用词，传说中的古代野蛮民族，穆民们常把他们和末日相联系，他们一旦出现就是末日到来的一种前兆。回族穆斯林们常把邪恶的事比作马朱者的行为。

*玛沙安拉（مَا شَاءَ اللهُ）

阿拉伯语音译，本义表示"伟大的""崇高的"，专用于对真主的颂赞，后来引申为"真好""真棒"，是回族穆斯林对某事或某物所表达的惊讶、赞叹的词语。

*麦地那（مَدينة）

阿拉伯语音译，地名，是伊斯兰教第二大圣地，位于沙特阿拉伯西北部，距今麦加城415公里。

*麦嘎姆（مَقَامٌ）

阿拉伯语音译，相当于汉语中的"关隘"。

*麦格苏德（مَقصُودٌ）

阿拉伯语音译，相当于汉语中的"目标"。

*麦亥尔（مَهْرٌ）

阿拉伯语音译，又可翻译成"麦哈热"，回族穆斯林婚姻专用词语，指的是婚姻习俗中的"聘礼""嫁妆""彩礼"等，是新郎按婚前的约定赠予新娘的礼品。

*麦加（مَكّة）

阿拉伯语音译，是伊斯兰教第一大圣地、穆罕默德的诞生地和伊斯兰教的发祥地，也是全世界穆斯林礼拜的朝向和朝觐的中心，旧译"天方"，位于沙特阿拉伯西部，是每年全世界穆斯林朝觐活动中所游历的圣地。

＊**麦克热** (مَكَرّ)

阿拉伯语音译，相当于汉语中的"智谋""诡计"。

＊**麦克图布** (مَكْتُوبّ)

阿拉伯语音译，又可翻译成"麦克图巴特"，指的是"书信集"，伊斯兰经堂教育专用术语，是回族经堂教育的课本之一。

＊**麦克鲁海** (مَكْرُوهّ)

阿拉伯语音译，本义表示"令人厌恶的""令人嫌弃的"，后成为伊斯兰教专用词语，特指那些伊斯兰教教法认为令人厌恶的、应受到谴责的行为。

＊**麦拉伊凯** (مَلائِكَة)

阿拉伯语音译，表示"天使""天仙"。"信天仙"也是伊斯兰教的"六大信仰"之一。

＊**麦里哭里冒提** (مَلَكُ المَوتِ)

阿拉伯语音译，表示"掌管死亡的天使""拿命天仙"，伊斯兰教专用术语。回族穆斯林认为，人在将要"无常"的时候，"麦里哭里冒提"就会先来拿命。

＊**麦里奥尼** (مَلْعُونّ)

阿拉伯语音译，表示"坏家伙""坏东西"等。

＊**麦尔那** (مَعْنًى)

阿拉伯语音译，表示的是"意义""词义"，多用于解经。

＊**麦尔热发提** (مَعْرِفة)

阿拉伯语音译，本义是"认识"，后成为伊斯兰教门专用词，指的是苏非派修炼认知的高级阶段。

＊**麦热台白** (مَرْتَّبَة)

阿拉伯语音译，本义是"安排""品级"等。回族穆斯林使用时，一般用来表示那些品德高尚、有教养的人。

＊**麦撒伊俩** (مَسَائِلُ)

阿拉伯语音译，本义是"问题""难题"，后成为伊斯兰教专用术语，伊斯兰教教法专门用语。

＊麦塞里（مَسْألَة）

阿拉伯语音译，伊斯兰教专用词语，表示宗教上的规定或者宗教方面的观点。

＊麦斯吉德（مَسْجِدٌ）

阿拉伯语音译，指的就是"清真寺"。

＊麦斯海袜（مَسْحٌ）

阿拉伯语音意合译。本义表示"揩抹"的意思，后来成为回族穆斯林民族专有服饰，特指一种半高腰的皮袜子，一般用薄而柔软的牛皮、羊皮做原料，皮袜外表洁净光亮。按照伊斯兰教教义，在洗小净的时候可以用麦斯海袜代替洗脚。

＊麦扎子（مَجَازٌ）

阿拉伯语音译，表示"虚伪""诡计"。

＊麦知努尼（مَذْهَبٌ）

阿拉伯语音译，表示"疯子"。

＊麦兹海布（مَذْهَبٌ）

阿拉伯语音译，相当于汉语中的"流派""学派"等，伊斯兰教四大麦兹海布指的就是艾布·哈尼法、沙菲尔、马立克、罕百里。中国回族大多遵从艾布·哈尼法的麦兹海布。

＊满俩（مَلأ）

阿拉伯语音译，本义是"盛满"，后成为回族穆斯林经堂教育专用词，指的是回族穆斯林经堂教育中的阿拉伯语语法课本。

＊受杜布（مَنْدُوبٌ）

阿拉伯语音译，表示"赞许的"的意思，后被赋予伊斯兰教特殊意义，指教法倡导和劝勉穆民们去做的值得称赞的行为。

＊曼苏赫（مَنْسُوخٌ）

阿拉伯语音译，本义表示"被停止的""被禁止的"事物，回族穆斯林经堂解经专用术语，特指《古兰经》中被停止的经文，又叫作"停经"，它与"纳西赫"相联系。

＊毛拉（مَوْلَى）

阿拉伯语音译，本义指的是"保护者""主人"。又可翻译成

"毛俩""曼拉""满拉"等。"毛拉"一词因不同的教派甚至不同的地域指称的对象有所不同：伊斯兰教苏非派把自己的导师叫毛拉；教法学界称主人为毛拉；有些穆民有时也把真主叫毛拉；西北一些地方的回族穆斯林又把在清真寺学习宗教知识的学员叫毛拉，即"满拉"。

* **冒提**（مَوْتّ）

阿拉伯语音译，表示"死亡""无常"等。回族穆斯林由于语言禁忌不提"死亡"，用冒提等词代替。

* **米纳热**（مَنَارَةٌ）

阿拉伯语音译，指的是"尖塔""宣礼塔"，伊斯兰教建筑专用术语，是清真寺召唤穆斯林礼拜的场所。

* **米尔拉吉**（مِعْرَاجٌ）

阿拉伯语音译，本义是"登霄"，伊斯兰教专用术语，专指穆罕默德圣人在伊斯兰教历的 7 月 27 日之夜，登上并游历九霄，回族穆斯林们又把这一夜叫作"米尔拉吉的晚间"。

* **米撒力**（مِثَالٌ）

阿拉伯语音译，相当于汉语中的"例子""实例"等。

* **米斯瓦克**（مِسْوَاكّ）

阿拉伯语音译，本义是"牙刷"，后成为伊斯兰教用品专用术语，特指阿拉伯地区从穆罕默德时期就已经使用并且流行至今的一种刷牙的天然植物。这一日常生活用品已经被赋予伊斯兰宗教内涵，在回族穆斯林看来，用米斯瓦克刷牙是一种圣行。

* **米苏热**（مِصْرُ）

阿拉伯语音译，指的是"埃及"。回族穆斯林习惯于用阿拉伯语音译词称埃及。

* **孟凯尔**（مُنْكَرٌ）

阿拉伯语音译，是伊斯兰教天使名，与另一名天使乃凯尔专司预审坟中亡人生前的信仰，信仰坚定、品行高尚者可得安息，悖逆作恶者将受到鞭打并等待末日的审判。

* **敏拜尔**（مِنبَرّ）

阿拉伯语音译，相当于汉语中的"讲台"，伊斯兰教建筑专用术语，特指设在清真寺礼拜大殿里的宣讲台。回族穆斯林的清真寺里的宣讲台一般设在大殿正中的凹壁前方的右边。

* 默念（الذِّكْرُالْخَفِيُّ）

阿拉伯语意译，伊斯兰宗教礼仪专用术语，本音是"迪克尔·胡菲"，回族穆斯林又常称作"心念""默诵"。回族穆斯林为了内心祈求、赞念真主，用默念的方式排除外界干扰，专注于内心的宁静和沉思，聚精会神地赞念真主。回族伊斯兰教苏非派把默念作为严格的宗教教规，并作为修炼的重要方式。

* 穆巴哈（مُبَاحٌ）

阿拉伯语音译，本义表示"允许的""准行的"等意义，后成为伊斯兰教专用术语，专指伊斯兰教教法允许、准行的事情。

* 穆巴拉克（مُبَارَكٌ）

阿拉伯语音译，也可翻译成"穆巴热克"，表示"吉祥的""幸福的"等意义。

* 穆菲德（مُفِيدٌ）

阿拉伯语音译，表示"有益的"行为。

* 穆夫提（مُفْتِي）

阿拉伯语音译，指的是"解法者"，专指解说伊斯兰教教法的人，主要职责是对教法中出现的新问题、新案例提出正式的法律解说，将其作为判决的依据。

* 穆夫提门宦（مَذْهَبُ الْمُفْتِي）

阿拉伯语音意合译，回族伊斯兰教教派专用术语，指的是苏非派虎夫耶学派支系门宦。主要分布在甘肃临夏、康乐、东乡和青海西宁南川以及新疆等地。

* 穆哈凯玛提（مُحْكَمَاتٌ）

阿拉伯语音译，表示"明确的""清楚的"等意义。回族穆斯林经堂解经专用术语，用来划分《古兰经》经文含义是否明确。

* 穆哈然（مُحَرَّمٌ）

阿拉伯语音译，指的是"禁月"，是伊斯兰教历 1 月的名称。

* 穆罕默德（مُحَمَّدٌ）

阿拉伯语音译，伊斯兰教的承传人。大约生于公元 570 年，卒于公元 632 年，为人类文明史上伟大的思想家、政治家、军事家和宗教改革家，伊斯兰教"六大使者"之一，回族穆斯林尊称穆罕默德为"穆圣""圣人"。穆罕默德历时 23 年传播伊斯兰教，使阿拉伯半岛各部落大多皈依伊斯兰教，并创建了阿拉伯民族统一的国家，揭开了阿拉伯历史的新篇章。

*穆合麦斯（مُهَمَّسّ）

阿拉伯语音译，指的是"五联诗"，为伊斯兰文学专用术语，特指伊斯兰教苏非派赞圣诗集。哲赫忍耶穆斯林一般在做完宵礼后都要诵读。

*穆民（مُوْمِنّ）

阿拉伯语的音意合译，指的是"信仰者"，伊斯兰教专用术语，指的是信仰伊斯兰教的教民。

*穆纳非格（مُنَافِقّ）

阿拉伯语音译，指的是"伪信者""两面派"等。

*穆尔吉子（مُعْجِزّ）

阿拉伯语音译，本义表示"奇迹"，伊斯兰教专用术语，专指真主创造的各种奇迹。回族穆斯林也常用这个词来表示伊斯兰教的先哲们根据真主的旨意显示出来的奇迹。

*穆热色力（مُرْسِلّ）

阿拉伯语音译，相当于汉语中的"钦差"。如回族话中常说："穆罕默德是真主的穆热色力（钦差）。"

*穆热师德（مُرْشِدّ）

阿拉伯语音译，本义为"导师"，回族伊斯兰教派专用词，苏非派尊称其导师为"穆热师德"。

*穆瑞德（مُرِيدّ）

阿拉伯语音译，又可翻译成"穆里德"。相当于汉语中的"信徒""学生""门徒"等。

*穆萨（مُوسَى）

阿拉伯语音译，又可翻译成"姆萨""木萨"，伊斯兰教的"六大使者"之一，被称作"真主的代言人"。回族穆斯林男性中很多人用穆萨来取经名。

* **穆撒飞热**（مُسَافِرٌ）

阿拉伯语音译，相当于汉语中的"旅行者"。

* **穆斯林**（مُسْلِمٌ）

阿拉伯语音译，本义是"信教者""和平者"，伊斯兰教专用术语，专指顺从真主的旨意、能履行五功的人。回族一般通称为"穆斯林"或"穆民"。

* **穆斯泰哈卜**（مُسْتَحَبٌّ）

阿拉伯语音译，本义表示"嘉许的"，伊斯兰教法用语，指教法提倡人们去做的行为，如救济贫弱、捐助公益事业、待人接物有礼貌有教养等不做不受惩罚但做了应当受到鼓励和赞扬的行为。

* **穆什勒克**（مُشْرِكٌ）

阿拉伯语音译，表示"多神教徒"的意思。

* **穆台沙比哈提**（مُتَشَابِهَاتٌ）

阿拉伯语音译，表示"彼此相似的""双关语""隐晦的"等意义。

* **穆泰算维夫**（مُتَصَوّفٌ）

阿拉伯语音译，特指的是"坚守苏非者"。

* **穆扎维热**（مُجَاوِرٌ）

阿拉伯语音译，本义是"邻居"，后成为伊斯兰教专用术语，特指在清真寺做勤杂工作的穆民。

* **纳夫斯**（نَفْسٌ）

阿拉伯语音译，一般用于表示心理活动。所指的心理范围比较复杂，可用来表示性情、脾气、自尊心，也可用来表示私欲，甚至可引申为馋等意义。

* **纳格什班迪**（نَقْشِبَدِيّة）

阿拉伯语音译，本义指"画家"，为伊斯兰教专用名称，特指伊斯兰教苏非派创始人的名称，回族穆斯林也常用来指苏非派兄弟会组织的名称。

* **纳热**（نَارٌ）

阿拉伯语音译，相当于汉语中的"火"。

* **纳西赫**（نَاسِخٌ）

阿拉伯语音译，也可意译为"停经"，伊斯兰教专用术语，表示"停止""废除"。回族穆斯林专指《古兰经》中后降示的经文代替先降示的经文，先降示的经文便停止了。

* **纳依布**（نَائِبٌ）

阿拉伯语音译，相当于汉语中的"助手""副手"等。

* **捺扎色提**（نَجَاسَةٌ）

阿拉伯语音译，相当于汉语中的"污秽""肮脏"等。

* **乃凯尔**（نَكَرٌ）

阿拉伯语音译，传说中伊斯兰教的天使名，专门负责预审坟中的亡人。

* **乃萨拉**（نَصَارَى）

阿拉伯语音译，本义是"援助者"，因为基督教徒自称是受上帝援助的人，后来穆斯林就沿用这一称谓，称基督教徒或基督教为"乃萨拉"。

* **乃遂哈**（نَصِيحٌ）

阿拉伯语音译，表示"诚实的忏悔"的意思。

* **乃遂合**（نَصِيحَةٌ）

阿拉伯语音译，相当于汉语中的"忠告""忠言"等。

* **乃西**（نَهْيٌ）

阿拉伯语音译，相当于汉语中的"禁止"所表示的意义。

* **乃子热**（نَذْرٌ）

阿拉伯语音译，本义是"诺言""誓约"，回族穆斯林使用时赋予了伊斯兰宗教含义，专指穆斯林为表示对真主感恩而立下的誓言和承诺。

* **尼发个**（نِفَاقٌ）

阿拉伯语音译，相当于汉语中的"伪善""假仁假义"等。

* **尼卡哈**（نِكَاحٌ）

阿拉伯语音译。本义是"结婚""婚姻"。后成为回族穆斯林婚姻习俗专用术语。回族男女双方结婚之日，要请阿訇举行"念尼卡哈"的仪式：阿訇念完经文之后，当众用波斯语和阿拉伯语问女方是否愿意嫁给男方，女方答应"愿意"；又问男方是否自愿娶女方，男方即应诺"我愿意接受这门婚姻"。然后，阿訇便开始撒喜枣。一般在念尼卡哈时，阿訇还对新郎和新娘讲解一些宗教和回族礼俗方面的知识，并教授一些简单的宗教念词。

*尼尔麦提（نِعْمَة）

阿拉伯语音译，本义表示"恩泽""赏赐"等，为宗教专有用词，特指来自真主的恩泽和赏赐，也可具体指真主的赏赐物。

*乜帖（نِيَّة）

阿拉伯语音译，本义是"心愿""心意""期望"等，回族穆斯林使用这个词时其意义已经具体化了，包括自愿地以钱或物的形式无偿举办公益善事，也包括把钱或物自愿地向他人施舍；另外，还包括请阿訇到家中念经纪念亡人或祈求平安。向他人施舍之前要默诵举意词，叫作"举乜帖"。

*努哈（نُوحُ）

阿拉伯语音译，伊斯兰教传说中真主的六大使者之一，是"真主的预言者"。"努哈"也是回族穆斯林男性常用的经名。

*奴热（نُورٌ）

阿拉伯语音译，表示"光明""光"的意思，被赋予伊斯兰教宗教内涵，是真主的美名之一。

*欧莱玛（عُلَمَاءُ）

阿拉伯语音译，相当于汉语中的"学者们"。

*欧麦尔（عُمَرُ）

阿拉伯语音译，指的是伊斯兰教历史上第二任哈里发，他出身富贵人家，相传在穆罕默德传教时曾经给予过经济上的资助，后来成为穆罕默德军事上的得力助手，为创建阿拉伯帝国打下了基础，并主持制定了伊斯兰教历。"欧麦尔"也是回族穆斯林男性常用的经名。

*欧木代（عَمْدَة）

阿拉伯语音译，本义是"支柱"，后成为伊斯兰教教法专用术语，是伊斯兰教教法学著作《伟嘎耶》的别名。

＊**欧木尔**（عُمْرٌ）

阿拉伯语音译，相当于汉语中的"生命""寿命""一生"等。回族话中使用时大多赋予了伊斯兰教理念，如"多舍散，多行善，多增加欧木尔期限"。

＊**欧姆热**（عُمْرَةٌ）

阿拉伯语音译，"朝觐"的一种方式，指的是"副朝"，又可意译为"小朝"。表示的是在除伊斯兰教历 12 月的正朝以外的任何时候前往麦加圣地的朝规。

＊**欧尔夫**（عُرْفٌ）

阿拉伯语音译，本义表示"习惯""惯例"等，回族穆斯林经堂解经专用术语，指的是伊斯兰教教法理论渊源以外的社会民俗习惯等，同时也指经堂语学习中用来记录单词的记录本。

＊**热亚**（رِيَا）

阿拉伯语音译，相当于"虚伪的""假仁假义""沽名钓誉"等词所表示的意义，如"为人做事首先要诚心诚意，千万不能热亚"。

＊**热依斯**（رَئِيسٌ）

阿拉伯语音译，本义指的是"头领"，后成为回族穆斯林教派专用术语，特指回族苏非派历史上教派领袖派到某一区域的宗教负责人，其职责是指导该区域若干个清真寺、坊和阿訇的宗教事务。

＊**入护索提**（رُخْصَةٌ）

阿拉伯语音译，相当于汉语中"允诺""允许"等词表示的意义，是回族穆斯林所遵循的修身基本准则，如"对别人的责备也能入护索提，才是真正的男子汉"。

＊**若哈玛尼**（رَحْمَانُ）

阿拉伯语音译，意为"慈悲者""普惠者""至仁者"，伊斯兰教专用术语，是真主的美名之一。回族穆斯林用此词来称颂真主对穆民的恩泽，如"若哈玛尼主的至仁，带来了穆民的福分"。

＊**瑞乍**（رِضَا）

阿拉伯语音译，表示"喜欢"的意思。伊斯兰教专用术语，特指得到真主的喜欢，如"穆民们的舍散向善，是真主最最的瑞乍"。

＊瑞孜给（رزْق）

阿拉伯语音译，相当于汉语中的"福气""好运"，如"我们的瑞孜给全是真主的恩赐"。

＊撒布尔（صَبْر）

阿拉伯语音译，表示"耐心""忍受""克制"等意义，伊斯兰教专用术语，回族穆斯林以此为修身养性的基本准则，指穆斯林在身处逆境或者遇到灾难时，要具有坚忍的意志，能够承受种种磨难和挫折，绝不能面对困难而畏缩。

＊赛莱非（سَلَف）

阿拉伯语音译，相当于汉语中的"祖辈""前辈"表示的意义。

＊赛莱非耶（سَلَفيّ）

阿拉伯语音译，本义是"尊古派""复古派"。回族穆斯林用作伊斯兰教教派专用术语，指的是20世纪30年代中期产生的回族伊斯兰教教派，该派在礼拜时要抬三次手。

＊赛义德（سَيّد）

阿拉伯语音译，本义是"头领""先生"，后成为伊斯兰教专用术语，特指圣裔。凡是圣裔，名前都要冠以"赛义德"。赛义德也是回族穆斯林男性常用的经名。

＊色拜布（سَبَب）

阿拉伯语音译，又可翻译成"塞拜布""塞白卜"，表示的是"机遇"的意思。

＊色赫瓦提（سَخْوَة）

阿拉伯语音译，相当于汉语中的"慷慨""大方"，如"穆民要色赫瓦提，经常舍散和捐款"。

＊色俩麦提（سَلامَة）

阿拉伯语音译，相当于汉语中"平顺""吉安"等词表示的意义。如"穆民出门也不忘礼拜，求祈真主的色俩麦提"。

＊色俩目（سَلامٌ）

阿拉伯语音译，又可翻译成"色兰""塞俩目"，意为"真主赐你平安"。回族的日常见面礼，又叫"说色俩目"。一般当回族穆斯林见面时，先问候者说"安色俩目尔来库目"，表示"真主赐你们平安"；回答者说"吾尔来库目色俩目"，表示"求主也赐你们平安"。"说色俩目"在回族穆斯林生活中有许多意义：回族见面时要互致"色俩目"，定亲时男女双方当着众亲友的面互道"色俩目"，互相发生误会、矛盾甚至冲突后解决矛盾时就是通过互道"色俩目"来化解矛盾，在礼拜、婚礼、节日庆典以及各种重要礼仪场合要集体互道"色俩目"。

＊色瓦布（ثَوَابٌ）

阿拉伯语音译，又可翻译成"塞瓦布"，本义表示"赏赐""报酬""奖赏"。后成为宗教专用术语，回族穆斯林通常用这个词特指"真主对穆民的奖赏"。做善事也被称为"揽色瓦布""得色瓦布""沾色瓦布"等。如"多揽色瓦布，多条道路"。

＊色者尔（سَجْعٌ）

阿拉伯语音译，相当于汉语中的"押韵""韵文"。如"这个人学识不大，说起话来还带着色者尔呢，文煞煞的"。

＊色支德（سَجْدَةٌ）

阿拉伯语音译，相当于汉语中的"叩头"。

＊筛赫（شَیْخٌ）

阿拉伯语音译，又可翻译成"谢赫"，即波斯语中的"沙赫"。本义指"领袖""导师""长者"。后成为宗教专用术语，回族穆斯林特指在宗教上有很深的造诣和很高声望的导师、长者。

＊筛团尼（شَیطانٌ）

阿拉伯语音译，又可翻译成"撒旦"，表示"魔鬼""恶魔"等意义。回族穆斯林多用"筛团尼"，而不用"撒旦"。

＊闪克（شَكّ）

阿拉伯语音译，相当于汉语中的"怀疑"。

＊稍麻（صَوْمَعَةٌ）

阿拉伯语音译，在西北一些地方的回族穆斯林中指的是小清真寺，又称作"稍麻寺"。

* **绍瓦勒**（شَوَّالٌ）

阿拉伯语音译，伊斯兰教历 10 月的名称。

* **舍法尔提**（شَفَاعَة）

阿拉伯语音译，本义是"说情""求情"。后成为伊斯兰教宗教专用词，专指穆罕默德圣人对穆民的拯救。如"平日里多尊圣行、赞圣，关键时得到圣人的舍法尔提"。

* **舍海窝提**（شَهْوَة）

阿拉伯语音译，相当于"欲念""欲望"表示的意义。如"斋月里远离舍海窝提，才能有收获"。

* **舍尔巴乃**（شَعْبَانُ）

阿拉伯语音译，伊斯兰教历 8 月的名称。

* **舍热阿提**（شَرِيعَة）

阿拉伯语音译，又可翻译成"礼乘""教程""常道"，伊斯兰教教派专用术语，回族穆斯林苏非派特定的功修理念，指的是在六大信仰的前提下，履行念、礼、斋、课、朝等主命，遵从教法的一切规定，作为人道归真之门，这一功修的过程被称为舍热阿提。

* **舍希德**（شَهِيدٌ）

阿拉伯语音译，伊斯兰教专用称谓，特指为捍卫宗教而献出自己生命的人。宁夏、甘肃部分地区回族话中多译为"舍希子"。

* **什叶派**（شِيعَة）

阿拉伯语音意合译，本义相当于汉语中的"派别"，伊斯兰教教派专用术语，什叶派与逊尼派并称为伊斯兰教两大派别。

* **束海达依**（شُهَدَاءُ）

阿拉伯语音译，伊斯兰教专用称谓，特指为宗教而献身的人们，是"舍希德"的复数形式。

* **舒不海提**（شُبْهَة）

阿拉伯语音译，表示的意思是"猜忌""嫌疑"。

* **苏布哈南拉**（سُبْحَانَ الله）

阿拉伯语音译，表示"赞美真主"的意思，是回族穆斯林在每次礼拜之后必须念诵的赞词，在遇到惊险的事或者危难之际也必须念。

* 苏非派（صُوفِيّ）

阿拉伯语音意合译，"苏非"本义是"羊毛"，后成为伊斯兰教教派专用称词，因该派教众身穿粗羊毛织的衣服，用来表示生活的简朴和对宗教的忠诚，所以以此为教派名。中国西北地区的四大门宦：虎夫耶、哲赫忍耶、戛德忍耶、库布忍耶，基本上都属于苏非派。

* 所得格（صَدَقة）

阿拉伯语音译，又可翻译成"索德格"，表示"舍散"的意思。伊斯兰教专用术语，回族穆斯林把以真主的名义捐献给清真寺或者贫穷者的财物，统称为"所得格"。

* 索发尔（صَفَر）

阿拉伯语音译，伊斯兰教历 2 月的名称。

* 索哈白（صَحَابّ）

阿拉伯语音译，本义是"朋友""伙伴""同事"。伊斯兰教专用术语，特指穆罕默德的亲密助手艾布·伯克尔、欧麦尔、奥斯曼、阿里四位哈里发，也称"四大索哈白"。另外，有时把跟随穆罕默德圣人的其他圣门弟子也称为索哈白。

* 索莱提（صُورَة）

阿拉伯语音译，又可翻译成"苏莱提"，相当于汉语中的"外表""容貌"等意义；常被赋予宗教内容，回族穆斯林用来特指经常做礼拜会容貌俊美。

* 索俩提（صَلاة）

阿拉伯语音译，本义是"礼拜"，也可简称为"索俩"，回族穆斯林把召唤礼拜一般简称为"索俩"，把唤拜一般称为"念索俩"或"喊索俩"。如"清真寺已经念索俩了"。

* 索里黑乃（صَالِحِينَ）

阿拉伯语音译，本义指"清廉者们""虔诚者们"。后成为宗教专用称谓，回族穆斯林用来特指有较好宗教操守者。

* **索俩哇提**（صَلَوَاتٌ）

阿拉伯语音译，本义是"颂扬"。后成为宗教专用词，特指回族穆斯林在过尔麦里时念的索俩哇提，是赞圣的赞词选段；也可指回族穆斯林见面时相互问候、祝福的词和动作。

* **索姆**（صَوْمٌ）

阿拉伯语音译，指回族穆斯林宗教行为中的"闭斋""封斋"等宗教仪式。

* **索尔**（سُورَةٌ）

阿拉伯语音译，又可翻译成"索勒""苏赖"，相当于汉语中文体结构中的"章"，经堂解经专用术语，特指《古兰经》中的章。回族穆斯林常见宗教活动，"念索尔"是指请阿訇到家中念经，用来纪念亡人或祈求平安。

* **索热夫**（صَرْفٌ）

阿拉伯语音译，指的是"变字学"，回族穆斯林经堂解经专用术语，还专指回族经堂教育语法文字学课本。

* **绥拉提**（صِرَاطٌ）

阿拉伯语音译，又可翻译成"绥拉特"，本义是"路途"，后成为伊斯兰教专用术语，特指伊斯兰教传说中的"天桥"，即"绥拉提桥"。回族穆斯林认为，这座桥架在火狱之上、直通天园，它细如头发、快如钢刀，根据人生前的所作所为来决定其能否通过。升入天园者将由桥上通过，堕入火狱者必在桥上失足。

* **塔阿提**（طَاعَةٌ）

阿拉伯语音译，相当于"顺从"的意思。

* **塔阿目**（طَعَامٌ）

阿拉伯语音译，本义是"食品"，往往具有回族穆斯林习俗的含义，一般用来指称油香等。

* **塔哈勒**（طَهَارَةٌ）

阿拉伯语音译，表示"洁净的""清洁的"等意义，伊斯兰教专用术语，特指参加宗教活动时必须具备的净身条件，如大净、小净等。

* **塔布**（تَابُوتٌ）

阿拉伯语音译，又可翻译成"塔布提""塔卜"，伊斯兰教宗教习俗专用术语，回族穆斯林在日常口语中常与匣子连用，如"塔布匣子"，专指用来抬亡人埋体的木制活底匣子或四周有拉环的绿色帆布担架。一般给亡人"捉水"、穿上"卡凡"布之后，便将埋体放入匣内或绿色帆布内，送至坟地。

* **塔里布**（طَالِبٌ）

阿拉伯语音译，指称的是"学生""求学的人"等。

* **台格瓦**（تَقْوَى）

阿拉伯语音译，表示"虔诚""忠诚"的意思，回族穆斯林伦理道德专用术语，专指敬畏真主、对宗教忠诚者，也是评价虔信者的准则。

* **台拉维哈**（تَرَاوِيحُ）

阿拉伯语音译，本义相当于汉语中的"休息"，伊斯兰教宗教礼仪专用术语，表示的是一种礼拜。回族穆斯林一般称为"间歇拜"，指的是斋月每晚要比平时多做的二十拜，在拜中礼两拜就要休息念赞词，所以称为间歇拜，即"礼台拉维哈"。

* **台特物尔**（تَطَوُّعٌ）

阿拉伯语音译，意为"志愿"，在回族话中与拜功相连使用，称"副功拜"，指的是除主命、圣行之外的拜功，其所施舍的乜帖叫台特物尔乜帖。

* **讨菲格**（تَوْفِيقٌ）

阿拉伯语音译，相当于汉语中的"成功"，在回族话中被赋予伊斯兰教宗教含义，一般指因真主的相助而获得的成功。

* **讨合德**（تَوْحِيدٌ）

阿拉伯语音译，伊斯兰教信仰的基本要求，表示"信主独一"，要求每个穆斯林必须遵循。

* **讨拉提**（تَورَاةُ）

阿拉伯语音译，伊斯兰教宗教专用术语，特指真主降示给穆萨圣人的经典。

＊**瓦格夫**（وَقْفٌ）

阿拉伯语音译，本义相当于汉语中的"公共财产"，特指伊斯兰教基金、宗教公产，包括清真寺和穆民们捐赠的土地、房屋、财物等，要用于宗教公益事业，严禁私人占用。

＊**瓦合叶**（وَحْيٌ）

阿拉伯语音译，相当于汉语中的"启发""启迪"等意义。

＊**瓦尔兹**（وَعْظٌ）

阿拉伯语音译，又可翻译成"卧尔兹"，表示"劝勉""教诲""劝诫"等意义，伊斯兰教专用术语，回族话中特指回族穆斯林常见的宣讲教义形式。一般在各种宗教活动中，阿訇依据《古兰经》、圣训或其他伊斯兰教经典，并结合社会上和生活中的某些实际问题，对教民进行劝诫教化，叫"讲瓦尔兹"。

＊**瓦西托**（وَاسِطَةٌ）

阿拉伯语音译，表示的是"媒介""中介"等意义。

＊**瓦哲布**（وَاجِبٌ）

阿拉伯语音译，表示的是"当然的""必然的"等意义。

＊**卧知亥**（وَجْةٌ）

阿拉伯语音译，相当于汉语中的"缘由""原因"等，回族穆斯林经堂解经专用术语，特指在经堂讲经时一问一答的教学形式。

＊**乌发提**（وَفَاةٌ）

阿拉伯语音译，又可翻译成"乌法特"，表示"死亡"的意思。

＊**乌麦提**（أُمَّةٌ）

阿拉伯语音译，又可翻译成"温麦提"，表示的是"人民""民众""信众"等意义。

＊**希吉莱**（هِجْرَةٌ）

阿拉伯语音译，本义是"迁徙"，后成为伊斯兰教历法专用术语，特指希吉莱历，也就是伊斯兰教历，回族穆斯林又称为"回回历"。相传公元 622 年 9 月穆罕默德迁往麦地那，这一年被定为希吉莱历元年，每年约 354 天。

＊逊奈（سُنَّة）

阿拉伯语音译，本义表示"行为""道路""习惯"等，后引申为"圣行"，为伊斯兰教宗教习俗专用术语，在回族话中也指回族穆斯林卫生习俗中的割礼。

＊逊尼派（أَهْلُ السُّنَّةِ وَالجَمَاعَةِ）

阿拉伯语音意合译，伊斯兰教教派名称，中国回族穆斯林大多属于这个教派。

＊叶给尼（يَقِينٌ）

阿拉伯语音译，本义是"诚信""虔诚"，回族穆斯林使用时一般赋予宗教色彩，表示对教门的忠诚。

＊耶德（يَدٌ）

阿拉伯语音译，表示"手""力量""能力"等意义，各个意义间互有关联，如"手"代表"力量"。

＊耶苦鲁（يَأْكُلُ）

阿拉伯语音译，相当于汉语中的"吃"。

＊耶如哈（يَرُوحُ）

阿拉伯语音译，相当于汉语中的"离开""走开"。

＊耶梯目（يَتِيمٌ）

阿拉伯语音译，又可翻译成"乜帖目"，相当于汉语中的"孤儿"。

＊伊赫瓦尼（إِخْوَانٌ）

阿拉伯语音译，本义相当于"兄弟"，回族伊斯兰教教派专用术语，又叫作"新教""新兴教"。

＊伊玛目（إِمَامٌ）

阿拉伯语音译，本义表示"教长""首领"等，伊斯兰教宗教人士专用称词，回族穆斯林特指在清真寺内领拜的阿訇。

＊伊玛尼（إِيمَانٌ）

阿拉伯语音译，本义表示"信仰"，在回族话中被赋予伊斯兰教专门意义，一是表示口头诚信，即念"清真言"；二是表示内心诚信，即信主唯一。

* **伊斯俩目** (إِسْلَامٌ)

阿拉伯语音译，又可翻译成"伊斯兰"，指的就是"伊斯兰教"。回族穆斯林多用"伊斯兰"。

* **伊斯兰教** (دِينُ الْإِسْلَامِ)

阿拉伯语音意合译，本义是"和平"，后成为宗教专用称谓，表示"归顺真主的意旨""服从真主的命禁"以求和平安宁。伊斯兰教是世界性的宗教之一，与佛教、基督教并称为世界三大宗教。公元 7 世纪初由穆罕默德传播于阿拉伯半岛。在我国有 10 个少数民族信奉伊斯兰教，回族即是其中之一。旧时，人们称伊斯兰教为"大食法""天方教""清真教""回教""回回教"等。1956 年 6 月 2 日，中华人民共和国国务院规定统一称为"伊斯兰教"。

* **依布利斯** (إِبْلِيسٌ)

阿拉伯语音译，又可翻译成"易卜劣斯"，表示"魔怪""恶魔"等意思。

* **依赫俩苏** (إِخْلَاصٌ)

阿拉伯语音译，本义表示"忠诚""诚信"等意思，后成为伊斯兰教解经专用术语，特指《古兰经》第 112 章章名。

* **依热德** (إِرَادَةٌ)

阿拉伯语音译，相当于汉语中的"愿望""意志"等。

* **依思目** (إِسْمٌ)

阿拉伯语音译，相当于汉语中的"称谓""名字"等。

* **依札布** (إِيجَابٌ)

阿拉伯语音译，本义表示"宣言""誓言"等，后来成为回族穆斯林婚俗专用术语，特指"结婚经文书"。回族穆斯林男女在举行婚礼前，由阿訇主持结婚仪式，在问讯了男女双方、确认是自愿结婚后，根据伊斯兰教教规，用阿拉伯文书写依札布，表示从宗教上对婚姻的认可。

* **依札子** (إِجَازَةٌ)

阿拉伯语音译，表示"凭借""凭证"等，在回族话中多用于宗教活动，特指伊斯兰教苏非派传教的凭证。

* **易卜拉欣**（إِبْرَاهِيمُ）

阿拉伯语音译，又可翻译成"伊布拉欣""依布拉西麦"，回族穆斯林常称为"拉西"或"西麦"。易卜拉欣为伊斯兰教传说中真主的六大使者之一，被称为"真主的至交"；在晚年受真主的恩赐得到了伊斯玛仪和伊斯哈格两个儿子，曾经梦中受真主"启示"要献子为祭；在献祭的关键时刻，又受真主"启示"以羊代替，这便是伊斯兰教的古尔邦节即宰牲节的本源。

* **因撒尼**（إِنْسَانٌ）

阿拉伯语音译，表示"人""人类"等意义。

* **因沙安拉**（إِنْ شَاءَ اللهُ）

阿拉伯语音译，也可意译为意为"托靠主"，表示"真主意愿""托靠真主"的意思。回族穆斯林在决定做某些事情前，或者婉言谢绝某些事情时，都要念"因沙安拉"。

* **泽卡提**（زَكَاةُ）

阿拉伯语音译，又可翻译成"则卡特"，本意是"纯净"，伊斯兰教宗教专用术语，特指天课，是伊斯兰教"五功"中的"天课""课税"。

* **责米**（ذَمٌّ）

阿拉伯语的音译，相当于汉语中"诬蔑""诽谤"，使用时多带有贬义色彩。

* **扎维叶**（زَاوِيَةٌ）

阿拉伯语音译，本义指"角"，并确指"物体的角""建筑物内部的一个角落"等，后成为宗教专用术语，特指修道的地方，回族穆斯林用来专指苏非派修道的地方。

* **扎侬**（جِيَاءٌ）

阿拉伯语音译，表示"处所""方位"等，教宗教专用术语，回族穆斯林特指铺在清真寺大殿地上的牛羊皮、拜垫等。

* **札希德**（جَاهِدٌ）

阿拉伯语音译，相当于"隐居者""修行者"表示的意思。

* **札希勒**（جَاهِلٌ）

阿拉伯语音译，本义是"无知者""愚昧者""文盲"，多被赋予宗教色彩，特指不懂伊斯兰教知识的人。回族穆斯林使用时也多用来表示自谦。

* **札希热**（ظَاهِرٌ）

阿拉伯语音译，指的是"表象""外表"等。

* **哲布伊莱**（جِبْرَائِيلُ）

阿拉伯语音译，又可翻译成"哲卜拉伊勒"，伊斯兰教传说中的天使，是真主的"四大天使"之一。他的职责和使命是奉真主之命向各位先知传达真主的意旨。因其在众天使中的品位最高而被称为"天使长"。

* **哲罕南木**（جَهَنَّمُ）

阿拉伯语音译，表示的是"火狱"，被赋予宗教色彩，用于对行为不端的穆民的审判和惩处。

* **哲赫忍耶**（جَهَرِيَّة）

阿拉伯语音译，又可翻译成"哲合林耶"，本义表示"公开的""响亮的"，后成为回族穆斯林门宦专用称谓。该派因在诵念即克尔等时主张要高声、响亮而得名，在回族话中又被称作"高念派"。

* **哲麻里**（جَمَالٌ）

阿拉伯语音译，表示"漂亮""俊美"的意思。回族穆斯林使用时被赋予宗教色彩，特指女性的美丽。

* **哲玛尔提**（جَمَاعَة）

阿拉伯语音译，表示"集体"的意思，后成为宗教专用术语，回族穆斯林特指清真寺集体礼拜。

* **者那则**（جَنَائِزٌ）

阿拉伯语音译，指的是"殡礼"。穆民去世后，众人要举行"站者那则"仪式，一般是在清真寺院内或院外选一块平整的地方，将亡人的埋体头北脚南面西放端正，阿訇靠近埋体站立，其他穆民在其后依次站立，为亡人做"都哇"、说"色俩目"等。

* **主麻**（جُمْعَة）

阿拉伯语音译，指的是星期五，本来指回族穆斯林聚礼的日子，又叫"小朝日"。

波斯语转用借词

＊**阿訇**（آخوند）

波斯语音译，又可翻译成"阿洪""阿衡"，本义是"学堂教师"，后成为伊斯兰教宗教专门职业的称谓，回族穆斯林专指在清真寺主持宗教事务的人员。其主要职责是负责清真寺日常宗教教务、培养经学学生，还要为一定区域内的穆斯林做各种联络和协调工作，主持回族穆斯林婚丧嫁娶等事务。

＊**巴巴**（بابا）

波斯语音译，本义指"父亲""长辈"，后成为宗教专用称谓，特称回族穆斯林先哲。

＊**板代**（بنده）

波斯语音译，相当于汉语中的"仆人""下人"等。在回族谚语中，有"板代的乜帖，真心的喜悦"的说法，表示有些人虽然经济地位低，但信仰虔诚。

＊**邦布达**（بامداد）

波斯语音译，又可翻译成"邦答"，指的是回族穆斯林宗教仪式中的"晨礼"。伊斯兰教每日五时礼拜中的第一次礼拜的名称，时间在天亮后、日出前。

＊**邦克**（بانگ）

波斯语音译，又可翻译成"班克"，本义是"召唤""提醒"，后特指回族穆斯林宗教活动中的唤礼。清真寺在每日五时礼拜前都必须念邦克，以召唤穆斯林礼拜。

＊**彻闪白**（چهار شنبه）

波斯语音译，指的是星期三。

＊**答失曼**（دشمن）

波斯语音译，又可翻译成"塔失蛮""答尼师曼德"，指的是"大学问家""学者""科学家""智者"等。现在回族穆斯林多用于指称宗教学问高的人。

＊**杜闪白**（دو شنبه）

波斯语音译，又可翻译成"杜尚别"，指的是"星期一"。

* 杜什蛮（دشمن）

波斯语音译，又可翻译成"堵什蛮"，指的是"敌人""仇敌"等。

* 多斯提（دوست）

波斯语音译，又可翻译成"朵斯提"，指的是"朋友""友人"等。回族穆斯林宗教专用称谓，是穆斯林之间的相互称谓，相当于"教友"。

* 多斯达尼（دوس داني）

波斯语音译，表示"多斯提"的复数，相当于汉语中"朋友们"。

* 多灾海（دوزخ）

波斯语音译，又可翻译成"朵孜哈""垛子海"，指的是"地狱""火狱"等。按照伊斯兰教教义，多灾海是一个刑罚严酷、恐怖可怕的地方，专门用来惩处那些十恶不赦的坏人。

* 尔失给（عشق）

波斯语音译，本义表示"热恋""钟爱"的意思。后来使用时含有贬义，指不能自持、轻狂等。

* 高麻尼（گمان）

波斯语音译，指的是"穆民"，指称对象是某个教派或某所清真寺所在区域内的穆斯林大众。

* 呼什奴提（خشنودی）

波斯语音译，表示"情愿""满意""认可""肯定"等意义。一般用作谦词。

* 虎夫坦（خفتن）

波斯语音译，指的是回族穆斯林宗教仪式中的"宵礼"，伊斯兰教每日五时礼拜中的第五次礼拜的名称，是睡觉前的礼拜。

* 卡比（کبیر）

波斯语音译，又可翻译成"卡比亚""卡宾"等，表示"聘金""彩礼"等。

* 乃玛孜（نماز）

波斯语音译，指的是回族穆斯林最常见的宗教活动——"礼拜"，是穆斯林五功之一，穆斯林要求一日五番乃玛孜。

　　＊**盼闪白**（پنج شنبه）

　　波斯语音译，指的是"星期四"，在回族穆斯林宗教习俗中，星期四是好日子。

　　＊**皮拉罕**（پیراهن）

　　波斯语音译，又可翻译成"匹拉罕"，指的是"衬衣""衬衫"，回族穆斯林丧葬习俗专用术语，特指亡人的坎肩。

　　＊**辟尔**（پیر）

　　波斯语音译，表示"导师""首领"等意义，后成为宗教专用称谓，回族穆斯林用来特指伊斯兰教苏非派的导师。

　　＊**沙目**（شام）

　　波斯语音译，本义指的是"傍晚"，后成为宗教仪式专用术语，指的是回族穆斯林的"昏礼"，伊斯兰教每日五时礼拜中第四次礼拜的名称。

　　＊**闪白**（شنبه）

　　波斯语音译，指的是星期六。

　　＊**斜闪白**（سه شنبه）

　　波斯语音译，指的是"星期二"。传说历史上伊斯兰教在圣战中有一次重大的失利是在星期二，所以有些回族穆斯林认为星期二是个不吉利的日子。

　　＊**叶克闪白**（یک شنبه）

　　波斯语音译，指的是"星期日"。

第二节　回族专用词的文化本源

　　语言是社会生活进行交际活动的最重要的交际手段，一个民族的社会生活习俗必然会在语言中得以反映。回族独特的伊斯兰教生活习俗，使回族话中产生了一些只有回族人才使用的专用词汇。这些回族词汇，表现在回族宗教生活和日常生活的各个方面，成为回族社会、宗教、文化生活的真实写照。这些词语主要体现在以下几个方面。

节日：开斋节、古尔邦节、斋月。

礼仪：开学、穿衣、冲头、冲洗、出色俩目、穿衣挂幛、辞学、小净、打梆子、点香、封斋、坐静、站班、有水、没水、轧房、散学、开学、进教、会礼、朝觐。

教派：教坊、教门、传月、北庄门宦、门宦、新教、老教。

建筑：道堂、清真寺、拱北、水房子。

婚姻生育：踩生、卸担子、洗三、守限子。

丧葬：卡凡、埋体、搭救亡人、着水、归真、倒油。

饮食：馓子、油香、口到、壮、盖碗茶。

服饰：盖头、羞体、号帽、坎肩、六角帽、礼拜帽、回回帽。

器物：汤瓶、吊罐、吊桶、拜毯。

称谓：阿訇、穆民、学董、老人家、新妈、新姐。

其他：参机密、参悟、大绿贴金、学粮、学课、贡养、小儿锦、消经、小经、口唤、见月。

诸如此类的回族专有词汇在回族话中还十分丰富，这些表现不同意义且结构不尽相同的词语，透视出一个共同的文化信息，即这些专用词语中的民族宗教内容。这些专用词，主要在回族话中使用，汉语方言中很少使用，即使是出现在汉语方言中，和回族话中的意义也大不相同。

礼仪贯穿着人生的全过程，从婚姻嫁娶、生老丧葬，到人际交往、生产经营，都与"礼"紧密地联系起来。回族把出生看作人生大礼，保持着许多语言习俗。如表现回族生育习俗的"踩生"，又叫"踹生"。回族民间认为，婴儿出生后，谁先第一个进入产房，婴儿的性情、气质就像谁。故婴儿出生后，除医生外，一般人不得入内。若是男婴，则在家人或亲属近邻中选择一个聪明、诚实、勇敢、有作为的人第一个踏进产房；若是女婴，则选择一个温柔、善良、勤快的人首先踏进产房。这一习俗被称作"踩生"。"卸担子"则表现的是回族婚姻观念，指儿女成家立业。回族认为，帮助儿女成家立业是圣行，是穆斯林的人生义务，儿女的婚事是父母的责任，如同压在肩上的担子，帮助他们成家立业了，也就是卸掉了担子。如"你给儿子把媳妇也娶进了家门，这下你可是彻底'卸担子'了"。"卸担子"在回族话中别具一番宗教文化内涵。在伊斯兰看来，婚姻是人类十分重要的事情，婚姻不仅能满足生理、心理、精神、情感等方面的需求，还可以生儿育女、繁衍后代，促进人类的发展与进步。这种伊斯兰婚姻文化构成了回族话中一系列表现婚姻生育观的民族专用词语的基础。

在回族专用词语中，"号帽""盖头"等词语最能表现回族服饰文化，这些服饰名，既突出了名物文化，又突出了宗教文化。一般情况下，名物时总是以事物的特征为依据，以便从名物中直接感悟出所名之物的主要特征和用途。"号帽""盖头"这些服饰名称本身就颇具形象性。而形象性只是这些名物的表象，透过表象则可管窥回族宗教习俗的本质。"号帽"是回族中老年男子和宗教职业者的普遍头饰，意为回族的号头和标志，所以又称"回回帽"。"盖头"，顾名思义，就是盖住头发、耳朵和脖颈，因为伊斯兰教要求妇女的服饰端庄大方、保护羞体、力戒轻佻，"盖头"就是在这样的宗教文化背景下产生的。"号帽"和"盖头"，分别作为回族中老年男性和女性的头饰，最能表现回族的服饰习俗，从名物本身就不难透视出这些服饰习俗中蕴含着的宗教内容。同为号帽，"六角帽"则是回族伊斯兰教哲赫忍耶门宦的头饰，"号帽"的宗教意义可想而知。在回族话中，和服饰相关联的，还有一个更具宗教色彩的词，即"穿衣"。"穿衣"在回族宗教生活中具有特殊内涵，完全不同于汉语中一般意义的"穿衣"。在清真寺念书毕业的满拉要举行"穿衣"仪式。"穿衣"是获得宗教人士身份的标志，满拉学完了规定的教材，并具备了独立宣教和主持教务的能力，品学兼优者经过考核获得了胜任阿訇的资格，即可毕业，从此以后可以被各清真寺聘请开学。毕业时，本坊教民们给他做一件绿色长袍穿上，俗称"穿衣"。从语言学角度分析，"穿衣"这个词在回族话中经历了由具体到抽象、由个别到一般的演变过程，已经由具体的宗教仪式变为对宗教职务的认定。

　　回族饮食专用词语中，最常见也最重要的就是"清真"。"清真"的本义是质朴、纯净的意思。伊斯兰教传入中国以后，借用"清真"一词表示教义，赋予这个词伊斯兰教的专门内涵。"清真"一词在某种程度上成了与伊斯兰教相关的人和事物的别称，明代就把伊斯兰教称作"清真教"，回族饮食文化系统即是以"清真"为基础构成的。"清真"之所以成为回族饮食文化中最重要的标准，是有着宗教渊源的。在回族饮食文化中，"清真"和"佳美"有机地联系起来了，清真是佳美的基础。"佳美"单从词的表象看，表示美好的意思。佳美的食物不胜枚举，但不是回族全都能够接受的。回族饮食中的佳美食品，是从宗教、卫生、伦理、审美等多维视角选择而来的。在回族食俗中，羊肉占据相当重要的地位，其原因是多方面的，但一个十分重要的原因是对"佳美"的心理需求。"美"的本义和羊有密切的关系。从字的形体结构分析，"美"从羊、从大，古人以羊大为美。"羊"之所以成为"美"的本源，一方面是羊肉的味道确实很鲜美，另一方面与羊美的外表是分不开的。羊的洁白柔软的皮毛、温和的脾性、温顺的体态，都具有一种美感，羊肉也就成了一种美好、吉祥的象征。仅从回族喜食羊肉这一习俗中足可以看出回族食俗的多重文化特征。"羊"之于"美"，虽然与羊的自然属性有关，但又不单纯地由自然属性所决定，还隐含着丰富的宗教情感因素。回族话中还有一些特有的民族饮食用词，如"口到"，又作"口道"，意为"吃""享用"——请客人吃饭，一般不说"请吃"，认为不雅，而说"请口到"，表现着对客人的尊重。回族为了避讳，还在说羊肥时忌"肥"而说"壮"，并且在说其他可吃的家畜家禽如牛、鸡、鸭等肉肥时，也都忌说"肥"，而说"壮"。"壮"是回族的饮食专用词。

　　"汤瓶"和"吊罐"也是回族生活中最常见的专用词。伊斯兰教倡导清净无染，汤瓶和吊罐便应运而生。关于汤瓶，在回族民间流传着一段颇具传奇色彩的故事：唐朝时藩王叛乱，中国皇帝向西域求援，宛尕斯率兵相援，叛乱平定后，唐王令工匠仿西域洗壶式样铸金、银、铜壶分赐给西域将士洗浴礼拜，因洗壶系唐王所赐，故称为"唐瓶"，后来因谐音改为"汤瓶"。"汤瓶"和"唐瓶"相比：第一，突出了用途。"汤"在古汉语中指的就是热水，"汤瓶"顾名思义，就是盛热水的器具，特征十分鲜明。第二，突出了回族习俗。回族非常看重沐浴，并且有许多讲究，沐浴的水不能重复使用，"汤瓶"就具备了这种功用。"汤瓶"是回族生活中的专门用品，代表了回族有别于汉族的沐浴习俗，"唐瓶"则很难表达出这种区别。第三，突出了名物本源。当然这也不排除对词语选择的民族心理因素。"汤瓶"和"吊罐"已成为表现回族沐浴习俗的专名词，它们在回族生活中的广泛运用，是回族宗教习俗发展的必然产物。回族穆斯林对用水特别讲究，从人生初始到人生终结，都离不开水。诞生后要"洗三"，平时生活中讲究"带水""换水"，去世后还要"着水"；"冲头"指西北回族女性穆斯林做大净，"冲洗"指男性穆斯林做大净；"没水"指没有大净；"水房子"指清真寺或家中礼拜之前做大、小净的沐浴室。这些以"水"为基本元素组成的一系列专用词语，传达出的不仅仅是生活信息，还是宗教信息。

在西北回族亲属称谓中，还有些特别的称谓方式，如把婶子称作"新妈"，把嫂子称作"新姐"，把表兄弟称作"姑舅"。这些特殊称谓中，都积淀着民俗文化的内容。回族比较注重大家庭，以婚姻血缘关系为纽带将若干个体家庭联合为一个群体，这些个体家庭又由于血缘联系而形成了以民族宗教为内核的大家庭。"新妈""新姐"的称谓，表示出对家庭新成员的亲近、接纳，以示从感情上并没有亲疏之别，已完全成为一家。"姑舅"的称谓，则成了回族婚俗中姑舅亲的基础。每一个亲属称谓词都打上了民俗文化的烙印。回族亲属称谓，是回族家庭观念和婚姻制度的有力佐证，从这些称谓中能够体验出伊斯兰婚姻家庭文化的主导地位，以及中国传统婚姻家庭文化对回族的影响。

回族专用词语有一个十分显著的特点，就是在某一个词语中包容着丰富的民族宗教内涵。

在回族用语中，出现频率最高、使用最广泛的词就是"色俩目"。"色俩目"是阿拉伯语借词，又称"色兰"，是问候语，含有"祝你平安"的意思。这样一个本来普普通通的问候语，在回族话中已经超越了问候语的简单范畴，形成了多层的民俗文化内容。回族无论男女老少，见面时要互致"色俩目"；回族定亲时，吃完宴席后，男女双方家长当着众亲友的面互道"色俩目"，表示这门婚姻大事已经定了，今后一般不能变更；回族在彼此发生误会、矛盾甚至冲突后，解决矛盾的最有效的办法之一就是互道"色俩目"来化解矛盾；在回族礼拜、婚礼、节日庆典以及各种重要礼仪场合，都有集体互道"色俩目"的习俗。道一声"色俩目"，在回族话中具有如此一语千钧的作用，主要是出于语言心理文化的需求。人们的语言都是自己心灵的一面镜子，是灵魂的窗口，心理因素是语言选择的基础。语言的生成和运用符合人类心理活动的规则，并和具体的交际对象和交际心理状态相适应。回族内部交际中互道"色俩目"，回族和其他民族交往时则不道"色俩目"，其他民族和回族交往时也不道"色俩目"。"色俩目"已经演变为回族内部表达民族情感的特殊词语。即便是素不相识的回族人，只要道一声"色俩目"，就立即缩短了情感距离。"色俩目"已成为回族身份的语言标志。同时，"出色俩目"也成为回族专有的仪式，集体礼拜结束后，全体穆斯林将头先转向右念一遍"色俩目"，然后再转向左念一遍"色俩目"。这种仪式也叫作"出色俩目"。

回族专用词语的丰富性，不仅表现在内容上，还表现在形式上。在回族话中，就有不少表现宗教内容的同根词，如以"学"为词根的，有学董、学粮、学课、开学、散学、辞学、说学等；以"教"为词根的，有新教、老教、教坊、教门、教下、教长等。不难看出，这些系列词语其实就是回族日常宗教生活的系统表现。

回族话中最突出的专用词语就是为数不少的阿拉伯语词、波斯语词，还有少量的突厥语词。这些语言成分，和回族先民的民族成分恰好是一致的。而回族话中还有许多民族专用词语——使用的是汉语词汇，表现的却是民族宗教内容。"清真"本来源于佛教术语，现在已经成为回族专用词。"穿衣"也是一个汉语中常见的基本词，在回族话中也成为宗教专门用语。"宰羊"的"宰"也因为回族的语言禁忌而在回族话中具有特定的宗教意义。

回族语言文化源远流长，"源"自民族宗教文化，"流"中不断融入了中国传统文化的精华。回族虽然使用的是汉语，但回族话产生的特殊文化背景使其具有自己的民族文化特质。语言在民族诸特征中占有十分重要的地位，人们在使用自己的民族语言时，倾注了丰富的民族感情，使语言闪耀着民族智慧的光芒。无论是语言信息的传递者，还是语言信息的接受者，都用着各种丰富的民族情感、民族知识来理解语言。回族虽然以汉语为民族语言，但是，不可否认，回族使用的汉语已经是回族化了的汉语，以上我们分析了回族使用汉语时所表现出来的种种民族语言特征，正是回族在使用汉语时将其回族化的表现。单纯从语言本身的独立特性看，回族话和现代汉语并没有什么区别，尤其是没有本质的区别，回族话只是汉语的一个特殊属类。如果从语言文化的视角看，回族话有许多相对独立的语言文化成分。这其中的差异并不单纯取决于语言本身，而主要取决于文化因素。文化不是自然形态的产物，而是人类社会的产物。文化在特定的社会群体中具有共同性，同别的社会群体又有差异。当然，不同的文化领域又有许多交融。语言中的文化差异，在不同的语言群体的比较中很容易表现出来。

语言是文化传播最重要的工具，语言的构成必然具有特定的文化内涵，语言的使用也要受到一定文化观念的制约，语言的沟通实际上是文化的沟通。要了解一个民族的语言，首先要了解这种语言所依附的民族文化。正是受到伊斯兰文化的影响，回族话中才创造了只有回族人使用的专用词语，这些带有明显的民族特征的回族专用词，蕴含着特殊的民族文化内涵。回族文化毕竟是一种多元文化，其以伊斯兰文化为核心，不断吸收了其他民族的文化成分。如在回族常用语言中，也有不少儒家思想的具体表现，如"孝道"是儒家思想影响下表现儒家传统伦理观念的一个词语，而回族道德准则中也十分注重"孝道"。回族话中的"无常"等词甚至带有佛教词语影响的痕迹。回族话中的这些词语都是伊斯兰文化在中国传播过程中对本土文化吸收与容纳的表现。回族话中的伊斯兰文化特征，增加了回族话的民族色彩。

下面是西北回族话中常见的专用词。① 这些词为回族宗教生活和日常生活中所专用，在汉语普通话或汉语方言中却很少使用，即使在汉语中出现，也和回族话中的意义有所区分。

* 百路子

回族穆斯林的人生礼仪。穆民们认为百日是婴儿生长发育一个重要阶段。百日当天，要过"百路子"，以示庆贺。一般主家要炸油香、馓子，有的还要宰鸡或宰羊。西北有的地区还要请阿訇念诵《古兰经》，祈求平安吉庆，宴请亲朋乡邻。孩子的外家和其他贺客，一般要给孩子买衣物、玩具等礼物，以示祝贺。

* 表针线

回族穆斯林婚姻习俗，又叫"说针线"，流行于西北大部地区。在新婚仪式的当日下午或者第二天上午，人们在院内摆上桌案，铺上毯子，娘家人将陪嫁的箱子打开，把男方家的彩礼和女方家陪的嫁妆分开来摆放，特别要把新媳妇给公婆、丈夫亲手做的衣服、绣花枕套、鞋、袜垫等单独陈列。男方家先请一位说客，赞扬女方家心实礼厚、新娘心灵手巧。接着女方家也要请一位说客，回敬男方，一番客套话后会夸赞男方家给后代安置一个幸福的家庭。表针线仪式的说辞也是回族话的重要组成部分之一。

* 表亲婚

回族穆斯林传统婚姻习俗，又叫姑表亲、姑舅亲。特指父母亲兄弟的子女与姊舅的子女相互间的通婚。旧时民间认为这是亲上加亲。这种婚俗曾在历史上流行，由于不符合婚姻法和优生优育的原则，现在回族穆斯林中也基本禁止表亲婚。

---

① 词条参考了杨惠云主编《中国回族大词典》，上海辞书出版社，1993。

＊冲洗

在汉语中指用水冲，如"用水把碗冲洗干净""大水冲洗坏了河堤"等。在西北回族话中成为宗教礼仪专用术语，特指宗教所要求的沐浴，又称为"做大净"，回族使用这一词时赋予了其宗教意义，与汉语原义相比内涵缩小了。

＊穿衣

回族穆斯林宗教礼仪，又叫"挂幛"。回族伊斯兰教经堂教育毕业仪式的称谓，即授予阿訇资格。相传穆罕默德脱下所着绿袍亲手披在圣门弟子墨阿子身上以示重任，后来"穿衣"就成为伊斯兰教的礼仪，一般选择在尔德节群众聚会时举行，由当地掌教或德高望重的高目（一定区域内的教民）为毕业的海里发（或称满拉）戴上礼拜帽和代斯塔日（缠头布），同时将一件"绿衣"披在毕业生肩上，表示付以重托，继承和肩负起先知穆罕默德的事业。

＊朝觐

回族穆斯林宗教礼仪，伊斯兰教五功之一。回族穆斯林俗称"朝罕志"。按伊斯兰教规，凡体智健康、有经济能力的穆斯林男女，在旅途安全的前提下一生中必须朝觐一次。时间在每年伊斯兰教历12月上旬，亦称"大朝"或"正朝"。在此期限之外，赴麦加朝觐称为"副朝"。朝觐具体活动包括受戒、绕行天房、奔走于萨法和麦尔卧两山之间、驻阿拉法特山谷、投石，12月10日开始宰牲，即"古尔邦节"。完成朝觐者被称为"哈只"，备受回族群众尊敬。

＊踩生

回族穆斯林人生礼仪。孕妇临产时，除接生婆（或医生）和个别直系女亲属外，任何人包括其丈夫都不得入产房，还会在门帘上挂一红布条子，提醒外人免进。婴儿降生后，若为男孩则在家人或亲属近邻中，选择一位聪明、诚实、勇敢的人，第一个踏进产房；若为女婴，则选择一位温柔、善良、勤快的人首先踏进产房，谓之踩生。回族民间认为，婴儿出生后，谁先进入产房，其婴儿的性情、气质就像谁。此俗至今在回族聚居的农村仍流行。

*大净

回族穆斯林宗教仪式专用术语，"大净"是"洗"的意思，具体洗涤方式是先用净水漱口、呛鼻后，再自上而下冲洗周身三次，凡是水能触及的地方都要洗到。伊斯兰教规定，凡男子排精、妇女月经或生产后，必须进行大净；皈依伊斯兰教者，必须先做大净；穆斯林亡故后，入葬前必须为埋体洗大净；参加重大的宗教活动前也要做大净。一般要求每个穆斯林每周至少进行一次大净，以保持身体的清洁。

*大能

汉语中一般表示有才能、会办事，指的是无所不成、无所不能；在西北回族话中专用来形容、赞颂真主。穆民们在遇到难以料想的事情、难以理解的奥秘或者难以想象的奇迹时，都要归结为"这是主的大能"。

*吊罐

回族穆斯林做大净专用品，又叫吊桶、淋桶，曾是回族民间的传统浴具，传说盛唐时期由波斯商人传入。吊罐平时悬吊在门后或僻背的地方，大多为陶质、镔铁质、塑料质、木质等。吊罐腹大口小，两侧有穿绳悬挂的耳环，底部有一个漏水孔，并附有一个下水坑道，盖一木板或水泥板，中间留有水眼，污水从此排出。主要用于做"大净"。

*定夺

汉语中表示对事情做可否或取舍的决定，如"等讨论后再行定夺"。而在西北回族话中"定夺"成为回族宗教专门用语，表示决定、安排等意义。当回族穆斯林遭遇不幸和挫折失败时，常常以"前定"来自慰、安慰、劝慰，认为穆民的一切皆都由真主定夺，由主不由人，以求得精神慰藉。

*定茶

回族穆斯林婚姻习俗专用术语，指的是一般民间婚姻习俗中道喜、定小亲这个环节，西北大多地方的回族称之为"说色俩目"。按回族婚俗，男方提亲、女方同意后，男方家准备好花茶、绿茶、陕青茶等高中档茶叶和红糖、白糖、核桃仁、葡萄干、花生米、桂圆肉等泡茶料，包成约 1 斤重的若干个（双数）小包，每个小包上放一条红纸以示喜庆，在主麻日由男方父母和未婚夫一起送到女方家。女方家要设宴热情款待，男女双方当着亲戚朋友和媒人的面互道"色俩目"，表示婚姻大事已经定下，收下定茶，婚姻一般就不能变更了。

＊点香

回族穆斯林宗教礼仪，也是出于语言别同目的而使用的选择用语。"点香"意思相当于"烧香"，但回族为了在宗教上表示和佛教的严格区别，并不用"烧香""香火"等和佛教有关的词语。

＊道堂

回族穆斯林宗教建筑，主要指苏非派修道者进行修功办道的处所，又叫静房、静室，也指一些苏非门宦首领的所在地及其传教、行教中心。另外，回族穆斯林也把清末民初在甘肃临潭产生的一个教团（"西道堂"）用"道堂"来简称。

＊搭救

汉语中用来表示帮助人脱离危险和灾难，在西北回族话中被赋予了伊斯兰宗教文化色彩，有"知恩感激"的意思，指对真主的恩典知道感激，以及对自己目前状况知足。

＊恩典

汉语中表示给予恩惠。西北回族话中赋予了其宗教内涵，用来专指"真主的恩典""知感主的恩典"等，有特定的语用对象（真主），不能随便用，和汉语中的"恩典"使用范围大大不同。

＊坊

回族穆斯林宗教教区专用术语，又叫教坊、寺坊，是回族穆斯林传统的区划单位，属于民间的宗教管理形式。一般以一个清真寺为中心，由附近的穆斯林村庄和居民构成一坊；并由本坊穆民推举一名"学董"和若干名"乡老"，组成管理组织，主持本坊财务，管理宗教基金、财产和一般事务，并决定聘请掌教阿訇等事项，领导本坊穆斯林的宗教生活。

* 封斋

回族穆斯林宗教礼仪，又叫把斋、闭斋。是回族穆斯林一年一度的斋戒仪式，伊斯兰教五功之一，回族穆斯林也称其为斋功。传说穆罕默德奉安拉之命，定伊斯兰教历 9 月（莱麦丹月）为斋月，凡成年、身心健康的穆斯林男女，都要在这月里完成斋戒，封斋一月。按照教规，每日从黎明到日落这段时间禁饮食、房事等。外出或者患病可以暂停闭斋，但过后一定要补上，无故不封斋者要还补连续 2 个月的斋戒，或为 60 个贫困者施供一顿饭食。

* 归真

回族穆斯林宗教专用词，主要把宗教操守严谨、德高望重的回族穆民长者逝世称为归真，含有返原归真、回归于真主阙下的意义。另外，它还是回族伊斯兰苏非派修行专用术语，特指在修行中完全忘却自己而认识真主，达到与真主合而为一的最高精神境界。

* 盖头

回族穆斯林妇女传统的遮面护发头巾，用于遮盖头发、耳朵、脖子，露出面孔，流行于中国回族穆斯林聚居区，源于伊斯兰教把妇女头发列为"羞体"的规定。伊斯兰教规定，穆斯林妇女必须"俯首下视，遮其羞体"，要把头巾垂在衣领上，不要露出装饰，故回族视妇女头发露在外面为失"依玛尼"；同时，也为了防沙保洁，便逐步形成了披戴盖头的习俗。回族妇女的盖头颜色主要有绿、青、黑、白四种，有未婚少女、已婚媳妇和年老者之分。未出嫁的姑娘戴绿色的，中年者戴黑色的，年老者戴白色的。老年人的盖头较长，披到背心处；姑娘和中年妇女的较短，只披到肩上，且有镶边、绣花。

* 盖碗茶

回族穆斯林传统饮品，又叫三泡台、八宝茶。饮用时有一套程序，饮具由盛水的托盘、喇叭口茶碗和碗盖三部分组成，俗称盖碗或三泡台。饮料一般有红糖砖茶、白糖清茶、冰糖窝窝茶、三香茶（茶叶、冰糖、桂圆）、五香茶（冰糖、茶叶、桂圆、葡萄干、杏干）、八宝茶（红枣、枸杞、核桃仁、桂圆、芝麻、葡萄干、白糖、茶叶）等。待客泡茶时，当着客人的面，将碗盖揭开，用开水烫一下碗子，放入糖、茶及其他原料，然后注开水加盖，双手捧递。喝盖碗茶时，用托盘托起茶碗，用盖子刮几下，然后把盖子盖得有点倾斜度，用口吸着喝。

* 回门

回族穆斯林婚姻习俗，流行于回族聚居区。婚后 3 天或 7 天，新郎带着礼品陪伴新娘回娘家，探望新娘的父母和亲戚；娘家也事先做好了准备，款待新郎新娘。西北有些地方的回族一般用鸡腿来款待回门的女儿女婿，娘家亲戚都要请新郎、新娘做客吃饭，并给新娘回赠礼品。当天晚上，新郎一般要赶回家中，新娘则在娘家住上若干天后由新郎亲自接回。

* 会礼

回族穆斯林宗教礼仪，指穆斯林在每年开斋节和宰牲节都要举行的集体礼拜。一般需在大清真寺或郊外露天举行，其规模和礼仪隆重程度都超过主麻聚礼。会礼的拜数都是两拜，属于"当然拜"，必须在清真寺里由伊玛目率领成班礼拜，不能单独举行。

* 换亲

回族穆斯林传统婚俗，又叫交换婚、换头亲，流行于部分西北回族聚居的贫困山区。多在姑表、姨表亲间进行，且一般在同代人中交换，如姑家娶舅家的女儿为儿媳、舅家娶姑家的女儿为儿媳等，平等交换，互不送彩礼，只是适当购置日常生活用品和衣服。现在这种婚姻习俗已经逐渐消失。

* 计较

回族穆斯林使用该词时，和现代汉语中的"计较"在意义和语体上都有明显的不同，已经被赋予了伊斯兰文化色彩，特指用高标准严格要求自己，使言行符合伊斯兰教教义或道德准范。回族穆斯林所说的"清廉计较"，表示的是坚守操守、清白高尚。

* 进教

回族穆斯林宗教仪式专用术语，又叫随教、入教，特指非穆斯林皈依伊斯兰教。在回族穆斯林中，进教有一套严格的规则。一般必须由清真寺掌教或其他权威的宗教人士主持入教仪式，并要有若干公证人在场。仪式前，入教者要到清真寺内，由阿訇指点，按照伊斯兰净仪程序先洗大净。然后请阿訇和一些穆斯林群众在清真寺或家中举行入教仪式：先由阿訇宣讲伊斯兰教基本教义和生活戒规，并向入教者讲授"清真言"；入教者念诵"清真言"，表示承认安拉是独一的主宰，申明归顺安拉的正道；然后阿訇给入教者起经名，表示其成为一个穆斯林了。

*经名

回族穆斯林取名习俗。回族通常有自己的经名，又叫回回名。经名的命取，带有浓郁的伊斯兰教文化色彩。通常在婴儿出生后第三天或者第七天由阿訇赞念"邦克"（礼拜宣礼词）和"孕麦提"（礼拜招呼词）后获得。命取经名的意义就在于，以真主的名义宣布初生者正式降临到人世间，并且其一出世便聆听到真主的召唤而成为一名穆斯林。经名的选取，以伊斯兰文化为标准，男的一般选取《古兰经》中提到的先圣先贤的名字，女的一般用圣母圣妻的名字。

*经堂语

回族穆斯林经堂教育和解经的专用语，是流行于回族穆斯林内部的一种特殊语言，主要在经堂教育和阿訇讲"瓦尔兹"时使用。相传经堂教育创始人胡登洲在授课时，以夹杂阿拉伯语、波斯语词汇的汉语口语，直接译解阿拉伯文或波斯文的伊斯兰教经典，经他的历代弟子相承传授，形成经堂教育专用语言。经堂语以元明时期汉语口语词汇为主，夹杂以大量阿拉伯语、波斯语词汇，并借用个别佛、道教术语，合成词语中大多为汉语同阿拉伯语或波斯语词汇的合成，且以汉语为动词、外来语为名词，语句主要使用汉语语法结构。

*举意

回族穆斯林宗教礼仪专用词语，又叫"立意"，相当于"许愿"的意思。表示要从事某项活动的心愿，并祈求真主接受或回赐，是回族话中因回避汉语中和佛教相关的"许愿"一词而使用的选择用语。

＊口唤

回族穆斯林日常生活和宗教生活中的常用词，本义表示"准许""允诺"。"口唤"一词有多重意义：回族穆斯林去世后，称作"口唤了"，表示按照真主的前定被召回；回族穆斯林之间对具体事物的允诺或者谅解，要求对方宽容、谅解，叫作"要口唤"，对方表示谅解叫作"给了口唤"；回族穆斯林教众有要事向门宦领导人求得指示，叫作"讨口唤"，门宦领导人的批示、命令叫作"放口唤"。

＊口到

回族穆斯林饮食专用术语，一般请阿訇或尊长者吃东西要说"口到"，不能说"吃"。这是回族因为语言禁忌的原因而采用的选择用语。

＊坎肩

回族穆斯林的特有民族服饰，主要流行于西北回族聚居区。大多用黑色棉布或者绸缎缝制，一般有夹质、棉质、皮质三种。回族男子的坎肩一般在襟边、袋口处用针缝出明线，使各边沿平挺工整。回族女式坎肩比男式要稍长一些，多用布料缩小包扣、镶边、胸前绣花等装饰。回族穿上坎肩显得和谐而不臃肿，便于挽袖子洗小净、干活，而且不易受凉。

＊看月

汉语中就是"观看月色"的意思，在西北回族话中成为回族宗教生活用语。看月是回族穆斯林根据宗教历法确定斋月开始和结束的基本方法。穆斯林每年闭斋，遵循"见月封，见月开；如遇阴天则封满三十日"的惯例，每年伊斯兰教历八月底和九月底日落时，封斋者都要向西方夜空仔细观察，以确定斋月起止时间。

＊看守

汉语中一般表示"看管""把守"等，西北回族话中成为表示回族宗教品行专用词语，特指宗教功修好、品德修养高尚、遵经办事，和汉语中"看管"的意思大不相同。

*礼拜

回族穆斯林宗教礼仪专用术语，伊斯兰教五功之一。凡成年的穆斯林，不论男女，都必须履行礼拜的义务。一般要求每日礼拜五次，每周五举行一次聚礼，每逢开斋节和古尔邦节各举行一次会礼。

*领受

汉语中表示"接受"，多指接受好意；西北回族话中成为宗教专用词语，特指安拉赐予人的优越条件、福分等。回族穆斯林认为，穆民有福分或为主道而牺牲，就是"领受好"。

*门宦

伊斯兰教苏非教团分支传入中国西北地区后逐渐形成的通称。最初，这些苏非教团分支都有各自的阿拉伯语名称，或以赞念的特征命名，或沿用原苏非教团名称。到了清乾隆年间，甘肃临洮北乡穆夫提门宦第六辈教主马显忠，因积极改善回汉关系，又出资兴办义学，经地方乡绅上报陕甘总督，赐予统领头衔，令其统管河州各门宦，群众称其所管为"七门八宦"，从此有了"门宦家"之称。此后，门宦成为我国对苏非派教团的一种流行的别称和通称。

*末日

本义相当于汉语中所表示的意义，指人类生存的现实世界将要毁灭的时刻。回族穆斯林赋予了其伊斯兰宗教含义，特指"信后世"的宗教内容。在回族穆斯林看来，伊斯兰教衰亡就意味着末日的来临，世界就会黑白颠倒、坏人霸道、人伦泯灭。那时安拉命令天仙"以斯拉菲来"吹响第一遍号角，万物昏厥，全部生命死亡，世界随之毁灭。

*埋体

回族穆斯林丧葬专用语。一般对亡者的遗体忌称"尸体"，而以"埋体"称之。凡是穆斯林，无论男女老幼，死后均须按宗教规定为之沐浴净身（称"洗埋体"）、穿"卡凡"（一定规格的白布殓单）、入"塔布"（公用运尸木匣），举行"站礼"仪式后，送坟地诵经入葬，全过程称之为"送埋体"。

＊迷

汉语中表示分辨不清、失去判断能力，如"迷了路""迷了方向"。西北回族话中特指缺乏伊斯兰教的基本知识，或因不懂伊斯兰教的教规、教法及教理，而在生活中常会出现违背违反教规、教法与教理的言行。

＊清高

表示"清净崇高""至高无上"的意思，专用于描述和赞扬真主，在使用对象上有严格的限制，即便是对伊斯兰的先圣先贤，也不能随便用这一尊敬语，最多只能称"至圣"。和现代汉语中的"清高"一词所表示褒义的"品德纯高"或表示贬义的"不合群"等用法不一样。

＊清真

回族等穆斯林宗教生活、日常生活中的常用语。"清真"一词，最早见于南朝宋刘义庆的《世说新语》："有清真寡欲，万物不能移也。"原为普通名词，可用于多种场合，如道观、佛寺、犹太会堂、天主教教堂以及楼阁、词集、八股文集和幽静场所等。明末清初，中国伊斯兰教学者在介绍伊斯兰教教义时，曾以"清净无染""真乃独一""至清至真"和"真主原有独尊，谓之清真"等语，称颂伊斯兰教所崇奉的真主安拉，"清真"就被赋予了特定的宗教含义，并且为回族穆斯林专用。回族穆斯林特别在饮食习俗中，十分看重清真。

＊认大小

回族穆斯林婚俗。在西北回族聚居区，结婚的第二天，新郎、新娘一般要大净，吃过早饭后，新娘由奶奶或其他长辈带着认婆家大小。认长辈时，新娘要长长称呼一声，长辈则响亮地答应一声，然后要给新娘钱或礼物作为见面礼。

＊水堂子

又称水房子，回族穆斯林宗教淋浴净身专用建筑，是设在清真寺里的沐浴设施。一般由四五间或者六七间房构成，水堂内分设净下的小隔间和装有吊罐洗大净的淋浴间，均设有下水池。浴堂中间有用石头或水泥砌成的长方形大水池，池内有下水通道，周边环设低凳，用来坐着洗手、洗脸、洗脚等。池子上面安置着特制的小木架，用来放汤瓶、搭毛巾、挂帽子等。浴堂里有专用水井、烧水的炉灶等。回族禁忌称其为澡堂。

*圣人

回族穆斯林宗教用语，和汉语中一般所指的圣人有所区别，特指真主在各个历史时期为人类派遣的使者、先知等，他们引导人们祛邪崇正、皈依主道。《古兰经》中提到的圣人主要有阿丹、努哈、优努斯、穆萨、萨里赫、优素福、尔萨、穆罕默德等。信圣人是伊斯兰教六大信仰之一。

*圣纪

回族穆斯林宗教节日，属于伊斯兰教三大节日之一。希吉莱历十一年（632年）三月十二日先知穆罕默德逝世，希吉莱历三月十二日又是先知穆罕默诞辰（据传先知穆罕默诞生于阿拉伯太阳历象年的三月九日或十二日。12世纪，此日被称为圣诞）。回族穆斯林习惯将"圣诞"与"圣忌"合并举行，称为"圣纪"或"圣会"，既是悼念先知归真，又是庆祝先知的诞生，纪念活动一般在清真寺举行。

*送亲

回族穆斯林婚姻习俗，指的就是吃筵席。按回族民间婚俗，结婚头一天或当日，娘家除了请一位阿訇外，还要从近邻、亲友和新娘的同学中请几位上有老下有小、夫妻和睦、儿女双全的人去送亲。其人数少则4~6人，多则10~12人不等，但必须为双数。送亲途中，若遇其他娶亲人马，则要让新娘相互交换腰带，以防"冲喜"不吉利。该习俗至今在城乡仍流行。

*送花馍

回族穆斯林婚姻风俗之一。新娘"回门"、返回婆家，叫作"送食"。"花儿馍"为其中一种"食"，即将发酵的面团塑成石榴、桃、梨、小鸟、小兔、小鸡、羊羔等，蒸熟之后，再涂上色彩，由婆家连同其他礼品分送亲友。

﹡送茶包

回族婚俗，属于提亲礼俗，流行于西北各地。一般是男方先请媒人去女方家说亲，如征得女方家同意，媒人将消息通知男方家，男方即准备一包茶（茯茶、春尖或沱茶等），用大红纸包封或用红纸剪成花样贴在茶包上；再用红纸做两个方盒，装上冰糖、红枣等，外用红丝线扎住，请媒人送往女方家作为提亲礼。男女双方也都要通过自己的亲朋了解对方的品性、爱好和为人，以便决定是否缔结婚约（同前面的"定茶"）。

﹡散学

汉语中表示放学，包括每天放学或者放寒暑假。在西北回族话中则表示清真寺任教的阿訇不再继续担任该寺的教职而向教众宣布退职的活动，和汉语中的"放学""放假"大不相同。

﹡守限子

回族婚姻专用语，特指"待婚期"，指离婚后的妻子或再婚前的寡妇必须依教法等待的一段时间。

﹡天课

回族宗教专门用语，是穆斯林济困扶危的一项神圣的宗教义务，也称济贫税，是伊斯兰教的天命五功之一。按照伊斯兰教教规，凡是财产达到一定数量的穆民，每年都要按规定救济贫困的穆斯林。一般是除去自己家庭全年生活和生产所需的资费，其余财产达到满贯（旧指金子 2 两为满贯，银子 14 两为满贯；骆驼 6~24 只、牛 30 头、羊 40 只为满贯）者，都要拿出财产的四十分之一，有粮食的则拿出二十分之一至十分之一来施济贫困的穆民。接受天课者主要是那些生活无着落的贫穷穆民，因朝觐、游学而离乡背井的旅人和新皈依者。但天课不能施于自己的至亲，如父母、祖父母、子女和孙子，夫妻间也不能互受。

﹡天堂

表示的意义相当于"乐园"，但回族穆斯林使用这个词时赋予了宗教理念。回族穆斯林认为这是一个树木葱郁，有乳河、蜜河和水河穿流而过的美丽花园。进入天堂的人，食用美味可口的鲜果和饮料，穿绫罗绸缎，睡舒适柔软的床榻，佩戴金钏珍珠，伴有美女童男，过着无忧无虑的生活，人们互道"平安"，尽情享受真主的恩赐。天堂只是经末日审判被确认为行善者的虔诚穆民的归宿。

*汤瓶

回族穆斯林小净用品，又叫汤瓶壶。回族穆斯林家庭必备的传统净洗用具，有铜制汤瓶、搪瓷汤瓶、轻铁汤瓶、砂泥汤瓶、锡铁汤瓶、铝铁汤瓶等，旧时还有木制汤瓶。汤瓶盛水的主体部分呈鼓状圆台形，一边有手把，另一边有高翘壶嘴，顶部为灌水口和盖，不洁的东西不容易进去，使用方便、卫生。主要用于日常洗手、洗脸、洗头、洗脚以及礼拜洗小净。

*托靠

相当于"依仗""依赖"的意思，但回族穆斯林使用时赋予了宗教文化意义。回族在使用这一词时，只限于对真主使用，如"大事托靠主""托靠主赐给你吉祥"等。

*提亲

回族民间婚俗，流行于西北回族聚居区。男方家通过各种途径了解和看中女方后，须请一位媒妁去提亲，介绍男方的相貌、性格、文化、手艺及其家庭情况。女方家听后，若认为条件大体合适，便同意让男女双方在适当场合见面，听取他们的意见。有些青年男女自由恋爱后，也请媒妁去提亲，征求女方父母的意见。

*无常

回族穆斯林丧葬专用词。在人去世后，忌用"死亡"，常用"无常"等选择性用语替代，表示"尘世无常""返原归真"的意思。

*五功

回族穆斯林宗教礼仪专用术语，特指每个穆民必须履行的五项伊斯兰教功课，即念功、拜功、斋功、课功、朝功。

＊**小净**

回族穆斯林宗教礼仪专用术语，伊斯兰教洁身条例之一，指穆斯林在进行礼拜、诵读《古兰经》之前所进行的洗涤仪式。小净包括洗手、漱口、呛鼻、洗脸、洗肘、用湿手抹头、冲洗下身和冲洗两脚等动作。洗每一部位时都有一定的念词。教法规定，穆斯林在举行礼拜之前必须进行小净，否则其礼拜没有效果。洗过之后如果大小便以及发生下气、流血、大量呕吐等情况，即失去净仪，在进行礼拜前必须重洗。

＊**小经**

又叫小儿经、小儿锦、消经。回族对用阿拉伯文和波斯文字母拼记汉语的一种拼音文字的称谓。因回族习惯称阿拉伯文和波斯文为"经文"，称这两种文字的宗教书籍为经典或大经，故称这种阿、波拼音文字为"小经"；又因经堂小学首先学用，亦称"小儿经"；近年来回族学术界则雅称为"小儿锦"。小经从右向左横书，起源可能是唐宋元时期回族先民中未通汉语文者用阿拉伯文和波斯文字母与音符相拼记录汉语以学习或记事。明代经堂教育兴起后，经生（满拉）中懂汉语而不识汉文者居多，于是广泛借用"小经"拼写汉语音以标注所学阿拉伯文或波斯文经书中词汇、语句之译意，从而形成一种汉语拼音文字系统。

＊**学粮**

回族穆斯林经堂教育中的一种办学方式，又叫供养、传饭，是回族经堂教育所需费用的募集方式。回族经堂教育中，师生日常食宿费用一般由各清真寺坊穆斯林群众自愿捐供，每年粮食收获后，穆民根据当年的收成及家庭经济状况施散数量不等的新粮，由清真寺统一保管、分配，不足部分则由"主麻帖"补充。也有的地方学粮以各家轮流管饭的方式解决。因为所收粮食供清真寺经学师生食用，所以称为学粮。

＊**显色**

回族穆斯林特殊用语，使用时被赋予宗教色彩，相当于"迹象""征兆""奇迹"或者"非凡景象"等。

＊洗三

回族穆斯林人生礼仪。新生儿出世后第三天由老人用热水为其洗一次澡，洗掉孩子身上的污垢，民间认为可祛灾免难。洗时浴汤中要放一些核桃和枣儿，一般必须要双数，并用少量花椒水，以讨吉利。洗三要进行庆贺仪式，主人要用羊肉臊子面款待亲戚、朋友，祝福孩子平安无事、长命百岁，亲朋好友也要给产妇送面及油香、鸡蛋、肉等营养品，以示祝贺、问候。

＊喜歌

回族穆斯林婚姻习俗，在婚礼节庆等活动中，是司仪或民间歌手向主家祝贺道喜时唱的歌。

＊牙行

回族穆斯林经商专用词，为"掮商"的别称，又称刁郎子，主要活跃于西北各城镇集市，是流动在集市、街头的生意中介人。有的一无资金二无摊铺，专门奔走于卖主与买主之间，打听行情，巧言说成，取得薄利，借以糊口；有的赊买货物，买空卖空，获得利润。牙行信息灵通，熟悉商品，善于揣摩两方心理，长于巧言说服对方，多数人还兼通藏语或蒙古语，深受各族商人的信任。

＊油香

北方常见食品，一般称为油饼，西北回族穆斯林出于语言选择原因而称为油香，并且赋予其宗教和习俗含义。传说油香是古代波斯的一种食品，后来因为穆罕默德食用后大加赞美，就流传开来。相传油香在元代从波斯传入中国。回族的油香，形、色、味俱佳。回族炸香油时，一般由年长和有经验的人掌锅，炸前要洗大净，炸油香时严禁非穆斯林和无大净的人观望。油香是回族穆斯林待客和宗教节日时必不可少的食品，如古尔邦节、开斋节、圣纪和婚礼、抓周礼及红白喜事时用于馈赠亲友邻居、招待宾客以及纪念亡人等。吃油香时也有一定的讲究，要将面子拿在上面，念一声"台斯米"，而后顺着刀口掰着吃。

＊宰牲节

伊斯兰教的三大节日之一，指的就是古尔邦节，又叫作献牲节、忠孝节。西北部分地区回族穆斯林还称为"大尔德",云南等地的回族则称为"小尔德"。每年伊斯兰教教历十二月上旬,是穆斯林履行宗教功课、前往麦加朝觐的时间,宰牲节就在其最后一天,一般是十二月十日。传说先知易卜拉欣夜梦安拉命他宰杀爱子伊斯玛仪献祭,考验他对安拉的虔诚。当易卜拉欣提刀执杀其子时,安拉派天使送来一只黑头绵羊,命易卜拉欣以宰羊代替献子。此后,古阿拉伯人便形成了每年宰牲献祭的风俗。后来就把该日定为"宰牲节"。

＊占房

回族穆斯林婚姻和生育习俗。按西北回族婚姻习俗,结婚日新郎要抢先进入洞房,表示今后丈夫可以管住妻子,成为家里的"掌柜的"。另外,按回族穆斯林生育习俗,产妇临产时,要洗大净,尽快住进产房,这也叫"占房"。

＊壮

回族穆斯林饮食专用语,意思相当于"肥",但西北回族话中禁忌用"肥"形容食品,一般用"壮"表示带脂肪的牛羊肉及一切可食动物之肉。

＊抓岁礼

回族穆斯林人生习俗,又叫岁礼、抓岁。按照回族传统,婴儿满一岁时,都要为其举行庆贺仪式,周岁生日当天,为了预测孩子的志趣爱好和未来前途,一般要在桌子上陈列出笔、本子、书、《古兰经》、玩具刀枪以及食品等,让孩子任意抓取。在穆民看来,如果抓笔和本子,则意味孩子将来是一位有学识的文人学者;如果抓《古兰经》,则意味孩子将来是一位虔诚的穆斯林或阿訇;如果抓刀枪,则意味孩子将来是好武尚勇的人;等等。抓岁仪式结束后,家人和来客会一起吃岁糕。

＊坐静

回族穆斯林宗教礼仪,特指伊斯兰教修行的一种形式。一般在斋月的后10天,有些虔诚敬主的穆斯林会住进清真寺礼拜大殿,日夜静坐、诵经、礼拜和封斋。另外,回族伊斯兰教某些门宦把静修的功课也称作坐静。功课形式多种多样，有闭目的，也有面壁打坐的，主要目的是通过冥思苦想、静修参悟而去欲守静。坐静时间长短不一，有连续坐静 21 天或 27 天的，甚至曾有面壁静修数年的。

＊准承

回族穆斯林宗教理念专用词语，表示准许、承认的意思，特指宗教功修或某项诚意善举被真主承认、接纳。

＊着水

回族穆斯林丧葬专用词语，俗称"洗埋体"。在举行殡礼前，要为亡人沐浴。着水有一套严格的宗教规程。

＊掌教

回族穆斯林宗教专用词语，专指开学阿訇或教长，是回族穆斯林对主持清真寺教务者的统称，通常由品学兼优、具有一定威望的穆斯林学者或经师担任。唐宋元时期，清真寺大体为卡迪掌教；明清时期多为伊玛目掌教；清末以来为阿訇掌教，并一般由该寺坊回族穆斯林群众共同协商选聘。

＊宰

回族选择性用语，意思同"杀"，但在西北回族话中禁忌使用"杀"，而代之以"宰"。如说"宰牛""宰羊""宰鸡"，而不能说成"杀牛""杀羊""杀鸡"，把西瓜切开也不能说成"杀西瓜"。

第三节　回族话中的近代汉语词汇

近代汉语指处于古代汉语与现代汉语之间、以早期白话文献为代表的汉语。关于近代汉语年代的划分，学术界并没有形成统一的认识。关于下限，诸家的看法比较接近。关于上限，观点就相差较远了。一般有三种说法，即六朝说、唐宋说和宋末元初说，最早的定为五世纪，最晚的定为十三世纪，前后相差八百多年。

近代汉语始于晚唐五代，迄于明末清初，占据了汉语史中很长一个时期。毫无疑问，这一漫长时期的言语实践产生了多姿多彩的词汇现象。

近代汉语基本上反映了近古汉语的真实面貌。近代汉语词汇是上古汉语词汇的延续，又是现代汉语词汇的直接源头，具有承前启后的作用。近代汉语产生的基础——古代白话，从它的萌芽、发展到成熟，有一个漫长的历史过程；由六朝迄明末，上下达一千多年，历经几个朝代。单从词汇的角度说，它在不同时代有不同的特点，在同一时代不同体裁的作品里也各有其不同的运用方式。而词汇的发展，一方面是由于社会发展造成的，另一方面则受语言发展内部规律制约。因此研究近代汉语词汇，既要从语言的历时性上去探索它究竟和上古汉语词汇有哪些继承关系，究竟和现代汉语词汇有哪些衍变轨迹；又要从语言的共时断面上，去研究它究竟在某一时代是如何运行使用的，究竟有什么内在的和外显的规律。从这个视角看，近代汉语词汇的特点是多维的。

唐宋金元间诗词曲中的特殊词语，是研究唐五代民间文学和近代汉语词汇重要的语料，是我国当代研究古白话词汇的重要素材。六朝和宋元以后的材料，变文也是以韵文为主的文学作品，这从一个侧面反映了近代汉语词汇的特点。明清两代的小说、笔记之类的作品，毕竟大多出于文人学士之手，其中也吸收了一些民间口语，它们主要以古代白话词汇为写作的基本元素，是对近代汉语词汇的实际应用。宋金元流行的鼓子词及其变体"转踏""曲破""唱赚"，由唐代变文和宋代说经演变成的宝卷，明代的俗曲、山歌、鼓词、弹词等，唐代的和尚语录，宋元的话本等，都从一个侧面反映了近代汉语词汇的特点。

近古方言土语词汇也是近代汉语词汇的一个重要组成部分。阅读古白话作品时常会发现，其中有大量的方言土语。如果弄不懂其中的方言土语词汇，是无法全面把握近代汉语词汇特点的，就更谈不到系统研究了。古代白话作品之所以被称为民间俗文学，一个很重要的原因就是其中有方言土语。方言土语是人民大众的生活语言，它和民间俗文学有着天然的联系。从一定意义上来说，没有方言土语，就没有民间俗文学。任何民间文学，都是以方言土语传播的；任何戏曲，都是在用方言土语演唱的地方戏的基础上逐渐发展形成的。以"话本"为基础的各种古白话小说里，都夹杂有许多方言土语成分。现代方言中的古词语，是近代汉语语音的活化石和某些词汇的活标本。研究古白话著作里的方言土语，不仅可为诠释古书提供佐证，有助于我们欣赏古代文学作品；而且，对于认识近代汉语的历史面貌、了解方言和"通语"的演变、揭示汉语词汇发展的内在规律，都有一定现实意义。

对近代汉语中外来词的研究是归纳近代汉语词汇特点的一个重要环节。在汉语词汇中，外来词占的比例相当大。在汉语词汇的发展史中，外来词有极其重要的地位。外来词的借用，大大地丰富和充实了汉语的词汇库，增强了汉语的表达功能。所谓外来词，指的是那些从别的语言中连音带义都借过来的音译词。汉语中的外来词分为两种：一种是从国外借来的，另一种是从国内各兄弟民族中借来的。我国自西汉就与西域通商，开通了著名的"丝绸之路"。东汉明帝时佛教开始传入，到南北朝时其规模已十分可观。唐代国力强盛，实行开放政策，中亚文化和汉文化的交流呈现出新高潮，由印度传入的佛教在此时也达到了它的鼎盛时期。物质方面的输入、精神文化的引进，特别是佛教的广为传布和随之而来的佛经翻译，都使汉语受到他国语言的影响，许多外来词必然会被借入汉语中。但因长期以来习以为常，一般人已很难觉察其中有一些词是外来词了。研究近代汉语中的外来词，不仅有助于我们正确理解某些词语的意义，而且对探究其来源也很必要。国内各民族的语言在历史上对汉语词汇的影响也是很大的。南北朝所谓"五胡十六国"，就是各民族杂居的情况。在漫长的岁月里，我国各民族在政治、经济、文化各方面紧密联系，共同创造了中华民族的文化。各兄弟民族之间互相学习语言是很自然的。宋金时，汉语中借入了一些契丹语和女真语的词汇。后来到元代、清代，汉语又吸收了大量的蒙语词和满语词。众所周知，在金元戏曲中就有不少来自国内各兄弟民族语言的词汇。在辽宋金代，现今中国疆域内既然存在多种民族，也必然存在多种语言和文字。

除汉人使用汉语外，还存在其他多种语言和文字。契丹语的语法结构显然与汉语不同。宋人记载说，"契丹小儿初读书，先以俗语颠倒其文句而习之，至有一字用两、三字者"，例如汉语中"鸟宿池中树，僧敲月下门"的诗句，契丹儿童便念成"月明里和尚门子打，水底里树上老鸦坐"。这些外来词对近代汉语词汇的形成产生了一定的作用。

口头语言和书面语言的关系，自然是源和流的关系，但两者又各有其继承性。宋代的书面语言仍大致沿用秦汉以降的古文和后来的骈体文。春秋、战国时出现汉语史上第一次白话运动以后，经历了千余年的演变，秦汉古文与口头语言的差别越来越大。宋时的口语与现代口语有很大的差别，故今人读《朱子语类》等白话文，反而比读宋时的标准古文更加困难。到了元代，汉文中的白话成分更大。明清时又出现逆转，唯有小说之类使用白话。直到五四新文化运动时，方实现汉语史上的第二次革命，以白话文取代文言文。近代汉语这个语言演变过程中客观存在的历史时期因素是不可忽略的。

回族话中存在大量近代汉语词汇，特别值得注意的是，至今在西北回族话中，还保留了不少颇具特色的近代汉语词汇，我们从宋元话本、元曲、明清小说等口语色彩较浓的文学作品中，能找出不少现代西北回族话中常见的词汇，如"总然""搭救""定然""干办""争些儿""实丕丕""支吾""乡老""兀的""么哥""颠不拉"等（包括实词和虚词）。这些近代汉语中的常用词汇，和现代西北回族话在某些方面的惊人相似充分说明语言的继承和发展的关系，这些词汇成为回族形成和发展历史的"活化石"。我们把回族话中的一些常见词汇和在近代汉语中的用法做了一些简要的比较，从中不难看出宋元口语对回族话的影响。为什么回族话和近代汉语有如此根深蒂固的联系呢？这恐怕和回族先民使用的语言由民族母语转换为汉语的历史时期及回族形成的历史不无关联。尽管这些词语在回族话中有着特殊的民族宗教文化内涵，已经被赋予了浓郁的宗教文化色彩，但这些词的基本语义都出于近代汉语，是毫无疑问的。这些至今还保留在西北回族话中的近代汉语词汇，对于从一个新的角度研究近代汉语词汇也是难得的鲜活语料。

一是表明了宋元文化对回族文化的影响。回族先民在唐朝进入中国，经过长期同汉族社会的不断融合而在元明时形成一个独立的民族。所以，宋元文化对回族文化产生了不小的影响，至今从西北回族方言中还能见到元杂剧中经常出现的词语。明朝时，朱元璋提倡民族大融合，要求各少数民族汉化，特别是居住于陕西秦陇一带的回族受影响最大。清朝时左宗棠借口"图百年之安"，对居于陕西秦陇的回族进行强行迁徙，宁夏固原回族就是其中的一部分。所以，宋元文化对西北回族文化影响深远，尤其是当时人们喜闻乐见的元杂剧对西北回族话影响更深。直到今天，元杂剧中的许多词汇还为西北回族人民广泛使用。诚然，像"央及""乡老""真个""早晚"等词汇，不但为西北地区回族人至今广泛使用，而且也为本地区汉族人广泛使用。这其中还有另外一些原因，如西北人民广泛喜爱秦腔，每当春节，汉族人民都要请来陕西戏班子来唱戏，尤其现在还喜欢上演《十五贯》《窦娥冤》这些戏。而秦腔是用秦陇方言来演唱的，这无疑是西北方言中能保留秦陇方言中的词汇的一个重要原因。所以，从历史的角度看，西北方言中的历史遗留词汇对研究回族话有很大的帮助。

二是这些近代汉语词汇大多被赋予了民族文化内涵。回族文化与伊斯兰教密切相关，而和全国其他地区的回族相比，西北地区的回族宗教氛围相对较浓一些。这就使回族的宗教信念更加坚强，并且得到继承，因此在生活中难免使用宗教用语。当然，这些词汇进入回族话后，大都被赋予了伊斯兰文化的含义，意义也产生了变化，跟原意有了一定的差别，有的甚至差别很大。因为这些回族话中的汉语词汇，都包含着伊斯兰文化的深刻内容。特别是在回族以汉语为民族母语后，不可避免地要接受一些儒家术语，在现代汉语中，这些词汇已经完全和汉语词汇水乳交融，一般人很少能知道这些词汇的真正由来，只是这些词语在西北回族话中大都被赋予了伊斯兰文化的含义。

三是这些语言特征是回族历史的"活化石"。回族是因迁徙和商业交流活动而在中国境内逐渐形成的一个统一的、保持伊斯兰文化传统的民族共同体。回族先民的最早来源可追溯到唐宋时期来华经商留居的穆斯林"蕃客"后裔。回族在形成、发展的历史过程中，分别吸收了所在地区的汉、维吾尔、蒙古等民族的部分成员。唐至元末，是回族先民逐步增量移入中国并形成民族的时期。在元代，回族被蒙古统治者划入色目人范围，辅助治理国家，社会地位较高，从而为回族形成创造了有利条件。通过商人经商、官宦流任、宗教职业者传教等自由往来方式，这些"大分散"于各地的寺坊串连成有密切联系的共同体；回族群众在与汉民族的长期生产、生活交往中，逐步以汉语言为交际工具，并形成以农业为主、兼营畜牧业与手工业、善于经商的共同经济特点。他们远离"西域"、入籍"东土"后，总体社会地位高于汉人又低于蒙古人的共同境遇，最终促使他们在伊斯兰教的信仰和文化的纽带联结下聚合为一个有别于其他民族的群体。回族群众还在不背离基本信仰的原则下，吸收、融会了中国传统文化的有关内容。在西北地区，继元代安西王阿南达"所部十五万众"皈信伊斯兰教、融入回族后，明代不断有从西域迁徙而来的"归附回回"被安置在陕、甘、新疆各地，拓荒种地；至明末清初，"宁夏至平凉千余里，尽系回庄"（《乾隆四十五年陕西巡抚毕沅奏折》）[1]。同时，随着汉语化的过程，回族不再使用其先民所使用的阿拉伯语、波斯语及突厥语等语言，回族传统文化特别是宗教文化的传承一度出现危机。于是，以陕西胡登洲为代表的回族宗教界人士起而创办经堂教育；王岱舆等学者兴起汉文伊斯兰教著作的编译运动，力图拯救回族传统文化，从而使大量具有民族宗教文化含义的近代汉语词汇沉淀于西北回族话中，形成西北回族话的一个重要特征。

下面是回族话中常见的近代汉语词汇。[2]

---

① 转引自陈育宁《宁夏通史·古代卷》，宁夏人民出版社，1993。
② 词条确定和注释参考了张安生《同心方言研究》，中华书局，2006。

＊不雅相

在近代汉语中大多表示不顺眼、不好看的意思。《金瓶梅》第二十六回："老婆见了他，站起来是？不站起来是？先不先只这个就不雅相。"回族话中也常见到这一用法。

＊摆划

回族话中用来表示安排、处置等意思。这种用法在近代汉语中已经出现。元缺名《独角牛》二折："你看我倒蹬儿智厮瞒由咱摆划，俺俩个硬厮併暗厮算。"明姚茂良《金丸记》二一出："说将起魂飞在天外，寇承御呵，想这桩事实难摆划。"回族话中这个词已经带有民族宗教含义。

＊便当

在回族话中用来表示方便、便利等意思。这个词在近代汉语中已经出现。元郑德辉《梅香》楔子："秀才，休往旅店中去，就向后花园中万卷堂上安歇呵！可也便当。"《水浒全传》二八回："这里不好安歇，请都头那壁房里安歇，搬茶搬饭却便当。"

＊不过意

在回族话中表示过意不去、内心不安等意思，和近代汉语中的用法相似。《古今小说》二一卷："钱公因自己错呼救火，惹恼了邻里，十分惭愧，正不过意。"《至佛缘》八回："太太因子后的病为和自己斗口而起，觉得有些，便不过意讨好，时来问候。"

＊茶饭

这个词在近代汉语中泛指饮食。《古今小说》十卷："父亲今年七十九，明年八十齐头了，何不把家事交卸与孩儿掌管，吃些现成茶饭，岂不为美？"《金瓶梅词话》五九回："李瓶儿思想官哥儿，每日黄恹恹，连茶饭儿都懒待吃。"回族话中使用这个词时意义稍有变化，指做饭的手艺，如"这个新媳妇茶饭好"，茶饭是回族评价妇女的重要标准。

＊菜蔬

"蔬菜"的口语用法。《水浒全传》六回："且说园内左近有二三十个赌博不成才破落户泼皮，泛常在园内偷盗菜蔬，靠着养身。"《金瓶梅词话》三五回："西门庆又添买了许多菜蔬。"回族话中经常有这种词或句子倒装的用法。

＊差使

指派遣、委派、差遣等意思，也指派遣、委派、差遣的工作。近代汉语中也常见这种用法，元关汉卿《谢天香》一折："能吹弹，好比人每日常看伺，惯歌讴，好比人每日常差使。"《水浒全传》五一回："（雷横）回了话，销缴公文批帖，且自归家暂歇，依旧每日县中书画卯酉，听候差使。"《官场现形记》三七回："唐二乱子到省不久，并不晓得那个差使好，那个差使不好。人家见他朝天捣乱，也没人拿真话告诉他。"回族话中多有这种用法。

＊但

回族话中"但"的用法和近代汉语中的意义基本相同，都是假设连词，表示如果、假若等意思，好表示限止语气，相当于只、仅仅等。《老乞大》："但是辽东去的客人们，别处不下，都在那里安下。"《玉镜台》："但见脂粉馨香，环佩丁当，耦丝嫩新织仙裳，凡风流都在他第身上。"西北回族口语中多用这个词。

＊待

在回族话中是一个时间副词，表示正要、正想等意思，并不表示等待的意思。这种用法源于近代汉语。《朴通事》："伯眼大仙也割下头来，待要接，行者念……之后，变大黑狗，把先生的头拖将去。""鹿皮热当不的，脚踏锅边待要出来，被鬼们当住出不来。"西北方言中也多见这种用法。

＊搭救

在回族话中表示"拯救"的意思。在元杂剧中也有这种近似例子，《汉宫秋》中有"他也、他也红妆年幼，无人搭救"。回族话中使用这个词时，已经赋予了宗教含义，专指真主的搭救。

＊定然

本义表示必然、一定的意思，这个词在宋代就有了"必然"的用例，柳永《长寿乐》中有"对天颜咫尺，定然魁甲登高第，待恁时，等着回来贺喜"。在回族话中赋予了宗教色彩，表示"真主安排好的", 意为"必然"。

＊打算

"打算"表示"结算"的意思, 和现代汉语中计划、想要等意思不同, 在近代汉语中, 这个词就已经有了"结算"的意思, "今宜打算官民所欠债负, 若实为应当差发所借, 宜……一本一得利, 官司归还"(《元史·刘秉忠传上》)。在回族话中"打算"被赋予了宗教色彩, 特指教徒去世后按前世行为的好坏而得奖惩。

＊的当

回族话中常用来表示稳妥、可靠、可信任、实用等多重意义。在近代汉语中已经有了这些用法。明王玉峰《焚香记》二八出: "我如今不免写一封书, 差的当人去, 方才不致误事。"《古今小说》一卷: "他要个的当亲人, 速来看视, 必然病势利害。"沈采《千金记》十三出: "张良言之的当。沛弟, 今日将鸿沟为界, 自界以东分与汉, 自界以西孤自取之。"

＊端相

表示仔细观察, 审视和考虑, 回族话中多用作"相端"。近代汉语中已有这种用法, 《儿女英雄传》七回: "说着, 满屋里端相一会, 看着北面那一遭隔断, 安的有些古怪。"《娱目醒心篇》六卷一回: "又把女儿细细端相了一遍, 约定明日来领, 遂拱手而别。"

＊得济

西北方言中表示得到好处、得到救济, 多指从后辈身上得到帮助。近代汉语中已经有了这种用法, 《元朝秘史》卷四: "杀了蔑古真等, 好生你得济, 我回去金国皇帝行奏知。"《重修百丈清规·法旨》: "是要天下众和尚每得济的一般。"《老乞大》: "我沿路来时, 好生多得他济。"在回族话中, 这个词已经被赋予了宗教色彩, 特指得到真主的恩惠。

＊迭办

在近代汉语中表示置办、赶办等意义。元关汉卿《金钱池》第一折: "作凭着五个字迭办金钱, 无过是恶、劣、乖、毒、狠。"

马致远《岳阳楼》第二折："去向那石火光中，急措手如何迭办？"在回族话中，主要用来表示能闯、能干。

＊匪人

近代汉语中指行为不端的人，后特指妓女。《大宋宣和遗事》："他有三千粉黛，八百姻娇，肯慕一匪人？"回族话中主要用于表示行为不端的女人。

＊发市

指做生意时的首次得利，也可以说成"开市"，是回族话中的常用词。"发市"在近代汉语中已经常见。《春渚纪闻》卷六："姑取汝制扇来，吾当为汝发市也。"《水浒传》二十四回："三年前六月初三下雪的那一日，卖了一个泡茶，直到如今不发市。"明沈璟《双鱼计》十出："自家江湖上一个略卖人的，诨名云里手便是。近日寓居曲周城外，不曾发市。"

＊赍发

在近代汉语里表示给钱打发，多指赠以财物启程出发。"出嫁女子"说打发，"给钱资助帮别人走"叫赍发。元缺名《举案齐眉》三折："但得你肯赍发到皇都帝里我敢便忘了你这深恩大德。"《金凤钗》三折："他运不通时间贫困，卖诗词待守时分；我送金钗赍发寒儒，显的我言而有信。"《水浒传》二回；"（柳世权）写了一封书札，收拾些人事盘缠，赍发高俅回东京。"在回族话中把出嫁女儿也称作赍发。

＊骨董

西北方言常见词，表示没有价值或者乱七八糟等意义，也常见于西北回族话中。在近代汉语中也有类似用法，《朱子语类》卷二："公人……只去领会许多闲骨董。"

＊干办

表示"办理""处置"的意思，近代汉语中已经出现了这个词汇，大多出现在宋元口语中，《古今小说》中有"便教周五郎周宜，将带一行做公的去郑州干办宋四"。"干办"本来是一个名词，指官府办事小吏；也可用作动词，表示处理、办理事务。在近代汉语中，干办就已经多指宗教行为，相当于"作法"。《水浒全传》十七回："今日东京太师府差一干办来到这里领太师台旨，限十日内须要捕获各贼正身。"《醒世恒言》二七卷："他本是个官身，顾着家里，便担阁（搁）了公事；到得干办了公事，却又没工夫照管儿女，真个公私不能两尽。"在回族话中，"干办"已经被赋予了宗教色彩，特指"功修"。

* 勾当

西北方言中可用于表示"事情"，在西北回族话中也有这种用法。这种用法在近代汉语中就已经出现，多用于宋元话本中，《京本通俗小说·错斩崔宁》中有"娶了一个小娘子，……这也是先前不十分穷薄时做下的勾当"。

* 归真

回族穆斯林宗教专用词，而这个词在近代汉语中已经出现，并且源于佛教。《释氏要览》下《送终·初亡》："释氏死谓涅槃、圆寂、归真、归寂、天度、迁化、顺世，皆一义也。"可知"归真"本是佛家对人死的别称。梁任防《述异记》："卢府君墓在馆陶县南二十里，不知何代，铭曰：'卢府君归真之室'。"这个词进入回族经堂语后，它的意思虽仍然表示"死亡"，但其语意内涵却是"从真主那儿来，仍回到真主那儿去"，已经被赋予了宗教色彩。

* 哈答子

在西北方言中常常表示为人随意、不拘小节、没有心眼的人。西北回族话中也多有这种用法。这和近代汉语中的用法相近，元李文蔚《蒋神灵应》楔子："我做道官爱清幽，一生哈答度春秋。"

* 好是

在宁夏回族聚居的同心地区的方言中常用作"好思么"，是程度副词，表示非常、特别等意义，和近代汉语中"好是、好生"等词意义相近。秦间夫《赵礼让肥》第一折："则俺弟兄们每日月好是难过咱。"

* 好歹

在近代汉语中表示好坏、无论如何。元缺名《博望烧屯》二折："特书呈亲往探虚实，看好歹回覆曹丞相。"《水浒全传》十四回："但有人来投奔他的，不论好歹，便留在庄上住。"元缺名《延安府》二折："兀那老的，你跟着我去宰相府里告状去，我与你申诉情由，大人每好歹与你做主也。"《金瓶梅词话》二一回："今日他娘儿每赌身发咒，磕头礼拜，央俺二人好歹请哥哥到那里。""好歹"也可以分用，如元缺名《博望烧屯》二折："众将去了，我好也要厮杀去，歹也要厮杀去。"在回族话中，"好歹"也主要用来表示"无论如何"等意思，和近代汉语中的用法相近。

　　＊回回

　　指的就是"回族"。"回回"一词所指的对象在明代前比较复杂，后来用于统称阿拉伯人，大都指信奉伊斯兰教（也叫回教）的人。在近代汉语中已经有了这个称谓，明朱有墩《继母大贤》一折："街上有那识宝货的回回，雇觅与我路上做伴儿去。"西北回族穆斯林往往以回回、老回回自称。

　　＊家怀

　　在近代汉语中表示大方、不见外等意思。《西游记》第十八回："那高老道：'这小长老，倒也家怀。'行者道：'你若肯留我住得半年，还家怀哩。'"《醒事姻缘》第七十五回："李妈妈约有二十六七年纪，好不家怀，就出来合狄周答话，一团和气。"回族话中多见这一用法，指与人相处大方、不见外、不客套。

　　＊唧溜

　　又作"机溜""即溜"，西北方言中常见词，表示身体灵活、思维敏捷、精干聪明、有眼色等多重意义，近代汉语中也多表示这些意义。张元翰《点绛唇》词："悄然难受，教我怎唧溜！"《气英布》剧一："你去军中精选二十个即溜军士。"元董解元《西厢记诸宫调》四折："把个机溜庞儿为他瘦损，减尽从来稔腻风韵。"西北回族话中也普遍使用这一词，意思基本和近代汉语相同。

　　＊急料子

　　西北方言中大多表示性格急、做事匆忙，又叫"急料料"，使用时带有一定的贬义。近代汉语就有了"急料""佶料""急料子""吉料子"等词，表示敏捷、变化多端等意思。宋无名氏《满庭芳·圆社》："高人处，翻身佶料，天下总呼圆。"元石子章《八声甘州》套曲："急料子心肠天生透，追求，没诚实谁道不自由。"西北回族话中也常见这种用法，意思和近代汉语不尽相同，和现代西北方言相同。

＊计较

一般表示策划、打算的意思，近代汉语中就已经有了这种用法，大多出现在元曲中，《单鞭夺魁》中有"这一气便气杀了也，这个计较，可不好那"。在西北回族话中，这个词被赋予了特定的宗教含义，表示的是宗教意义上的"策划、打算"。

＊将将

近代汉语中表示刚刚、不久前、恰好等意思。《老残游记》十八回："问做二十斤就将将的不多不少吗？说的是二十斤，做成了八十三个。"西北回族话中也多用这一意义，用法和近代汉语基本相同，而且这个词使用频率较高。

＊将才

在近代汉语中表示刚才、方才等时间意义。《儿女英雄传》十三回："将才奴才来的时候，街上正打道呢，说河台大人到马头接钦差去。"在西北方言中也多有这种用法，"将才"和"将将"一样都表示不久前发生的事，"将将"比"将才"表示的过去时更短一些。回族话中也多有这种用法。

＊脚程

在近代汉语中本义是车船经过关卡的凭证，后来多指旅费、盘缠。《金瓶梅词话》二回："次日领了知县礼物、金银驮垛，讨了脚程，往东京去了不提。"在西北回族话中，主要指路费，也可指路程。

＊客位

近代汉语中大多指客厅。如《水浒传》第五十六回："徐宁听罢，教请汤隆进客位里相见。"《金瓶梅词话》第六十九回："这众人只得回来，到王招宣府宅内，迳入他客位里坐下。"《朴通事》："这客位收拾得好不整齐。"《朴通事》里也指客房："赁到房子一所，正房几间……客位几间。"西北回族话中也多用这一意义，多用客位表示客厅。

*开斋

开斋一词是回族话中最常用的民族专用词之一，但这个词在近代汉语中已经出现，指的是开素，即吃素食一段时期后开始吃荤。《董西厢》卷二："腰间戒刀……挂于壁上，久不曾拈。……口自思念，斋刀举今日开斋。"在回族话中，开斋已经是宗教专用词，被赋予了浓厚的伊斯兰教色彩。回族穆斯林斋戒者把日落开始进食或者斋月结束也叫"开斋"，每年还有盛大的"开斋节"。

*看顾

在近代汉语中表示照看、照顾等意义。明缺名《黄孝子》九出："不识抬举的东西，我怜你是孤身，故此看顾你。"《醒世恒言》十九卷："劳主人家用心看顾，得他病体痊安，我回时还有重谢。"回族话中使用这个词时，带有一定的宗教色彩。

*口到

表示请品尝、请吃。这是回族话中常用的专用词之一，近代汉语中已经有了这种用法。《朴通事》："这海菜、干鱼、脯肉，馈婆婆口到些个。"西北回族话中"口到"的用法与近代汉语中的用法相同，但已经有了特定内容。这个词后来成为回族穆斯林饮食专用词，主要用于对长辈或者阿訇等说的"请吃"，含有尊敬的意味，而且在正式宴请场合对长辈和阿訇禁忌用"吃""尝"等词，用"口到"代替。西北回族经常使用这个词，而汉族很少使用，甚至根本不用。

*连手

西北方言中指朋友，近代汉语中已经有了这种用法。《金瓶梅词话》七九回："我还说人生面不熟，他不肯来，怎知他有连手。"《照世杯·掘新坑鬼成财主》："故此逢场用牌，再没有打连手做伙计的。"《官场现形记》二五回："黑八哥的叔叔在里头当总官，真正头一份的红人，说一是一，说二是二，同军机上，他们都是联手（连手）。"西北回族话中多用这个词，用法和近代汉语相同。

* 疗治

指治疗、诊治、治病。近代汉语中已经有了这种用法，《镜花缘》二九回："命在旦夕，如有名医高士疗治得生；本国之人，赐银五百。"回族话中的用法和近代汉语相同，而且回族话中往往使用这种倒装的结构。

* 没包弹

西北方言中常用词，指没有缺点、没有毛病、没有麻烦等，包弹又可写作褒弹、褒谈、驳弹，指的是缺点、毛病等。近代汉语中已经有了这种用法，《董西厢》："也没首饰沿华，自然没包弹，淡净的衣服儿扮得如法。"《老乞大》："这弓你却是胡驳弹（包弹）！这的弓你还嫌什么？——由他说，驳弹的是买主。"西北回族话中也常见这一用法。

* 麻食子

西北回族常见食品名称，又叫秃秃麻、麻食儿。近代汉语中就有了这种食品的名称，来源于元代的回回食品"秃秃麻食"，又可以写作"秃秃麼思""秃秃麻失""脱脱麻食"等。《老乞大》："咱们做汉儿茶饭着，……第六道灌肺、蒸饼、脱脱麻食。"《朴通事》："你将那白面来，捏些扁食，撒些秃秃麼思。"西北汉族往往把这种食品称为扯耳朵、猫耳朵。

* 馕

表示"吃"的意思，多见于西北方言，西北回族话中也常用，使用时多含有贬义。近代汉语中也有这种用法，《西游记》第三十一回："你这馕糠的夯货，你去便罢了，怎么骂我？"

* 拿作

相当于西北方言中的"拿把"，西北回族话中常用"拿作"，指的是装腔作势、摆架子、刁难人等。源于近代汉语"拿腔作势""拿班作势""拿糖作醋"等词语，是其缩略形态。《红楼梦》第二十五回："那贾环便来到王夫人炕上坐着，命人点了蜡烛，拿腔作势的抄写。"《儒林外史》第五回："过了几日，整治一席酒，请二位舅爷来致谢。两个秀才拿班作势，在馆子里又不肯来。"

＊纳采

古代婚姻六礼程式之一，在周代就已经形成，指女方同意婚事后男方向其行订婚聘礼。《镜花缘》十五回："贤妻不替令郎纳采，今反舍已从人，教老夫如何能安？"这一婚姻礼仪，在西北回族婚俗中也被严格执行，并且被赋予了伊斯兰教色彩。

＊念头

指的是心愿、想法，近代汉语中已经有了这种用法，明贾仲名《金安寿》三折："望你哪来处来，去处去休差了念头，休送了正道。"《醒世恒言》十七卷："今后但在家中读书，不要放他出门，远着这班人，他的念头自然息了。"回族话中的用法和近代汉语基本相同。

＊那塌儿

远指代词，表示"那里"。近代汉语中就已经有了这种用法。《醒世恒言》三九卷："拼几日工夫，到那塌儿地方寻访消息。"《潇湘夜雨·二》："但不知那塌儿里把我磨勒死！"在西北回族话中多见这种用法。

＊孽障

近代汉语中有可怜的意思。《金瓶梅词话》九回："前月他嫁了外京人去了，丢下这个孽障丫头子，教我替他养活。"西北回族话中多见这一用法，其意义和近代汉语相同。

＊平素

在近代汉语中指的是平常、平时。《水浒全传》一〇八回："帅府前军士，平素认得萧嘉穗，又晓得他是铁汉。"《梼杌萃编》十六回："一位武官司因为亏空军饷要正法，同他平素却也认得，晓得他的脾气，叫妻子带了女儿奉送，求他挪借。"西北回族话中常见这一用法。

＊穷薄

西北方言中常用"薄"，表示穷讲究、摆阔气。在近代汉语中大多表示贫困的意思。《京本通俗小说·错斩崔宁》："后因没有子嗣，娶下一个小娘子，……这也是先前不十分穷薄的时做下的勾当。"西北回族话中还用"薄"表示炫耀、显摆等意义。

* 蹺蹊

近代汉语中表示奇怪、可疑。元萧德祥《杀狗劝夫》四折："相公啊，你恩也没慈，从来不受私，早分解了这一蹺蹊事。"《初刻拍案惊奇》一卷："张客人见说的言语蹺蹊，口中不道，心内思量。"西北回族话中多有这种结构倒装的用法。

* 使不得

在西北回族话中表示不能、不可以、在教法上有所禁止的意思。宋元口语中也有近似的用法，《水浒传》中就有"宋江便道：'且请大官人上梁山泊躲几时如何？'李应道：'却是使不得'"的语句。回族话中使用这个词时，已经赋予了伊斯兰教色彩，表示伊斯兰教教规所不允许或者违背伊斯兰教教规的行为。

* 实丕丕

西北方言中的常用词，表示实实在在、的的确确的意思，西北回族话中也多有这种用法。这种意义在近代汉语中已经出现，元高明《琵琶记》中有"难捱，实丕丕灾共危"之语。

* 臊子

西北回族传统特色食品名称，又可以写作"燥子"。用碎肉或各种滋补碎菜汤为拌面佐料，西北回族尤其喜欢吃羊肉臊子面。这个词在近代汉语中已经出现，《水浒传》三回："鲁达坐下道：'奉着经略相公钧旨，要十斤精肉，切做臊子，不要见半点肥的在上头。'"

* 使见识

表示耍心眼、玩手段。近代汉语中就已经有了这种用法，明汤显祖《紫钗记》五二出："你为男子不敬妻，转关儿使见识，到底你看成甚的？"《水浒全传》三六回："赵能道：'你休使见识，嫌我入来。'"西北回族话中也多有这种用法。

* 受用

表示享用、享受等意思。元《冤家债主》一折："你孩儿幼小，正好受用。有的是钱，使了些打什么紧？"《绿野仙踪》四七回："玉姐渴慕温大爷，已非一日，我今日让温大爷受用去罢！"西北回族话中也多有这种用法。

* 头口

驴、马、牛等牲畜的泛称，西北方言中常用这个词，回族话中更为常见。近代汉语中经常能见到这个词。《元朝秘史》卷七："你后将蔑儿乞百姓掳了，头口家业尽都与了你。"《京本通俗小说》："就是两个夫子，缓缓而行也罢，只是少一个头口。"《金瓶梅词话》六二回："走到前面，即差玳安骑头口，往玉皇高讨符去。"《水浒全传》二回："小人母亲骑的头口相烦寄养，草料望乞应付，一并拜酬。"《儿女英雄传》十四："我的老爷，这两条腿的人比不得四条腿的头口。"《老乞大》："你这几个头口，每夜吃的草料统该多少钱。"

* **汤瓶**

回族话中常用词。这个词本义是用来煮茶的铜制大肚瓶，元代以后，我国穆斯林用来盛水做小净。近代汉语中就已经有了这个词。元关汉卿《绯衣梦》三折："那厮可便舒着腿腱……他待要阁子里报了窗棂，局子里摔破汤瓶。"熊龙峰《张生彩鸾灯传》："这舜美一见了那女子，沉醉顿醒，竦然整冠，汤瓶样摇摆过来。"在西北回族话中，汤瓶已经成为回族穆斯林日常生活和宗教生活中的民族专用品。

* 兀的

在西北方言中也能见到，多出现在西北回族话中，是一个指示代词，表示远指"那儿"的意思，相当于西北回族话中另一个词"哪搭儿"。这个词在近代汉语中就已经出现，关汉卿《窦娥冤》中有"你本利少我四十两银子，兀的是借我的文书"。在近代汉语中，可近指也可远指，有这、那的意思。在西北回族话中，这个词使用频率较高。

* 兀那

近代汉语中的远指代词，表示"那""那里"等意义。其中

"兀"为语助词，以加强"那"的语气。《金瓶梅词话》五六回："兀那东西是好动不喜静的，曾肯埋没在一处？"回族话中多有这种用法。

* 晚夕

指晚上、夜里，有时也指傍晚。近代汉语中也已经有了这种用法，元《黄花峪》二折："休道是白日里，晚夕揣摸着你兄弟，也不是个恰好的人。"《元朝秘史》十二卷："若早间说的话，晚夕改了，晚间说的话，早晨改了，莫不被人言说呵羞耻。"《金瓶梅词话》七一回："如今时年，早晨不做官，晚夕不唱喏。……今日前官已去，后官接管承行，与他何干。"西北回族话中多有这种用法。

* 无常

回族话中为"死"的代用词，近代汉语中已经有了这一用法。《朱砂担》二折："罢罢罢，我这性命啊，似半轮残月三更后，一日无常万事休。"《西湖佳话·放生善迹》："此身虚幻，酷似空花；百岁光阴，飞速如电。倘若无常到，难免分离。"西北回族话中因为语言禁忌而采用了选择用语，回族话中禁忌用"死"，而用无常、完了等替代，对于有宗教声望的穆斯林去世，则用"归真"表示。

* 限次

西北方言中表示期限的意思，回族话中成为伊斯兰教婚姻专用语，特指"待婚期"，指离婚后的妻子或寡妇再婚前必须依教法等待一段时间。近代汉语中就有了这个词，元李直夫《虎头牌》第三折："他误了限次，失了军期。"《醒世恒言·吕洞宾飞剑斩黄龙》："汝去三年，度得人也回来，度不得人也回来，休违限次。"

* 行程

在西北方言中指行李，与近代汉语"行程"义同。元《潇湘雨》二折："我与你则今日收拾了行程，便索赴任走一遭去。"《前汉书平话》卷中："刘肥接诏，看讫诏，刘肥便收拾行程欲赶长安。"在西北回族话中还有一种特殊用法，如说"拿不住行程"，意即把握不住自己。

* **乡老**

在西北回族话中指的是"乡里有地位的头面人物"，这个词在近代汉语中已经出现。睢景臣《哨遍》中就有"五乡老执定瓦壶盘，赵忙朗抱着酒明壶"。

* **习学**

近代汉语中指的是学习、修业。《西游记》八九回："被王子留住，习学武艺，将他这三件兵器作样打造，放在院内。"西北回族话中也常有这种倒装结构用法。

* **一老**

西北方言中常用词，西北回族话中也经常使用，是时间副词，表示经常、向来、历来等意义。近代汉语中已经有了这种用法，元无名氏《冻苏秦》楔子："俺是庄农人家，一老说：若要富，土里做；若要饶，土里铇。"明朱权《荆钗记》："我一老说他娘儿两个，脑后见腮，定是无义之人。"

* **要得是**

在西北回族话中表示要、有、求、欲的意思，相当于"指"。近代汉语中已经有了这种用法。《儿女英雄传》三回："不相干儿了！可还靠不住，这痧子还怕回来；要得放心，得用针打。"《二十年目睹之怪现状》第四三回："只得每卷只看一个起讲。要得的就留着，待再看下文；要不得的便归在落卷一起。"沙汀《淘金记》十三：""要得嘛！'幺长子油腔滑调地满口承认。"

* **央及**

在西北方言中经常使用，表示使唤、打发的意思，西北回族话中也多有这种用法。在近代汉语中，这个词主要表示求及的意思，马致远《破幽梦孤雁汉宫秋》中有"今日央及娘娘，怎做的男儿当自强"。

* **营干**

回族话中把营生、事情等称为营干。这个词在近代汉语中已经出现，《东京梦华录》卷三："至三更，方有提瓶卖茶者。盖都人公私营干,夜深方归也。"《古今小说》卷三十九:"汪孚度道必然解郡,却待差人到安庆去替他用钱营干。"元《桃花女》楔子:"我夫主亡化之后,全亏这孩儿早起晚眠,营干生理,养活老身。"只是这个词在近代汉语中大多表示"设法、打通关节办事"的意义,常用作动词,而在西北回族话中已经由动词转为名词。

*营生

近代汉语中指的是谋生、做生意、经营买卖。《三国志平话》卷下:"曹公引军至关,望见百姓尚作营生,又见军人街市作戏。"元缺名《朱砂担》楔子:"俺三口儿守本分,做着些营生,度其日月。"《金瓶梅词话》二六回:"你往前头干你那营生去,不要理他,等他再打你,有我哩!"西北回族话中的意义和用法与近代汉语基本相同。

*知感

本义是知恩感谢的意思,回族穆斯林使用时赋予了其宗教内涵,专指知恩感谢真主,如"这会儿的生活知恩着哩",多见于西北回族聚居区。"知感"在近代汉语中多表示知恩感德的意思。《初刻拍案惊奇》卷二十七:"承蒙相公夫人抬举,人非木石,岂不知感?"《儒林外史》第二十回:"这一门亲,蒙老哥亲家相爱,我做兄弟的知感不尽。"《金瓶梅词话》九六回:"前日多承官人厚意,奴铭刻于心,知感不尽。"西北回族话可用作及物动词,并引申出形容词用法。

*争

西北方言中常见词,表示的是不足、差欠等意义。近代汉语中已经有了这种用法。《朴通事》:"那般时争着远哩。"《西游记》:"碧天振动斗牛宫,争些刮倒森罗殿。"西北回族话中也常见这一用法。

*争些儿

西北方言中常见词,西北回族话中也常出现,表示的是差一点、少一些的意思。近代汉语中已经有了这种用法,元王实甫《崔莺莺待月西厢记》中就有"争些儿把娘娘托犯"。

*总然

在西北回族话中表示纵然、纵使的意思。在明代小说中也经常出现这个词意。《醒世恒言》中有"此后产业向已荒废，总然恢复，今史思明作反，京师必定有变，断不可守"。在西北回族话中，该词在口语交际中使用频率较高。

* 这塌

近代汉语中为近指代词，表示"这儿"。元《猿听经》三折："这塌壁厢烟笼树，这塌壁厢雾侵霞，恰便似小蓬莱移在。"西北回族话中多有这种用法。

第四节　回族话中独特的构词方式

回族以汉语为民族交际工具，回族话也要遵循汉语的一般规则，这是回族话的一般性。除了语言的这种一般性之外，回族话还具有特殊性的一面，回族话中大量夹杂着一般现代汉语所没有的阿拉伯语、波斯语词汇，形成了回族话中汉语词、阿拉伯语借词、波斯语借词间的特殊组合现象。这些汉语词与阿拉伯语借词、汉语词与波斯语借词、波斯语借词与阿拉伯语借词间的特殊组合，构成了偏正式、述宾式、补充式等多种类型，是回族话中独一无二的语言现象。

一　特殊的组合

胡达特阿俩（波 + 阿）

扎米尔清真寺（阿 + 汉）

克尔白图（阿 + 汉）

做乃玛孜（汉 + 波）

怒迷得很（阿 + 汉）

哎拉乎把拜俩降下了（阿 + 汉）

托胡达的口唤（汉 + 波）

这人没一点尔卜（汉 + 阿）

快数给些乜帖（汉 + 阿）

讲瓦尔兹（汉 + 阿）

接都哇（汉＋阿）

二　语序倒装

恕饶（饶恕）

习学（学习）

避躲（躲避）

接迎（迎接）

菜蔬（蔬菜）

害祸（祸害）

省俭（俭省）

细详（详细）

先祖（祖先）

共总（总共）

争战（战争）

路道（道路）

忙慌（慌忙）

造制（制造）

正端（端正）

望想（想望）

失遗（遗失）

单孤（孤单）

扶帮（帮扶）

村乡（乡村）

地土（土地）

紧赶（赶紧）

康健（健康）

重贵（贵重）

三　特殊的代词

阿达（哪里）

阿里（哪里）

阿们（哪们）

阿些（哪些）

阿个（哪个）

兀达（那里）

兀里（那里）

兀些（那些）

兀个（那个）

第三章　语用与民族文化心理

回族以汉语为交际工具，但在回族聚居的地方，回族使用汉语时，无论在语音、词汇上还是语法上，都表现出了鲜明的民族特征，形成了具有民族特色的回族话。特别值得注意的是，在西北回族话中，有许许多多的语言禁忌，这些语言禁忌也是回族话形成的民族语言特征之一。比较特殊的是，回族话中的语言禁忌被深深打上了伊斯兰宗教文化的烙印。

第一节　语言禁忌现象

回族话的禁忌，出现较多的还在衣、食、住、行等方面。伊斯兰教规定了若干穆斯林必须遵循的饮食制度，对饮食对象十分讲究，同时，这些生活禁忌也是回族语言禁忌形成的基础。回族对饮食有严格规定，把自死物、血液、猪肉以及未能按宗教规程屠宰的动物都列入禁食的范畴。在诸多的饮食禁忌中，禁猪是回族禁忌习俗中最严格的，也是一个十分敏感的宗教话题。回族交谈时，忌提"猪"字，以至于在西北回族话中也忌用"猪"字。回族宗教职业者或一般笃信宗教的穆斯林把"猪"称"狠则若"，大多数回族则称"猪"为"哼哼""罗罗"，把"猪肉"叫"大肉"，把"猪油"叫"大油"，就连十二生肖中的"属猪"也改称"属亥"。对猪的禁忌已成为回族群众一种十分重要的风俗习惯，必须给予高度重视。在与回族人谈话时不但不能提"猪"字，更不能用"猪"开玩笑，也不能拿"猪"作比喻。西北回族话中也由于避讳"猪"而产生了一些相关的语言禁忌。"壮"和"肥"

单从字义上分析有相近之处，"壮"指肌肉健壮，"肥"指脂肪多。在西北回族话中使用这两个词却有严格的规范。回族话只用"壮"表示带脂肪的牛羊肉及一切其他可食动物的肉，十分禁忌用"肥"表示这个意思。和回族禁食猪肉一样，回族话中禁忌用"肥"表示牛羊肉，是为了从心理上严格区别牛羊肉与猪肉的界限。和禁忌"肥"一样，回族话中禁忌"杀牛""杀羊""杀鸡"等词语，而代之以"宰牛""宰羊""宰鸡"，即便是把西瓜切开，也忌用"杀西瓜"，这都是由于避讳心理而形成的语言禁忌。

在伊斯兰教的经典中，明确规定禁食猪肉，而并没有规定禁忌这些词语，但在回族生活中，却不仅是禁吃，还增加了禁说。可见，宗教禁忌渗入民族生活时，并非只是表现为民族成员亦步亦趋的恪守，还在其原有规定的基础上延伸至民族生活的许多方面。

当然，语言禁忌在某些方面并没有生活禁忌那样严格。回族禁忌饮酒，在西北回族中，形成了家中不备酒具、宴请不设烟酒、人人不沾酒的风俗。但是，回族禁酒没有禁猪那样严格，在回族话中，一般并不十分禁忌"烟""酒"等词语，也没有"烟""酒"的替代词。回族还禁食自死物、不反刍动物、凶猛禽兽的肉和所有动物血液。在回族话中，禁忌用这类禁食的食物作比喻，但并不禁忌这些词语。

死亡是生活中经常发生的事，是不可抗拒的自然规律的表现。从社会心理上讲，"死"总要伴随着痛苦，同时也引起恐惧和忧虑，无论什么人，都从心理上不愿提及这个字眼，从古到今就出现了许多替代词。在汉族语言中禁忌"死"字，在回族话中也禁忌"死"，出现了许多替代词，如"无常""殁了""亡故""归真""完了"或者"冒提""口唤了"等。这些替代词的使用因地而异，但都是为了忌用"死"字。这种语言禁忌，在各个民族的语言中都不同程度地存在着，避讳的目的也形形色色，有的是为了尊重死者，有的是为了怀念死者，有的是为了赞美死者，有的是为了避免重提这个可怕而神秘的字眼。此外，还有一些宗教文化因素。伊斯兰教教义认为，人都要经历今世与后世，人死后还要复生，还要接受末日审判，今世是短暂的，后世是永久的，"死"即意味"归真"，也就是归依了真主。特别称"死"为"口唤了"，更具民族特性。"口唤"表示答应了要求，把人"死"称作"口唤了"，体现了宽容、通达的人生观。从词源上研究，"无常""归真"等词语来源于佛教，用在回族话中，蕴含着伊斯兰教的宗教哲理，体现了回族的人文心理。

回族话中禁忌的形成，本身就有特殊的宗教文化背景，和回族所遵循的伊斯兰伦理纲常、礼仪习俗和生活准则有着十分密切的关系。在回族伦理文化中，最重要的一条就是"万物非主，唯有真主"。基于这种理念，伊斯兰教教义要求穆斯林爱真主所爱、恶真主所恶，所思所想、所作所为一切都是为了真主，唯求真主所喜而不求人喜，唯惧真主所怒而不惧人怒。这种十分重要的伦理道德规范和宗教法则，表现在回族话中，就是回族穆斯林在遇到重大的事情难以自断时，不是像汉族那样求助于天、呼唤上苍，而是求助于真主、呼唤真主。这样，就在回族话中形成了对于"天"的种种语言禁忌。这种语言禁忌正是为了增添宗教的神圣性，使得这种语言成为增强回族内部凝聚力和亲和力的重要工具。出于这种宗教文化理念，西北回族话中用波斯语词"阿斯玛依"来称谓"天"。

回族对于算命、拜偶像的禁忌一向是严格的。在回族中，男女老少均不让算命者为自己算命，不信风水阴阳，禁止供偶像，家里不供偶像，不搞人头像雕塑。正因为回族禁忌算命、拜偶像，回族通常讲，"一切围着太克底尔（阿拉伯语，前定之意）转"，认为任何人不能预知自己或别人的将来，但人们可用自己的理智来选择信仰、判断善恶，且每个人都要对自己的言论、行为负责。回族穆斯林要求自己顺其自然、不为所求、不为所争，因为求卜、问卦是有悖于"前定"信仰的。同时，回族禁忌在家中挂"招财进宝""吉庆有余""抬头见喜"等之类的图画或者饰物。

回族话中注意区分一些看似意思相近的词语。"冲洗"指男性穆斯林沐浴（做大净，阿拉伯语称为"务斯里"），"水房"专指清真寺里的沐浴室。这类词要谨慎使用，如有不懂这些词汇，把"水房"称"澡堂"、把"冲洗"称"洗澡"，就会引起反感、受到斥责。

回族在日常生活中还禁忌在背后议论或者诽谤人，禁忌给人起绰号、外号，禁忌拿人有生理缺陷开玩笑。

此外，回族在日常交往中还有一些专门用语。例如，见面说"色俩目"是回族人日常行为中的重要习惯，不论男女老少、亲戚朋友、教主教民，见面后总要道声"色俩目"问好。"色俩目"实际上是一种祝安问候词。说"色俩目"有许多讲究。首先要求姿势与态度，两人见面后，先说者要站定双脚稍微合拢，手下垂或操于小腹前，腰微向前躬屈，恭敬、真诚地说声"色俩目"，反对敷衍了事、嘻嘻哈哈、摇晃不定，这些被认为是不稳重、不真诚的表现。后接者也要有真诚的态度，不能左顾右盼，更不能不接"色俩目"，否则就被视为傲慢、瞧不起人，会遭人议论指责。其次讲究长幼有序，做到尊长辈、客尊主、少尊多、男尊女、妇尊夫。尊长辈就是晚辈见到长辈后，先说"色俩目"；客尊主就是客人见了主人后先说"色俩目"；少尊多就是少数人见了多数人，不必一一去向每个人致"色俩目"，而是高声道一声"色俩目"即可；男尊女就是男女见面后，男的主动先说"色俩目"；妇尊夫就是妻子见到丈夫后先说"色俩目"。最后，讲究时间与场合。当地回族见面致"色俩目"的间隔时间在 3 天以上，若天天见面就不必说"色俩目"了；3 天以上不见，即见面要说"色俩目"。个别场合是忌讳说"色俩目"的，如正在礼拜、正在大小净、正在上厕所等。对非穆斯林不说"色俩目"。

相比之下，回族话中人际交往中的禁忌并没有日常生活中的禁忌和宗教中禁忌那样严格，特别是随着现代生活理念的融入，年青一代的回族人在宗教场合比较讲究语言禁忌，而在一般场合对有些语言禁忌就已经不是十分讲究了。

语言禁忌是人类普遍具有的文化现象。回族文化之所以能在长期的延续中没有被同化，反而形成了自己独特的文化体系，是因为其独特的禁忌文化在固守和维持着民族的根基。正是如此，在回族的语言禁忌中，不论是显性的还是隐性的，都深深地打上了伊斯兰教文化的烙印。

宗教禁忌是宗教生活中常见的现象，存在于各个民族的生活领域，而语言禁忌则是这些禁忌中最具有宗教性的。由于人们对宗教在观念上有所意识，在体验上有所感受，所以一般会产生各种宗教感情。这种宗教意识往往在行为上表现出来，体现为对自己语言行为的限制和禁戒规定，形成了宗教禁忌。语言禁忌本质上是人们信仰、崇拜宗教力量和神圣的宗教对象的一种宗教行为。在人类社会早期，禁忌是维系社会稳定和统一人们言行的重要行为法则。禁忌有助于增强社会的凝聚力，强化一民族之所以为一民族的特色，可以说禁忌是群体内聚与认同的象征。回族在发展的过程中，在我国形成了"大分散，小聚居"的局面，其语言与汉族的差别并不明显，但回族严格遵循着宗教禁忌，并以此为基础形成了种种语言禁忌，将其作为与其他民族相区别的重要标志。语言禁忌作为特定社会群体内成员相互认同的一个显著标志，起到了一种其他文化形式难以取代的作用。从这个意义上说，语言禁忌其实也已经成为了一种宗教标志。

禁忌有助于规范各民族社会成员的良好行为模式。从这些语言禁忌可以看出，禁忌中凝结了各族人民对生活的独特理解与深沉的道德评价，也寄托了他们的爱憎情感、道德和愿望。同时，禁忌把社会成员的行为举止约束在一定的范围之内，对维系其社会秩序发挥了重要作用。综观回族话中的语言禁忌，既有普遍性的禁忌，如对"死"的禁忌，又有特殊性的禁忌，如对"猪"的禁忌；既表现出了宗教禁忌的一些共性，又表现出了回族伊斯兰宗教观念的一些个性。

语言禁忌初始于"塔布"。"塔布"① 是人类由于不理解或不

---

① 塔布（taboo），即禁忌。

能理解的自然现象和自然力本质而产生的对神秘力量的恐惧。语言"塔布"包含着语言灵物崇拜，即人们为了避免想象中的不利后果，在某种情况下不讲某些话。回族语言禁忌，同样带有很浓的宗教文化色彩，在某种程度上，伊斯兰教的宗教观、伦理观、人文观促成了回族话中的种种禁忌，而这些语言禁忌恰恰也是伊斯兰文化观念的折射。回族语言禁忌中有"塔布"因素，但回族语言禁忌更多地受民族宗教观念的支配，和一般语言禁忌中的语言崇拜并没有多少关系，这些语言禁忌更多是基于宗教观念和心理需求，很少带有语言崇拜的神秘色彩，与古老的语言"塔布"现象并不相同。

回族话中的禁忌作为一种宗教观念和民族标志，是人类普遍具有的文化现象。而这种语言作为一种宗教文化的子系统，必然会在民族宗教文化的整体领域内抽象出一个独立的体系——语言禁忌文化。回族话也正是建立在独特的禁忌文化（包括语言禁忌）的基础上。这种语言禁忌在回族宗教文化体系中占有重要的地位。由于伊斯兰教在回族的形成、发展过程中的决定性作用，因此在回族的一些重要的语言禁忌中多表现出浓厚的伊斯兰教色彩。

回族在其民族发展的过程中，在我国形成了"大分散，小聚居"的局面，建立在生活禁忌基础上的语言禁忌强化了回族内部的相互认同。语言禁忌也有助于规范民族成员的行为模式。每个民族成员都要通过禁忌对他们的言行进行引导，灌输符合社会群体审美观念的行为准则。从这个意义上说，语言禁忌不是一种简单的语言行为，而是有着深厚的宗教本源。

当然，宗教禁忌是一种随着社会变迁而变化的文化现象，具体的语言禁忌总是历史的和文化的，它们的价值和社会作用也必然会随着时代的变迁而发生变化。表现在西北回族话中也是这样，高学历群体和城市群体的回族人在一般场合对一些语言禁忌并不严格遵循。

追根溯源，语言禁忌来源于各种避讳。避讳就是对不能、不敢或者不愿直接说出的事情采用回避的办法，绕开、隐瞒或者用隐晦的语言表达出来。我们在日常生活中不能直接说出的事情是很多的：有些语言，出现在这个场合里是褒义，出现在那个场合里却成了贬义；有些语言，在这个场合里可以出现，在那个场合里就不一定能够出现了。这样就形成了各种各样的语言忌讳。在古代汉语中，就已经存在大量的语言禁忌。在等级森严的封建社会，人们写文章遇到当朝帝王或者本人的父亲、祖父名字时，就不能直接写出来，采用所谓的"国讳""君讳"和"家讳"的方法，通过空字、缺笔、改字等方式来回避。此外，从古到今，人们都十分忌讳"死"字。在古代汉语中，由于忌言"死"，关于"死"就有许多委婉的表示法，这些委婉用语主要用于尊贵者身上。例如，对帝王的死，就有各种不同的表示法：

> 天崩地坼，天下下席。（《战国策》）
> 一旦山陵崩，长安君何以自托于赵。（《战国策》）
> 备万岁之后，赵王不能自全乎？（《史记》）
> 孝昭皇帝早弃天下，亡嗣。（《汉书》）

上面这些句子中的"天崩地坼""山陵崩""万岁之后""弃天下"等都用隐晦的语言表示死亡的意思。这种语言习俗一直延续到现代。在现代汉语中，人们一般把年长者的"死"称作"去世""过世""逝世"，很少称作"死"。在西北地区回族话中，对穆民的去世更使用了富有民族特色的表达方式。

除对死亡的语言禁忌外，汉语中无论从古到今，避讳最多的就是人的生理活动。如大便的雅称叫"出恭"，这个词来源于明代时的科举考试制度。明代考场中备有正面写红色"出恭"、背面写黑色"入敬"的牌子，参加考试的士子要想大便，必须先领出恭牌，回来交牌才能进考场。于是"出恭"便成了大便的代用词。这种语言习俗一直延续到现代汉语中，现在人们一般在公共场合还把大便叫"解手"。在中国传统语言习俗中，有许多因避讳而形成的语言禁忌现象。如妇女怀孕在古代常称为"身怀六甲"。所谓

"六甲"指的是甲子、甲寅、甲辰、甲午、甲申、甲戌，据说男女是在这六天结合怀孕最多，所以才这样称谓的。在许多北方方言中至今还把怀孕称作"有身子""重身子"等。至于对男女结合的讳称就更多了，因为男女结合本身就有很大的隐秘性，古代文学作品中常把男女结合称为"云雨"，也有称作"有事""下水"的。这类由于日常生活中的种种避讳而形成的语言禁忌，在回族话中也普遍存在。

避讳除了有生活因素外，更有政治、民族、宗教等方面的因素。前面谈到的中国古代的名称避讳，对帝王或者尊长不直接称呼其名，采用回避的方式，其实就是政治避讳。古代的国讳，也是一种政治避讳，最初也是在名、氏上做文章。避讳本来是民众的一种心理需求，在社会生活的演进过程中被涂上了很浓的政治、宗教色彩，发展成为一种强制性的规范，对人们的日常生活产生了极大的影响，特别对人们的语言产生了必不可少的影响。

第二节　语言别同现象

语言禁忌并不是回族话的独有现象，任何民族的语言中都程度不同地存在禁忌语，只不过各种语言禁忌产生的人文背景不同。在我国以游牧文化为主的青藏高原等一些地区，人们忌讳说"熊""狼""雪豹"等动物名称，而代之以"创土者""拴嘴""长尾巴"等。所不同的是，回族话中的禁忌，有一个很重要的人文因素，就是为了别同。回族先民失去母语后，无论对外交往还是对内交往，主要用汉语。回族使用汉语时，总要千方百计保留自己的民族语言特色。在回汉杂居地区，通过考察不难发现，尽管回汉民族同居一地、同讲一种方言，但各自语言的语音和词汇还是有明显的差异。正是这些差异，构成了回族话的民族特色。毋庸讳言，这种语言差异的最初形成是有意的，经过世代传承而约定俗成。回族在转用汉语后，总要努力保留带有民族特性的语言习惯，从而形成了回族话中的别同现象。别同，是在语言运用中有意回避一些汉语词汇，代之以具有民族色彩的词汇，以形成语言边界。回族群众把汉族称为"油饼"的食物称之为"油香"，这种食物在西北地区回、汉族生活中都很常见。而回族话中忌称"油饼"，特别在宗教节日和宗教活动中更加禁忌"油饼"的称谓，这恐怕主要出于别同的民族心理。"举意"或称"立意"，在回族话中表示从事某项活动的心愿，并请求真主回赐。而汉族表达这种意义的词是"许愿"。在回族宗教活动中，忌用"许愿"之类的词而用"举意""立意"来替代，这也出于别同的民族心理需求。

对回族话中特有的别同现象，要从民族深层心理结构探究其人文内涵，千万不能肤浅地误作民族排外心理。语言是人类社会最重要的交际工具，而民族则是人类历史上形成的一种共同体。同一民族，在语言、心理状态、生产活动、居住地域等方面都表现出共同的特征。自人类社会产生民族后，语言就被打上了民族的烙印，人们在使用民族语言时也倾注了民族情感。正因为语言与民族情感如此紧密的联系，在回族话中因别同而产生语言禁忌，就合情合理了。"点香"是回族在尔麦里等活动中或上坟时的仪式环节，为什么不把"点香"称作"烧香"呢？因为"烧香""香火"是佛教术语，"点香"的运用，正是为了有别于"烧香"，才代之以"点香"，这正是为了别同。

别同是回族话禁忌中的特有现象，回族经过长时间的语言转用，逐渐以汉语作为民族语言。汉语既是回族和其他民族交往的工具，也是民族内部交往的工具。语言不仅是思想和感情的反映，还对思想和感情产生种种影响。回族话禁忌中的别同现象，其实是为了在回族内部形成反映共同情感的语言，这种共同语言，是维系民族共同特质的纽带。从这种意义上看，别同正是为了求同，求得带有民族特色的民族共同语，使语言被打上了民族情感的烙印，闪烁着民族文化智慧的光芒。

有别同就有求同，在回族话中，为了表现民族语言的相对独立性而出现了语言的别同现象，主要是为了使回族话有别于汉族语言。同样，在回族话中，还表现出了一种民族趋同心理。回族与伊斯兰教的密切关系，具体反映在宗教信仰上就是一种强烈的宗教意识和宗教感情。回族话中的别同现象，就是这样一种民族感情的表现，同时也表现了对民族宗教的认同心理。民族语言的趋同，也是出于对本民族成员的一种认同心理。回族虽然生活在汉族的"汪洋大海"中，却始终保留着一些本民族的文化特色，伊斯兰教就是联系这些民族文化的纽带。这种与生俱来的民族认同心理使互不相识、处在不同地域的回族人一见面便如遇知己，其间，语言便成为确定是不是本民族成员的重要工具。回族人使用跟汉族有别的民族词汇，形成具有回族特色的回族话，也是对回族文化内核的保存与认同。表现出一种民族认同心理。

回族话中的别同现象，形成了回族话区别于汉语的特性，回族人所说的一些汉语，有时叫初来乍到的其他民族的人无法理解，而在回族内部却运用自如、心领神会。从这个意义上来说，语言的别同构成了回族话的区别性特征，也深刻地反映出回族文化的独立特征。回族之所以要使用独特的词汇、另辟蹊径，主要是为了与一般汉语相区别，在民族内部交流起来有一种亲切感。这就是回族的一种民族情感，一种民族认同感和民族亲近感，一种民族凝聚力和民族合心力。

语言的特殊功能构成了人类的有序生活，促使社会正向运转和文化广泛传播。语言的交际作用不仅是语言符号的单纯传输和反馈，更包括情感信息的沟通。人类正是通过语言这个交际工具交流思想感情，这就是语言的人文特征。回族"大分散，小聚居"的居住特点，构成了回族的人文属性，其语言或语言行为在很大程度上反映出这个社会群体的情感世界。说话者对词语的选择，总要受到民族情感因素的制约，给语言打上民族文化的烙印，一听到这些带有民族特色的语言，就会产生一种民族亲近感和凝聚力。"油香"之于"油饼"，"举意"之于"许愿"，"点香"之于"烧香"，其语言动机并不仅在于意义的区别，也是选择民族内部情感沟通的语言方式。民族是人们在历史上形成的一个有共同语言、共同地域、共同经济生活以及于共同文化上的共同心理素质的稳定的共同体。既然语言是一个独立民族的重要标志，使用汉语的回族在语言交际中选择带有民族特性的语言词汇就不足为怪了。回族是一个兼容性较强的民族，回族话在努力保持自身文化特征的同时，还自觉或不自觉地受到外来文化的影响。回族文化属于多元文化，在长期历史发展进程中，融入了波斯文化、阿拉伯文化以及汉族文化的成分。从回族语言禁忌中不难看出外来文化对回族文化的影响。回族话中禁忌"死"而选用了带有佛教痕迹的"无常""归真"，禁忌"上天"而选用了波斯语"胡达"。这种多元的语言文化，构成了回族话独一无二的特色。

看来，语言的发展和社会文化的发展是一脉相承的。它们需要不断吸收养料，在各种成分的不断完善中充实和丰富自己。回族话正是在容纳多元文化的基础上臻于成熟的。

宗教的发展与语言的发展密切相关，宗教的需要在一定程度上对语言结构的发展变化产生了影响。回族宗教人士举行宗教仪式时使用阿拉伯语，日常生活中又使用汉语，这样就形成了回族话中阿拉伯语、波斯语的借用，以及汉语和阿拉伯语、波斯语的特殊组合，如"克尔白图"（即"天房图"）、"一个主麻"（即"一个聚礼"）、"做乃玛孜"（即"做礼拜"）、"恕迷得很"（即"不幸得很"）等。这些特殊结构词语的形成，表现了宗教传播对语言的影响。回族话中的禁忌同样带有很浓的宗教文化色彩，在某种程度上，伊斯兰教的宗教观、伦理观、人文观促成了回族话中的种种禁忌，而这些语言禁忌恰恰也是伊斯兰文化观念在日常生活中的折射。语言禁忌不是一种简单的语言行为，它和民族宗教问题有千丝万缕的联系，这就应该引起民族工作者的高度重视。

第三节　回族话中禁忌与别同现象举例

下面这些词就是因为语言禁忌、语言别同而在回族话中形成的具有民族特色的词。

一　语言禁忌现象

＊归真

回族穆斯林对死亡的一种称呼。表示死亡乃是回归真主、返本归真的意思，又称作"归主"。回族话中忌说"死"。回族穆斯林认为，人的逝世只是肉体的消失，而人的鲁合（灵魂）是不死的，而要复命归真。去世者若是一位有声望的穆斯林，一般便多称为归真。

＊黑子

回族对猪的讳称，在生活中一般禁忌说猪。

＊狠则若

回族对猪的讳称，在生活中一般禁忌说猪。

＊大肉

回族对猪肉的讳称，禁忌说猪肉。

＊大油

回族对猪油的讳称，禁忌说猪油。

＊无常

回族穆斯林用语。对穆斯林的逝世忌称"死亡"，习惯上称"无常"，表示"尘世无常往""返原归真"。回族穆斯林也把逝世称为"冒提"。穆斯林一般忌讳说"死"，而说"无常了""完了"或"冒提了""口唤了"。

＊冒提

回族穆斯林也用阿拉伯语称逝世为"冒提"，一般在宗教色彩比较浓厚的地方使用。

＊咽气

回族话中禁忌用"断气"，说成"咽气"。

＊埋体

回族禁忌说尸体，称为"埋体"。

＊下埋体

回族丧葬习俗。即由阿訇向坟坑内安放亡人的尸体。

＊壮

回族生活选择用语，意思等同于"肥"，但回族话中禁忌用"肥"。西北回族话中一般用"壮"表示带脂肪的牛羊肉及一切其他可食动物之肉，而禁忌用"肥"表达这一意思。

＊冲洗

特指穆斯林沐浴，又称为"做大净"，与汉语原意相比，词义缩小了。回族对在宗教仪式前做的大净、小净禁忌称为"洗澡"。

＊水房

即水堂子。信仰伊斯兰教的穆斯林设在清真寺的一种传统的沐浴设施。一般建筑规模四五间，也有六七间以至十余间。内分设净下（洗下身）的小隔间若干间，以及装有吊罐洗大净的淋浴间若干间，均设有下水池。整个浴堂中间，有用石头或水泥砌成的长方形大下水池，池内有下水道，周边环设低凳，可以坐着洗手、洗脸、洗脚。池子上面安置着特制的小木架，用以放汤瓶（洗壶）、搭毛巾、挂帽子等。另有浴堂专用水井，烧水的大铁锅和炉灶，供应热水。城镇的浴堂现在一般都改用锅炉、自来水、淋浴喷头等设备。回族禁忌用浴池、澡堂等来称谓这些设在清真寺中的淋浴场所。

＊宰

回族选择用语，意思同"杀"，但在西北回族话中禁忌使用"杀"，而代之以"宰"。如说"宰牛""宰羊""宰鸡"，而不能说成"杀牛""杀羊""杀鸡"，把西瓜切开也不能说成"杀西瓜"。

＊亡人

回族日常生活用语，即去世的人、已故的人。回族谚语有"亡人奔土如奔金"。回族禁忌用"死人"等字眼。

＊属亥

在宗教氛围比较浓厚的地方，回族会因为禁忌猪把"属猪"称作"属亥"。

二 语言别同现象

＊举意

又作"立意"，表示要从事某项活动的心愿，并祈求真主接受或回赐，是回族话中因回避汉语中的"许愿"一词而使用的选择用语，主要和佛教中的"许愿"有所区分。

＊立意

用法同"举意"。

＊点香

穆斯林每逢礼拜、过尔麦里、过乜帖、赞圣时，都要点香，意在正气压倒邪气，并以此清洁场所和居室。一般点燃 1 炷或 3 炷，但一个香炉最多只插 3 炷。为了与其他宗教烧香区别开来，忌说"烧香"，而说"点香"。

＊油香

回族民间传统风味食品，流行于回族聚居区。相传油香在元代从布哈拉经丝绸之路传入中国，原为波斯部分地区的待客食品，因伊斯兰教始传人穆罕默德于公元 622 年在麦地那一位名叫阿尤布的老汉家食用后大加赞美，以后广为流传。回族的油香，色红质软，味美醇香。其制法是，在发酵面里掺入适量干面，用盐、碱、矾水中和，调入少许香油、鸡蛋和薄荷叶粉等，若制作甜味油香，再适量掺入红糖和蜂蜜，反复揉压，切成大小相等的面团，擀成圆饼状，用刀在中间穿二至三个孔，放入油锅内炸熟。回族炸油香时，一般请年长和有经验者掌锅。炸前要洗大净，炸时严禁非穆斯林和无大净的人观望。不同地域的原料也有差异，有淡味油香、甜味油香、地瓜油香、肉油香等多种。主要用于庆贺古尔邦节、开斋节、圣纪节，以及婚礼、抓周礼等红白喜事，可以馈赠亲友邻居、招待宾客以及纪念亡人等。吃油香时，要将面子拿在上面，念一句"台斯米"，而后顺着刀口掰着吃。在宗教活动中，回族忌称其为"油饼"。

＊上坟

回族丧礼习俗。又叫"游坟"。一般在聚礼、节日会礼之后或亡人的生辰、忌日，家人（男性）请阿訇前往坟地念经，以尽搭救亡人之责。还有到拱北为穆斯林的先贤、哲人们上坟的。回族谚语有"常为父母走坟，天仙为他祈福"，又有"走坟是美德，人坟是主命"。回族禁用"墓"。

＊胡达

波斯语中"真主"的音译。回族为了表示别同，不说"上天"
"老天爷"，称"胡达"。

第四章　回族谚语、歇后语

谚语与歇后语都是流传于群众中的现成语，这些语言形式以生动、形象、活泼的特点成为人们喜闻乐见、爱说爱用的民俗语言。古人对谚语和歇后语并没有完全区分开来，明代学者顾元庆《夷白斋诗话》中指出："南方谚语有长老种芝麻未见得，余不解其意，偶闻唐诗，始悟斯言。"① 从顾元庆所举语例中可见谚语和歇后语并没有严格的界限。现代汉语中，谚语和歇后语各归所属，各立其名，无论从内容上还是从形式上都有区别。

第一节　回族谚语

谚语独特的表达艺术在于用简洁的语言形式，反映人们从自然社会和人文社会中总结出来的社会发展规律，表现人们从社会实践中吸取的经验以及得到的启示和智慧等。谚语作为汉语中一种古老的语言形式，很久以前就引起了人们的重视。在先秦两汉时期，就已经开始了对谚语的研究。下面是先秦两汉典籍中对谚语的界定：

> 俚语曰谚。(《尚书》)
> 谚，俗语也。(《礼记》)
> 谚，俗之善谣也。(《国语》)
> 谚，俗所传言也。(《汉书》)

---

① （明）顾元庆：《夷白斋诗话》，中华书局，1986。

谚，传言也，从言，言声。(《说文解字》)

古人对谚语的认识尚处在初始阶段，定义还不十分准确，但毕竟对谚语的功能界定出了一个大致范畴，使人们对谚语的基本特征有了一个初步认识。在古人心目中，谚语的基本特征是"俗"，是经过口头创作、千锤百炼而来的。正因为谚语来源于"俗"，就拥有了广大的传播对象，也就形成了谚语最基本的功能，即传播功能。谚语从群众中来，到群众中去，是从现实生活的最底层萌发出来的。因为谚语是劳动群众口头创作的结晶，所以更为贴近生活，更为口语化，也更为通俗易懂，经过广泛的传播而约定俗成。

谚语除了具备传播功能外，还具有启迪功能。谚语来源于实践，又反过来给人们的实践以启发和指导，谚语中所蕴含的朴素的经验和道理，对提高人们认识自然界和社会的种种现象，提高分析和认识事物的能力，都是非常有益的。

谚语的传播功能、启迪功能，都要借助其另一种语言功能，即修辞功能来实现。谚语是通过各种语言艺术手法构成的，它有深厚的生活根基和浓郁的生活气息，以生动、新颖的语言形式而被人们喜闻乐见，谚语中往往通过描摹、警示、比喻、夸张、对比等一系列独特的艺术手段达到语言表达的目的。

谚语的这些传播功能、启迪功能和修辞功能，使谚语成为千百万人津津乐道的民俗语言形式。

和谚语一样，歇后语同样是广大群众在丰富的生活实践中总结出来的。所谓"歇后"，就是把一句话分为两部分，前一部分描绘出一种情态，然后根据前一部分的内容引出后一部分的主题。唐宋时期的文人学士就对歇后语进行了收集和整理工作，足见歇后语产生的年代还是比较久远的。从交际效果看，歇后语是一种采用巧妙的手法、表达抽象思想的语言艺术。歇后语前半部分的比喻是构成它形象、生动、活泼、风趣的依据。这一部分借助形象的比喻，勾起人们的思绪，引导人们去联想，与后半部分紧密配合起来，顺理成章地表达出了本意。歇后语因为选材广泛、贯通古今、形象鲜明、富有情趣，而具备了和谚语一样的传播功能、启迪功能以及修辞功能。特别是歇后语中的幽默性，使其更具表现力。幽默是歇后语最突出的特点，它以风趣的语言表达讽刺、讥嘲的感情，比起一般语言更加生动有力。歇后语中的幽默，主要表现在这样几个方面：

一是许多歇后语的前半部分总是以极不合逻辑的事物做铺垫，在荒诞中增强挖苦效果；

二是有些歇后语把不同时代的人物或事物硬拉扯在一起，以增加幽默感；

三是歇后语往往借助夸张的语言，夸张到了荒谬的程度后就会产生幽默感；

四是有些歇后语通过出乎意料的结论产生幽默感，这种出乎意料的结论让人感到不合常规，却又觉得恰到好处。

总而言之，歇后语中的幽默感使这种语言形式在民俗语言中独树一帜。

谚语和歇后语都源于民间口语，所以这两种语言形式的口语性都较强。正因为谚语和歇后语流传于口头，不同地区、不同的人选用语言材料的角度并不完全相同。谚语和歇后语以其特殊的词汇现象、丰富的内容和精练的语言形式，概括了人们的认知成果，丰富了语言宝库。无论谚语，还是歇后语，都具备下面这些共性。

一是民族性。谚语和歇后语的产生并非源自一人、一时、一事，而是脱胎于各民族的社会生活，与各民族特定的历史、语言、生活习俗、风土人情、自然环境及人文观念等密切相关，带有鲜明的民族特性。例如，维吾尔族谚语、蒙古族谚语和回族谚语都带有各自鲜明的民族个性。维吾尔族谚语的隽永，蒙古族谚语的浑厚，回族谚语的深邃，无不凝结着各个民族语言文化的精华。谚语、歇后语的民族性不仅表现在这类语言外在的艺术形式上，更表现在它们所反映的思想内容上，还表现在各个民族的社会观念、生活习俗、宗教信仰以及传统的伦理道德上，形成了鲜明的民族特色。

二是形象性。谚语的精辟，歇后语的幽默，都借助形象化的语言体现出来。谚语和歇后语能够异地相传、亘古异时沿用，体现出了其丰富内容和完美艺术形式的和谐统一。语言的艺术力在于语言的形象性，引人注目的语言总是新颖、生动、活泼的，那些死板、枯燥、毫无生机的语言不可能产生强烈的艺术感染力。谚语的艺术感染力就是形象、生动、活泼，用富于哲理的语言唤起人们的思想共鸣，从而达到谚语的语用目的。歇后语就是这种颇具艺术魅力的语言形式，它也以生动形象的语言表情达意。从这个意义上看，形象化是谚语、歇后语的生命之源。

三是通俗性。谚语和歇后语都是口语化的语言，它们读起来朗朗上口，节奏感强，容易被人们接受。口语来源于生活，口语化的语言富有生活气息。一条精美的谚语并不刻意追求铺陈华丽的辞藻，也不刻意追求堆砌多余的语句。谚语说起来总是十分自然贴切、通俗畅达的，一听就能够明白其中蕴含的道理，一看就能懂得其中表现的意义。和谚语相比，歇后语更加口语化和通俗化，它以浓郁的生活气息见长。和谚语一样，歇后语也是人们在长期的语言实践中精炼出来的。所以无论是谚语还是歇后语，都使用频率高，使用范围广，以浅显和通俗的语言特征而被人们接受。

谚语和歇后语作为两种不同的语言形式，异中有同，同中有异。作为熟语，它们有许多相通的艺术魅力，成为名言警句的重要构件。

回族是一个文化兼容性较强的民族，回族话也不断吸收各民族语言的精华。回族话中有大量的谚语和歇后语，这些谚语和歇后语是回族话中光彩夺目的珍珠，是回族人民认识自然、认识人文社会并在生产生活中总结出来的语言精华，凝结了回族的实践经验，融入了回族深厚的民族思想感情，反映了回族的民族伦理观念。综观回族谚语和歇后语，涉及回族社会生活的各个方面，是回族语言艺术中一道亮丽的风景线。

回族谚语是回族群众长期口头创作的结晶，它既是宝贵的民族语言艺术，又是回族社会人文的缩影。回族文化的多元性，决定了回族谚语具有广博的文化内涵和丰富的表现力；回族文化中的伊斯兰教因素，又使回族谚语具有浓厚的民族特性。以内容为依据，回族谚语主要有以下类型。

第一，宗教类。宗教是具有多种表现形态和丰富内涵的社会性精神现象和文化现象，尤其是少数民族，对宗教有一种独特的感受，因此宗教文化在回族文化中具有特殊的凝聚力。伊斯兰宗教文化在回族文化中占主导地位，这种伊斯兰文化的主体性，在西北回族谚语中也充分表现出来。在回族人心目中，《古兰经》和圣训就是穆斯林宣传伊斯兰教教义的经典之作，回族人从一诞生就与伊斯兰教关系密切，回族时时处处以《古兰经》中规范的教义作为自己行为的准则。"回回信主是唯一，宁死不伤伊玛尼"，就有力地表达了这种宗教文化情操。回族人对伊斯兰教"心里诚信，口舌招领"，从外在的语言表象到内在的心灵世界，都表现为对民族宗教忠诚的唯一性。在虔诚的宗教观念支配下，回族人对包括宗教场合在内的一切宗教生活都倍加珍视，不能有丝毫含糊。"拿了寺上一粒米，祖祖辈辈还不起"，这类谚语的伊斯兰宗教色彩十分浓厚。回族穆斯林正是借助这种的宗教作用，强调对宗教真实的诚信以及对宗教强烈的追求，并以此来约束行为。在回族宗教谚语中，就表现了浓厚的宗教文化。

伊斯兰宗教文化对信仰的基本要求是"诚信"，具体表现为信真主、信使者、信经典、信天仙、信前定、信末日审判，这些宗教文化内容，在回族谚语中得到了充分的表现。

在西北回族谚语中，对宗教基本礼仪做了大量的表述："一天不抓五遍水，不能算是好回回""劝别人封斋，别忘了自己礼拜""饭能舍，觉能拖，五番乃玛孜不能撇""老回回出门不念，不是折轴就是掉串"。这些谚语中传达出了回族的宗教生活的基本内容，即念、礼、斋、课、朝。

　　伊斯兰教的核心是除真主外别无神灵，围绕"真主唯一"这个宗教核心的，是伊斯兰教的一整套宗教文化体系，这个伊斯兰宗教文化体系的基本特征，在回族谚语中也体现出来。我们读这些回族谚语时，总会感到一种强烈的伊斯兰宗教气息。

　　在汉族谚语中，也包含不少宗教内容，但汉族宗教谚语大多表现为天命文化观念以及跟佛道宗教文化相关的事物，如"顺天者昌，逆天者亡""皇天不负好心人""谋事在人，成事在天""一佛出世，二世升天""丈二和尚摸不着头脑"等，这些谚语很显然出自汉族的宗教文化。不同的宗教文化必然会在谚语中留下其痕迹，不同的宗教文化对谚语的内容也会产生一定的影响。回族谚语表达的是伊斯兰教文化内容，便以"真主""胡达"的告诫为准则；汉族谚语表达的是佛教、道教等文化内容，以"佛""天"为行为准则。

　　宗教类谚语，是研究回族话民族特性的最有表现力的语言材料。语言是一种文化，同时语言又是文化的一种表现形式，宗教作为一种文化形态，往往在语言中有所反映。宗教的产生、发展、变化，既影响并促进语言的发展变化，又往往在语言中留下痕迹。综观回族宗教谚语，它忠实地记录了伊斯兰教文化内容，同时又是回族传播伊斯兰教文化的重要载体。这也从另一个侧面充分说明了宗教传播对语言的影响。

　　第二，哲理类。谚语作为千锤百炼的语言精华，无不包含耐人寻味的哲学原理，不仅给人们以语言美的享受，也给人以诗一般的启示。回族谚语中的哲理，既闪烁着伊斯兰哲理的光芒，又融入了中国传统哲学思想的精髓。

　　在回族谚语中，有不少就是表现伊斯兰思想内容的，如"汉民有三纲五常，回民有人道五典""汉民讲三纲五常，回民讲五功六信"等。"人道五典""五功六信"都是回族哲学思想产生的基础，是伊斯兰哲学思想在回族哲学观念中的集中表现。

　　在回族哲理谚语中，有许多是表现劝善戒恶内容的，如"做出好事一件，摆脱灾难一千""行善一点看得见，作恶多端死后火里钻""顺从自己的私欲，死后必定下地狱"。这些谚语，表现了回族对真、善、美的追求，以伊斯兰宗教哲学信条来劝诫人们，用最通俗的哲学理念约束人们的行动。

在回族哲理类谚语中，除了表现伊斯兰宗教哲学思想的谚语外，其他大多数谚语和汉族谚语并没有多少明确的界限，换句话说，这类谚语是回族和汉族都通用的。如表现接受教训的"吃一堑，长一智"，表现不存在绝对的事物的"胜败乃兵家常事""尺有所短，寸有所长"，表现分辨是非的"灯不点不亮，话不说不明"，表现在逆境中不泄气的"车到山前必有路""条条大道通长安"。这些谚语，在回汉谚语中都经常通用。

在西北回汉谚语中，还有一些地方色彩十分浓厚又不乏生活哲理的谚语，如"人心要实，火心要虚""瘦死的骆驼比马大""山大挡不住风，官大挡不住理""不怕不识货，就怕货比货""好记性不如烂笔头"，这些散发着浓厚的生活气息又充满哲学智慧的谚语，是回汉群众长期社会生活的经验总结。

谚语本来就是哲理性和形象性的统一，是人类智慧的结晶。每一条优秀的谚语中，都蕴含着人们对事物的本质、规律性的认识，蕴含着人们丰富的生活阅历和社会经验。同时，这些谚语又借助形象的语言表达出来，倾注了主观感情色彩，这样就使回族谚语被深深地打上了民族情感的烙印。回族谚语大多为表现劝诫穆斯林崇尚伊斯兰，追求真、善、美等方面的内容，是伊斯兰哲学文化的结晶。

第三，品行类。一个人的品德行为，主要取决于自身的思想修养；同时，品行的形成和宗教的约束也不无关系。回族谚语中所表现出的品行观，与回族谚语中表现出的宗教观、哲学观本来就有许多相通之处。我们这里所说的品行观，除了品德修养外，还包括性格特征。

在回族的行为规范中，十分反对过分的私欲，回族谚语中就告诫穆斯林，"多看寺顶的星月，少打心中的主意"，同时还鼓励穆斯林要经常施舍。"散乜帖是给自己聚财""施济勤于儿孙，恩泽及于先灵",这种把自己适当的财物施舍给穷人的"散乜帖",被回族穆斯林当作最大的善行之一。

西北回族谚语中就有不少表现互相帮助内容的,如"助丧探病,真主喜欢";有些特别倡导民族内部的互相帮助,如"天下回回是一家""回回见面三分亲""回族天南地北,都是兄弟姐妹""回回的炕是客人的家""回回千里不持粮"等,这些谚语都是回族品行观的真实写照。

伊斯兰教对任何事物都主张中和、均衡原则,既不可不及又不可太过,这是回族格外重视的行为准则。无论对各种宗教问题,还是对各种社会问题,回族都倡导中和、适度,反对偏激、走极端。回族谚语是这样告诫穆斯林的:"真主喜欢适中之人""真主不喜欢过分之人""真主不喜欢办事过火之人",这种守中观,使回族在处理今世与来世、科学与信仰、物质与精神、个人与集体等各种纷繁复杂的关系时都能游刃有余。在一定程度上,回族的守中观,也受到了中国传统儒家观念"中庸之道"的影响。

"守中"是回族的处世哲学,坚韧才是回族的性格特征。回族谚语中就有"真主总是伴随着坚韧者""经过艰难困苦的穆斯林,能走到真主面前",在回族穆斯林心目中,坚韧是一个人或者一个民族群体取得成功的必备品质,特别在逆境中要不畏缩、不彷徨、不悲观,"磨难是真主对人的考验",伊斯兰文化倡导的坚韧的品格,构成了回族的民族性格。

第四,家庭婚姻类。和其他任何一个民族一样,回族非常重视家庭的功能,并且还认为家庭是建立伊斯兰社会的基础。要建立好家庭,必须处理好家庭成员间的关系,因此回族把孝敬父母、爱护子女视为最基本的家庭道德准则:"孝道为万善之首""有一日之生命,尽一日之孝顺""敬主当敬父母""真主的喜,在父母的喜里面;真主的恼,在父母的恼里面""取得父母之喜,才能取得真主之喜"。和汉族一样,回族也非常重视孝道,把"孝"放在一个十分重要的位置上,"真主会减少不孝之人的财富和寿数""不孝敬父母者,死后不能进乐园";父母的地位也非常重要,"天堂在父母的脚下""后世要进天国乐园，今生必听父母之言"等。
这些把孝情和宗教联系起来的回族谚语，具有借助宗教的力量净
化人们的心灵、规范人们行为的独特作用。

子女要孝敬父母，父母要爱护子女，这是每个家庭成员应尽
的职责和义务。在回族人心目中，"儿童是真正的花朵""爱儿孙
是长者的本分"；爱护子女就要教育子女，回族把教育子女作为爱
子的主要内容，"教育子女赛过施舍""男女要同育，聪拙必同爱"
"教子一回胜过施粮一年"。

婚姻是家庭的基础，在穆斯林社会，婚姻被当作一件大事来
对待，大家都来关心穆斯林男女的婚姻之事，"成全一桩婚事，如
同建筑一座清真寺"。在回族人的心目中，婚姻是一种神圣、崇高
的行为，是真主对婚姻双方的职责以及婚姻双方对真主、对使者
的庄严承诺。"婚姻是真主赐予人类的恩典"，正是从这种恩典中，
才获取了人生的重要价值。回族十分看重民族内部婚姻，这样就
很容易造成回族"亲连亲，亲套亲"的婚姻习俗，如西北回族谚
语"回回亲，苦丝蔓的根""回回亲，转轳辘亲""回回的亲，扯
不断的根""回回亲，亲套亲，砸烂骨头连着筋""亲连亲，亲套
亲，回回绕弯子都是亲"等。这些谚语，在一定程度上反映了回
族的传统婚姻习俗。

回族还十分重视夫妻关系，夫妻间的关系是"她们是你们的
衣服，你们是她们的衣服"，把夫妻间的和睦看作家庭的基础。

第五，生活类。在回族谚语中，有许多表现日常生活内容的。
人们的日常生活十分广泛，纷繁而复杂，衣食住行无所不包。在
回族生活谚语中，有两类是十分重要的，一类是表现回族饮食文
化的，另一类是表现回族卫生习俗的。伊斯兰教要求穆斯林有选
择地饮食，选择的标准就是"佳美"。以这个标准规定了一些食物
禁忌。这些禁忌，在回族谚语中是这样表现的："自个死的东西吃
不得""骏马能骑，肉不能吃""喝酒赌博、拜像求签，都是依卜
利斯的行为""喝了酒，跟着依卜利斯走""喝酒的人不能念经，
肮脏的人不能礼拜""喝酒的人，喝过的水也不干净"，从这些谚

语中不难看出回族禁食猪、狗、驴、骡、马等以及凶禽猛兽，禁食自死之物，禁忌吸烟，禁忌喝酒等许多禁忌习俗。这些禁忌习俗是穆斯林共同遵守的，不可越雷池一步。

爱清洁是回族公认的生活习俗，西北回族谚语云："真主喜欢清洁的人""清净是穆斯林的盔甲""回回笑脏不笑贫"。回族在长期的历史发展进程中，逐渐形成了一套独具民族特色的卫生习俗。"回回家中三件宝，汤瓶、吊罐、小白帽""回回家少不了汤瓶"，汤瓶和吊罐是回族专用的洗浴工具，一边浇水一边洗浴，水绝不重复使用，十分卫生。回族对礼拜前的净身十分重视，穆斯林每天的五番拜功都必须和水发生关系，"一天不抓五遍水，不能算个好回回""礼拜是生命，要的是水净身净拜处净""身上不净，礼拜没用""没有净身的人不能靠近真主""净身没水，细沙也能顶用"等。回族在宗教生活中，特别注重"净"，并且有大净和小净之分，大净指"浴"，小净指"沐"。大净和小净源于伊斯兰教的宗教规范，随着社会的发展，这种行为已经开始超越宗教的一般要求，不仅礼拜时或者参加宗教活动时要沐浴，平时劳动结束后也要沐浴。

西北回族谚语表现出了丰富多彩的、有独特民族个性的生活习俗，"金茶银茶甘露茶，比不上回民的盖碗茶"，这条谚语最起码含有两层意义：其一，是说盖碗茶之贵重，不可多得；其二，是说盖碗茶佳美无比，这是因为盖碗茶中的核桃仁、枸杞、葡萄干、桂圆等的营养价值都很高，具有清心爽目、延年益寿之功效。"吃油香要掰呢，喝盖碗茶要刮呢"，这条谚语道出了回族在进食和喝茶时的习俗：吃油香时，要掰成小块慢慢吃，忌讳用口直接啃着吃；喝盖碗茶时要用盅盖刮开茶叶，忌讳用嘴吹茶叶。

回族的风味小吃讲究清真、佳美、爽口，在西北地区独树一帜。"宁夏回回有三宝，油香、酿皮、羊杂碎""银川酿皮不用夸，黄河两岸第一家""天冷要穿毛呢子，天热要吃酿皮子""同心的杂碎银川的糕，吴忠的糊馎最耐饱""回回妇女讲锅灶，蒸、炸、烹调有绝招""点心香，月饼美，回回的馓子香又脆"这些回族谚语生动地描述了回族风味小吃的特点。

"回族老人寿数长，早起礼拜喝茶汤""再荒的滩也有马，再穷的家也有茶""来客不敬茶，不是好人家""一天不喝浑身乏，两天不喝眼发花，三天不喝把病加""夜间少吃一口，能活九十九""多吃蔬菜少吃肉，粗茶淡饭能长寿""吃饱就睡觉，好比吃毒药""饭吃八成饱"这些养生保健类谚语，是回族生活经验的结晶。

第六，礼仪类。中国是文明之邦，回族文化作为中华文明的重要组成部分，形成了许多优秀的传统习俗，其中就包括优秀的礼仪习俗。回族礼仪习俗包括人生礼仪和生活礼节。

人生礼仪主要指从生到死的若干重大阶段的礼仪，即诞生礼、命名礼、满月礼、百日礼、抓周礼、割礼、丧礼等贯穿人生全过程的各种礼仪。生活礼节主要指见面礼、待客礼等。这些礼仪中，自始至终伴随着伊斯兰文化特征。回族十分重视民族内部的感情，"天下回回是一家""回回见面三分亲"表达的就是这样一种民族感情。回族人见面时互道"色俩目"，以示祝福和问候。"最先道色俩目的人最先接近真主"等，从这些谚语中足见回族对见面时互道"色俩目"的重视，一声"色俩目"可以马上缩短见面双方的距离。"同路行走，长先幼后""孤儿不能欺，乞丐不能呵"，这些谚语则表现了回族彬彬有礼、热情相待、和睦相处的优良传统。正是这种民族内部的以礼相待，才使散居于全国各地的回族有力地凝聚在一起。

回族的生活礼仪，还表现在待客上——"回族千里不持粮""回族的炕是客人的家"。

婚礼是各民族都十分重视的人生礼仪，各民族从古到今形成了丰富多彩的婚姻习俗。"上新车别忘了多带条裤带"，这条谚语就生动地反映了宁夏一些地方回族的习俗：新娘上车时多备条裤带，如果路上遇见其他新人，无论是回族还是汉族，都要停车交换裤带，以求婚姻吉祥。在回族婚俗谚语中，还有许多表现讲究热闹、待客热情内容的，如"耍房的时候没大小""不要公婆不热闹""送新要双不要单，大人娃娃一起算"，这些谚语都生动地表现了回族的婚姻习俗。

回族在丧葬礼仪文化中十分看重平等。回族认为，生是死的起点，死是生的结束，无论地位低贱还是高贵、富裕还是穷困，都难免死亡。对去世的人，不论贵贱，都要安之以礼，正如谚语所云："无论穷，无论富，都是三丈六尺布""清水洗，白布裹，送了埋体把祸抹""回回亡人死得高，清水洗净白布包"。回族葬礼是讲究土葬、速葬、薄葬——"亡人奔土如奔金"。

第七，经商类。"回回职业三大行，珠宝、饭馆、宰牛羊""回回两把刀，一把切牛肉，一把切油糕"，这些西北回族谚语形象地概括出了回族在农业之外主要从事的职业。擅长经商做买卖，是回族的优势。回族注重商业是人所共知的。在回族历史上，民族与商业结下了不解之缘。在经商过程中，回族能把宗教所追求的"义"和商业所追求的"利"有机结合起来。回族人认为，"经商是真主的恩赐""天下回回生得怪，个个都会做买卖"。伊斯兰商业文化充分肯定商业的价值，认为商业具有促进流通、丰富商品、活跃市场、引导消费等多方面的作用，"商业是真主最喜欢的产业"，回族把出门远行经商看作"寻求真主的恩赐"。但在商业行为中，如何经商、怎样取利，这是个不容忽略的大是大非的问题。从回族谚语中，就可以看出回族在经商中的获利准则：一是互惠互利，反对损人利己，"营利要合理合法"；二是公平交易，反对投机，"君子爱财，取之有道"；三是合理买卖，禁止高利，"真主喜欢人做买卖，可不喜欢重利""苗受猛水，人获暴利，不得其利，反受其害""深水不养苗，暴利多招灾""高利贷的盘剥，多灾海是归宿"（"多灾海"即地狱）。总而言之，回族在经商行为中十分反对重利盘剥，反对投机取巧，因为商业活动中的不道德行为，不仅损人也害己。

第八，其他。回族谚语丰富多彩，表现在回族生活的各个领域，从风土人情到生活习俗，从爱国爱教到求知守法，从节日文化到民族团结，无所不包，无所不有。如表现回族姓氏文化的，"十个回回九个马，一个不姓马就姓哈""十个回回九个马，另外还有撒、拉、哈"；表现回族居住文化的，"天下回回住得偏，滩边、河边、马路边，还有城堡外圈圈""老汉人有钱存粮，老回回有钱盖房"；表现回族节日文化的，"回族一年三大节，开斋、古尔邦和圣纪"；表现爱国爱教的，"爱国就是爱教，保国就是保身""爱国是伊玛尼的一部分""回回爱国也爱教"；表现追求知识和智慧的，"知识能引来朋友""知识是穿不破的衣服，智慧是取不尽的宝藏""求学是穆斯林的天职""泉水担不干，知识学不完"。

在西北回族谚语中，有一个很重要的内容，就是表现民族团结和爱国爱教。回族是一个兼容性较强的民族，回族文化在恪守伊斯兰文化内涵的同时，还不断汲取其他民族文化的精华，"回汉是两教，理是一个理"。回族的这种开放的文化特征，也决定了回族人特别看重民族团结，"回汉一条心，黄土变成金"。回族也特别注重爱国爱教，"热爱祖国是信仰的一半""不热爱国家的人没有信仰"。特别在国难当头时节，回族深知"爱国就是爱教，保国就是保身"。

回族重视经商，也十分重视农业和畜牧业。伊斯兰教经典中认为，造物主创造了土地和牲畜，就是为人类从事农业和畜牧业施行的种种恩泽。对农业和畜牧业的重视，也出现在许多农谚中，这些农谚大多反映农业生产中各方面的经验和规律，其中也包含着一定的科学道理，内容也比较广泛。

第二节　回族歇后语

歇后语是中国民间俗语的特殊形式，人们历来对它有不同的称谓，如"藏词""俏皮语""譬喻词"等。严格地说，歇后语由前后两部分组成，前部分是形象的比喻，后部分是对前部分的解释、说明，并指出本来意义。有的歇后语只说出前半部分的比喻，对后半部分的解释可以不说出来，让读者自己去体会。

歇后语以独特的语言艺术和巧妙的表达效果在回族话中广泛运用。回回民族勤劳智慧，幽默机智，特别善于用歇后语这种形象的语言形式表达思想观念和生活情趣，特别在西北回族话中，歇后语的运用更是到了炉火纯青的地步。

正因为歇后语信手拈来、随口即出，所以它在日常生活中便无处不在，反映的内容也就十分广泛。

表现回族亲情的歇后语：

老回回的亲，甘草的根——越挖越深
老回回的亲，苦子蔓的根——越缠越紧

表达宗教习俗的歇后语：

穆民没有伊玛尼——丢了根本
念、礼、斋、课、朝——一点不能马虎

表现回族风情的歇后语：

卖面宰羊——各干一行

表现生活哲理的歇后语：

水里的月亮——看得见，摸不着
千里驹套在磨道上了——有力使不上

表达讽喻和劝诫内容的歇后语：

嘴上抹石灰——白吃
没后跟的鞋——别提

这些歇后语，都由两部分组成，这两部分是一个意义的两种表达方式，在前后部分的融合中，使语言更加生动形象，又包含了深刻的道理，构成了完美的语言艺术形式。

歇后语的前半部分是构成其生动、形象、活泼、风趣的语言风格的依据，在这一部分里，主要借助生动形象的比喻唤起人们的思绪，引导人们去联想，与后半部分联系起来，形成一个有机的整体，以表达本意。歇后语的前半部分属于喻体部分。这个喻体，从古到今，从人到物，无所不有，其中包括历史人物、故事人物、民间人物以及动物形象、民俗事象、生活范例等。

歇后语中的历史人物主要来自章回小说和戏剧故事中的人物，如"姜太公钓鱼——愿者上钩""周文王请姜太公——尽请明白人""刘备摔孩子——收买人心""刘备的江山——哭出来的""张飞吃豆芽——小菜一碟"等，这些歇后语中出现的历史人物不论其地位高低，而是看其是否讲义气，是否豪爽、勇猛、强悍，是否有计谋，等等。故事中出现的有些人物虽然不是历史人物，但在歇后语中出现的频率并不亚于历史人物，如"武大郎买豆腐——人松货散""武大郎坐天下——没人愿保""梁山的军师——无用（吴用）"等。民间人物则是那些没名没姓、名不见经传但又常常挂在嘴边、令人津津乐道的人物形象，这些人物形象大多富有个性特征，极具表现力，如"秃子头上的虱子——明摆着哩""瞎子点灯——白费油""哑巴吃馒头——心中有数""二瓜子进馆子——给啥吃啥"等。这些谚语充满了善意的丑化和嬉笑，在轻松自如的气氛中反映了民间生活的情趣和人们乐观的生活态度。值得注意的是，这些出现在歇后语中的历史人物、故事人物、民间人物，大多数为中国传统文学作品中的人物形象，这些人物形象在回族歇后语中的广泛运用，是伊斯兰文化同中国传统文化兼容并蓄的结果。回族歇后语中出现的人物也大多为中国传统观念所公认的人物形象，这些人物，或代表了宽容、仁慈，或代表了勇猛、顽强，或代表了智慧、灵活，回族所崇尚的精神，在中国传统人物身上表现了出来，在这里，伊斯兰文化和中国传统文化有机地结合在了一起。

同汉族歇后语一样，在回族歇后语的喻体中，也有一些动物形象、民俗事象和生活常识。

以动物形象为喻体：

狗掀门子——嘴上的劲

猴子戴礼帽——活了点人形

老驴驮了个风匣——走得快，扇得快

老牛追兔子——有劲使不上

以民俗事象为喻体：

下马关的镰刀——擦得亮

站在山头上漫花儿——高调

中药里的甘草——啥味都想沾

顶门杠挖牙——大材小用

以生活常识为喻体：

炒面捏娃娃——熟人

刀切豆腐——两面光

木匠吊线——睁一只眼，闭一只眼

麻袋子上绣花——底子太差

歇后语的内容十分广泛，大多数是人们日常生活中熟悉的事物，经过巧妙的联想和发挥，变成了脍炙人口的语言精品。

这些歇后语的最大特点就是幽默，回族是一个十分擅长语言艺术的民族，无论在偏僻山村，还是在城镇集市，都有深受人们喜爱的能言善辩的代表人物，他们的语言机智诙谐，特别富有感染力，而歇后语则是这种语言艺术的重要组成部分。

歇后语是一种十分独特的语言形式，歇后语的喻体部分常常由极不合理的事物做铺垫而产生独特的语言表达效果，给人以幽默的感受，如"嗑瓜子嗑出个臭虫——什么人（仁）都有"。瓜子里嗑出臭虫是个近乎荒诞的假设，这种极不符合生活逻辑的荒诞恰好加强了被挖苦形象的少见程度，在不合理的假设中产生了令人信服的讽喻效果。

这些歇后语也把不同时代的人物或者事件联系起来，产生一种特殊的幽默感受，如"孔明会李逵——有想的，有干的""秦桧见严嵩——奸对奸"等。在这些歇后语中，李逵和孔明、秦桧和严嵩，都属于不同时代的人物，在这里被巧妙地联系在了一起，产生了出人意料的语言效果。

歇后语的另外一种幽默方式是借助夸张、拟人、对比、借代等传统修辞手法来实现的。如"大海里丢针——无处寻觅""针尖上削铁——收获不大"，这类歇后语就是利用言过其实的夸张来提示事物的本质，给人以强烈、深刻的印象。"猫哭老鼠——假慈悲""蚊子打呵欠——好大的口气"等，这些歇后语，赋予事物以人的情态，语言就显得格外生动活泼。"夏天穿皮袄——不是时候""黄连堆里弹琵琶——苦中作乐"，这类歇后语则把两个相互对立的事物放在一起，在十分不合理的相互对立关系中揭示出令人信服的哲理。"打铁的折炉子——散火（伙）""豁嘴吃西瓜——道儿多"，这类歇后语用人本身的特点来代替本体，使语言生动化、形象化。这一系列修辞手法的运用，渲染出了歇后语的幽默特征。

总体上看，回族使用的歇后语和汉族使用的歇后语，无论在内容还是在形式上，都有许多相通之处。幽默是歇后语的基础，没有幽默就没有歇后语存在的土壤，人们正是借助歇后语的幽默，在妙趣横生的语言中，讽喻尖锐犀利，说理入木三分，犹如生活中的一把盐，使民族语言充满情趣。

第三节　回族谚语、歇后语的特点

谚语和歇后语是从人们的社会实践和日常生活中概括出来的，

而纷繁复杂的生活实践又离不开人们的文化观念、人文素养、民族特质、心理特性以及地理环境等，这些具有民族特色的内容必然要反映到谚语和歇后语中来。谚语和歇后语中的民族特性，其实就是指在谚语和歇后语中表现出来的民族社会生活、民族文化、民族理念、民族精神等。回族谚语、歇后语的民族特性，主要指在这些民族语言精品中，能够领略到回族的社会观念、生活习俗、宗教信仰以及民族伦理观念。这些谚语和歇后语，是从肥沃的民族文化土壤里不断生长和发展的。

其一，回族谚语、歇后语具有浓郁的伊斯兰教色彩。

伊斯兰教在回族的形成与发展中起了重要作用，伊斯兰教观念规范了回族的宗教信仰行为，也规范了回族的社会行为和生活方式，回族穆斯林时时处处以伊斯兰教教义为自己行为的准则和依据。在回族穆斯林心目中，真主的威仪是无可置疑的，在回族谚语、歇后语中就表现出了"信主唯一"的宗教观念，"回回信主是唯一，宁死不伤伊玛尼"。在回族穆斯林心目中，冥冥万物，存在一种超自然的力量，主宰着其宇宙中的一切，这个超自然的力量，这个宇宙中的主宰，就是真主。真主无所不在、无所不有、无所不能，正如回族谚语所云："不信真主，后世爱苦""今日不信教，来世下地狱"。这些谚语，就是劝诫回族穆斯林必须信仰伊斯兰教，信仰真主。

回族谚语和歇后语中，还透视出了伊斯兰教中的两世观，即今世和来世，"做出好事一件，摆脱灾难一千""顺从自己的私欲，后世一定住地狱"。

回族谚语、歇后语中的宗教色彩，还表现在对人们宗教行为的约束上，"饭能舍，觉能拖，五番乃玛孜不能撇""念经不专心，尔林不会深""不诚心而求虚名的功课如弥漫的沙尘"，以及歇后语"回回没有伊玛尼——丢了根本"等。这些回族谚语和歇后语就是告诫回族穆斯林要不断实践宗教"五功"——"念、礼、斋、课、朝——一点不能马虎"。作为伊斯兰宗教文化内核的"六信"以及伊斯兰宗教文化外壳的"五功"，在回族谚语、歇后语中的大量出现，使这种民间语言形式涂上了浓厚的宗教文化色彩。

语言和宗教本来就有着密不可分的关系，语言是传播宗教的载体，宗教在传播过程中必然影响语言的生成转换以及发展。回族谚语、歇后语的宗教色彩来源于回族对伊斯兰教的诚信。反过来，伊斯兰文化又使回族谚语和歇后语带上了鲜明的宗教色彩。

回族是以汉语为交际工具的，许多回族谚语、歇后语和汉族谚语、歇后语之间并没有本质的区别，只是这些表现伊斯兰宗教内容的谚语和歇后语是回族话中独一无二的语言精品。这些谚语、歇后语中，蕴含着丰富的宗教内容。通过对这种民族语言"堆积层"的考察，可以看出宗教产生和发展的种种遗迹和特性，也可以看出宗教的内涵和外延。

其二，回族谚语、歇后语是回族文化观念的结晶。

回族的特殊来源决定了回族文化以伊斯兰文化为本体，同时，回族文化又不断吸收多种外来文化成分，把伊斯兰文化和中国传统文化有机地结合在一起。一方面，回族恪守固有的伊斯兰文化传统，严格遵循伊斯兰道德观念的准绳；另一方面又不断吸收和融入中国传统文化，特别是儒家文化的精华，使回族文化带有比较鲜明的传统文化的特征，正如回族谚语所云，"汉族有三纲五常，回族有人道五典"。"五典"是中国穆斯林学者根据《古兰经》和"圣训"吸收了汉儒"三纲五常"观念而形成的回族伦理纲常，在理论关系上，"三纲"制约着"五典"的要义，"五典"统一于"三纲"之名。但是，从本质上追根溯源，"五典"仍然深深根植于伊斯兰道德观念的本源中，回族穆斯林视"五功"为天命，视"五典"为人义，正如回族谚语所云，"圣人立五功，以尽天道；圣人立五典，以尽人道"。

回族文化的多元性，决定了回族谚语、歇后语的多维视角，这些谚语、歇后语说明的事理、总结的规律、阐发的思想，大多以回族文化为立足之本，依存于回族的社会生活，带有鲜明的回族特色。回族的生产习俗、饮食习俗、服饰习俗、卫生习俗、民居习俗、节日习俗、礼仪习俗以及宗教、哲学和道德观念等，都在谚语和歇后语中得到了充分的表现。

我们在收集、整理回族谚语和歇后语时发现，许多回族谚语、歇后语和汉族谚语、歇后语表达的内容是相同的，这就充分说明了回族话的多元文化特征。我们知道，回族文化以伊斯兰文化为核心，同时又面临着中国传统文化的具体环境、处在儒家文化的包围圈中。回族在吸收和学习中国传统文化的过程中采取适我所需、为我所用的态度，促使伊斯兰文化和汉儒文化的协调与融合。这种特征，也表现在回族谚语、歇后语中。"人美在学问才华，不美在穿着打扮""登山莫畏难，求知莫怕远""君子施恩不用报""灾年同你共济者，才是你的兄弟""好人和好人相交，坏人和坏人为伍"，以上这些谚语，谁又能确认是回族谚语还是汉族谚语。这些回汉谚语的异曲同工，正是回族伊斯兰文化和中国传统文化你中有我、我中有你，相互融合的结晶。

回族谚语、歇后语和汉族谚语、歇后语在有些方面相通，并不等于回汉谚语、歇后语完全相同。每个民族都有代表本民族个性的文化特征，都有表现本民族特质的心理状态。不同民族对各种事物产生不同的看法就不足为怪了。回族在服饰习俗上由于受伊斯兰教观念的影响，认为白色是最洁净、最漂亮的颜色，把白色看作纯净、清白和喜悦的象征，因此，回族穆斯林就非常喜欢戴白帽，正如回族谚语所说，"自古回回少不了，汤瓶、吊罐、小白帽"，而戴白帽则是一些地方的汉族十分禁忌的，与丧礼有关。

谚语和歇后语来自民间，也就最能表现民俗文化内容，回族谚语、歇后语是回族民俗文化的载体，从中我们能够领略回族民俗文化的基本脉络。

其三，回族谚语、歇后语中夹杂着富有民族特色的词汇。

在回族谚语、歇后语中有一些回族话中独有的语言词汇，如阿拉伯语词安拉、伊玛目、尔林、穆斯林、伊玛尼、乜帖等，波斯语词胡达、阿訇、乃玛孜等，这些最能表现回族话个性的阿拉伯语词、波斯语词在回族谚语和歇后语中的出现，让人感受到这些谚语和歇后语的回族韵味迎面扑来。

　　除了这些阿拉伯语词、波斯语词外，在回族谚语和歇后语中，还经常出现一些回族生活中独有的语言词汇，如吊罐、汤瓶、小白帽、带水等，这些语言词汇是回族风情的真实写照。

　　回族谚语和歇后语中的民族专有词汇，使民族因素在这种语言形式中得到充分展现。由于语言和民族的特殊关系，人们在使用语言时，常常带有一种特殊的民族感情，并且会按照自己的民族心理需求来选择语言。回族谚语、歇后语中的民族专有词汇，便成为回族谚语、歇后语有别于汉族谚语、歇后语的特殊标记。

第四节　回族谚语、歇后语举例

　　下面是回族常用的谚语和歇后语，[①] 有些是回族所特有的，有的则是回汉通用。

一　回族谚语

　　回回信主是唯一，宁死不伤伊玛尼。

　　心里诚信，口舌招领。

　　念经不专一，尔林不会深。

　　饭能舍，觉能拖，五番乃玛孜不能撇。

　　拿了寺上一粒米，祖祖辈辈还不起。

　　老回回出门不念，不是折轴就是掉串。

　　福来朵尼是圣经，句句名言可修身。

　　万物非主，唯有真主。

　　今世是短暂的，来世是永久的。

　　一天不抓五遍水，不能算是好回回。

　　劝别人封斋，别忘了自己礼拜。

　　汉民讲三纲五常，回民讲人道五典。

　　汉民讲三纲五常，回民讲五功六信。

---

　　① 辞条确定参考了王正伟《回族民俗学概论》（宁夏人民出版社，1999）。

做出好事一件，摆脱灾难一千。

行善一点看得见，作恶多端死后火里钻。

顺从自己的私欲，死后必定下地狱。

多看寺顶的星月，少打心中的主意。

散乜帖是给自己聚财。

施济勤于儿孙，恩泽及于先灵。

助丧探病，真主喜欢。

天下回回是一家。

回回见面三分亲。

回回天南地北，都是兄弟姐妹。

回回的炕是客人的家。

回回千里不持粮。

真主喜欢适中之人。

真主不喜欢过分之人。

经过艰难，能走到真主前。

真主总是伴随着坚韧者。

孝道为万善之首。

有一日之生命，尽一日之孝顺。

敬主当敬父母。

真主的喜，在父母的喜里面；真主的恼，在父母的恼里面。

取得父母之喜，才能取得真主之喜。

真主会减少不孝之人的财富和寿数。

不孝敬父母者，死后不能进乐园。

天堂在父母的脚下。

后世要进天国乐园，今世必听父母之言。

儿童是真正的花朵。

爱儿孙是长者的本分。

教育子女，贵过施舍。

男女要同育，聪拙必同爱。

教子一回胜过施粮一年。

成全一桩婚事，如同建造一座清真寺。

婚姻是真主赐予人类的恩典。

回回的亲，苦丝蔓的根。

回回亲，亲连亲，砸烂骨头连着筋。

亲连亲，亲套亲，回回绕弯子都是亲。

血酒尿粪一样脏。

骏马能骑，肉不能吃。

喝酒赌博、拜像求签，都是依卜利斯的行为。

喝了酒，跟着依卜利斯走。

喝酒的人不能念经，肮脏的人不能礼拜。

喝酒的人，喝过的水也不干净。

真主喜欢清洁的人。

清洁是穆斯林的盔甲。

回回笑脏不笑贫。

回回家中三件宝，汤瓶、吊罐、小白帽。

回回家中有汤瓶。

礼拜是生命，要的是水净身净拜处净。

身上不净，礼拜没用。

没有净身的人不能靠近真主。

净身没水，细沙也能顶用。

金茶银茶甘露茶，比不上回民的盖碗茶。

吃油香要掰呢，喝盖碗茶要刮呢。

回回有三味，油香、酿皮、羊杂碎。

自古回回少不了，汤瓶、吊罐、小白帽。

不吸烟，不喝酒，盖碗不离手。

回回老人寿数长，早起礼拜喝茶汤。

最先道色俩目的人最先接近真主。

孤儿不能欺，乞丐不能呵。

路见人行礼，要以礼相还。

送新要双不要单，大人娃娃一起算。

无论穷，无论富，都是三丈六尺布。

清水洗，白布裹，送了埋体把祸抹。

回回亡人死得高，清水洗净白布包。

亡人奔土如奔金。

回回职业三大行，珠宝、饭馆、宰牛羊。

回回两把刀，一把切牛肉，一把切油糕。

经商是真主的恩赐。

天下回回生得怪，个个都会做买卖。

商业是真主最喜欢的产业。

真主喜欢人做买卖，可不喜欢重利。

苗受猛水，人获暴利，不得其利，反受其害。

深水不养苗，暴利多招灾。

高利贷的盘剥，多灾海是归宿。

十个回回九个马，一个不姓马就姓哈。

十个回回九个马，另外还有撒、拉、哈。

老汉人有钱存粮，老回回有钱盖房。

回回一年三大节，开斋、古尔邦和圣纪。

爱国就是爱教，保国就是保身。

爱国是伊玛尼的一部分。

回回爱国也爱教。

知识是穿不破的衣服。

求学是穆斯林的天职。

泉水担不干，知识学不完。

回汉是两教，理是一个理。

回汉一条心，黄土变成金。

回回个个生得怪，根子来自天山外。

吃亏的人常在世。

打人不打脸，骂人不揭短。

买卖不成仁义在。

应人事小，误人事大。

过量饭不吃，过头话不说。

有钱花在父母上，有钱花在儿女上。

宁叫挣死牛，不叫翻了车。

听话听音，浇树浇根。

有钱不置半年闲。

笑脏笑破不笑补。

有理不打上门客。

人在事中迷，就怕没人提。

心急吃不了热馒头。

人心要实，火心要虚。

人美在学问才华，不美在穿衣打扮。

登山莫畏难，求知莫怕远。

君子施恩不用报。

灾年同你共济者，才是你的兄弟。

好人和好人相交，坏人和坏人为伍。

糟蹋尼尔麦提，真主不喜欢。

人心借真主的奴热而光亮。

多说知感主，多揽色瓦布。

东迁家、西迁家，凑到一起先建小稍麻。

所得格遮挡败俩（灾祸），增延寿数。

索热夫不是经，吃喝拉撒都用功。

学会索尔十段，家中念经不求别人念。

九九盼雪，伏天盼雨，回回盼有伊玛尼。

万物在，安拉在。

你真聪明，是真主给了你阿格力。

巧舌头转不出腮帮子，顿亚上转不出阿斯玛。

真主慈悯人，胜过慈母疼爱儿女。

真主寓恩典于慈悯我时。

偷盗与行奸，尔咱布滔天。

月亮胜过星星，尔林亮于凡人。

天下穆民是一家，不能随便尔白人。

凡是新鲜的，都有兰泽提。

人虽无常，鲁合升空。

天下穆民，一脉之根。

义以穆（穆罕默德）为主，文以孔（孔子）为用。

散乜帖是给自己积攒财富。

色拜布不佳，必有麻达。

多斯提多交知感主，口头上多说色瓦布。

二 回族歇后语

老回回的亲，甘草的根——越挖越深。

老回回的亲，苦丝蔓的根——越缠越紧。

穆民没有伊玛尼——丢了根本。

念、礼、斋、课、朝，——一点不能马虎。

卖面宰羊——各干一行。

老回回喝盖碗子——先刮两下。

山羊头上的肉——没多少。

冬天穿坎肩——抖家子。

要乜帖的丢了打狗棍——受狗气。

依卜利斯晒太阳——没有影影子。

狗掀门帘子——嘴上的劲。

水里的月亮——看得见，摸不着。

炒面捏娃娃——熟人。

肉包子打狗——有去无回。

狗吃羊肠子——连吃带甩。

刀打豆腐——两面光。

第五章　回族的姓与名

第一节　回族姓氏

在回族姓氏中，有"回族十三姓"[①] 之说，这十三姓多不见于中国的《百家姓》，是回族古老的姓氏，源自中亚布哈拉王族。元朝时，赛典赤·赡思丁被封为"咸阳王"。赛典赤病逝后，留有五子廿三孙，分别为纳、马、撒、哈、沙、赛、速、忽、闪、保、木、苏、郝十三姓。此后，赛氏家族十三姓便分布各地、自立门户，逐步演变成了回族十三姓。

回族中的纳姓，取自赛典赤·赡思丁长子纳速拉丁名字的音译。据《陕西通志》载，元朝时，贵族纳速拉丁"子孙甚多，分为纳、速、拉、丁四姓，居各省"。[②] 纳姓回族主要分布在云南和宁夏。

回族的马姓最多，"十个回回九个马"。马姓来源复杂，有的取自先民经名的首音译。还有的取经名中居中的"马"，如乌马儿、赤思马因、哲马鲁丁、默里马合麻等的后裔取中间的"马"，而阿合马后裔则取后部的"马"。也有的因谐音取马姓的，如吉雅谟底音，字元德，谟音与马相似，故名马元德；又如清代内务府回回玛苏哈，便以"玛"音而改马姓。还有一些因其他各种原因而改为马姓的。在回族马姓中，汇入了一些兄弟民族的马姓。回族这些"同姓不同宗"的马姓，极大地丰富了回族马姓的来源。

---

① 魏德新编著《中国回族姓氏溯源》，新疆大学出版社，1999。
② （明）马理等：《陕西通志》，三秦出版社，2004。

马姓在中国回族中占比例较大，在国外一些国家和地区也有分布。

撒姓也是回族中的大姓，据《撒氏宗谱》载："撒氏始祖居西域，为回纥人，后为唐平叛，因其功被封懋王，以居关中。"① 在回族中，经名带"撒"字头的比较多，如"撒都了""撒里蛮""撒特迷失""撒的迷失"等，这些都是撒姓的主要来源。撒姓回族主要分布在云南、河北、河南和西北广大地区。

哈姓作为"回族十三姓"之一，有"十个回回九个马，剩下一个就姓哈"的说法。哈姓来源于中亚布哈拉王族。哈姓回族主要分布在河北、江苏、湖北和西北等地。

沙姓为回族中的大姓。沙姓主要来源于回族先民经名的首音和尾音，在回族经名中，带"沙"的比较多。《新元史》中有"也黑迭儿，西域人……子马谋沙……子密儿沙、次木八喇沙……次忽都鲁沙……次阿鲁浑沙"②，这都是沙姓之源。沙姓回族主要分布在西北、江浙一带。

回族中的赛姓，源于中亚布哈拉王族，取自布哈拉王族后裔赛典赤·赡思丁的名字中"赛典赤"的首音。另外，明朝从阿拉伯国家来到西安、后又到上海松江传播伊斯兰教的宗教人士赛亦的·哈马鲁丁的后裔也以赛为姓，这应当是赛姓的又一分支。赛姓回族主要分布在云南和西北地区。

速姓取自赛典赤·赡思丁长子纳速拉丁名字的第二个字音。速姓回族主要分布在云南和西北地区。

忽姓取自其祖先名首音。赡思丁三子忽辛、纳速拉丁四子忽先的后裔有的以忽为姓。忽姓回族主要分布在云南。

闪姓为"回族十三姓"之一，据传来自赡思丁后裔的姓氏，也有一部分来自赐姓。历史上，回族闪姓中出现了不少文人，如明代的闪应雷、闪继迪、闪仲侗、闪仲俨等。闪姓回族主要分布在西北地区及河北、云南等地。

保姓回族出自赛典赤·赡思丁家族，主要分布在云南。

---

① 转引自魏德新编著《中国回族姓氏溯源》，新疆大学出版社，1999。
② 柯劭忞、屠寄：《新元史》，上海古籍出版社，2012。

回族中的木姓，主要取自经名之首音，如木八喇、木沙喇福丁的后裔就姓木。有一部分木姓也来自沐姓。木姓回族主要分布在云南、陕西。

苏姓大多取自经名首音，如苏里曼的后裔姓苏。也有来源于赐姓和改姓的，如明朝哈密使臣、锦衣卫指挥佥事速来蛮四世孙乌令班，便获赐姓名苏荣，其后以苏为姓。另外，元代福建泉州有一位自西域而来的穆斯林阿合抹，留居后取名苏唐舍，其后便以苏为姓。苏姓回族主要分布在西北地区。

郝姓为"回族十三姓"之一，主要分布在西北地区。

以上简要介绍了"回族十三姓"的来源。这十三姓均来自中亚布哈拉王族的后裔，有些姓氏中也加入了其他成分，成为古老的回姓。回族姓氏中，除了"回族十三姓"外，还有许多典型的回族姓，如回、海、虎、喇、黑、妥、买、剪、拜、改、朵、沐、仉、把、可、萨、喜、定、敏、者、洒、靠、羽、摆等回族专有姓，以及麻、白、满、蓝、洪、丁、右、宛、穆等与汉族等其他民族共有的回族姓。

回族中的回姓，取自回回族名，故有"回回姓回"之说。回姓原来为复姓，即回回，后来这一复姓逐渐演变成单姓。① 回族中的回姓主要分布在河北、辽宁和山东等地。

回族中的海姓，主要取自经名首音，如元代海鲁丁后裔姓海。回族海姓中的大族当属海南海氏家族。在宁夏同心韦州有一支海姓，为明末伊斯兰教经师海东阳之后。在甘肃和新疆有一部分海姓，源自元朝实边的"西域亲军"和"探马赤军"经名译音，与海南和中原地区的海姓不同源。海姓回族主要分布在中原、西北和山东等地。

回族中的虎姓，取自祖上经名首音。回族中的虎姓也有从"忽"谐音演变而来的。虎姓回族主要分布在西北等地。

回族中的买姓、麻姓也取祖上经名首音，买姓、麻姓回族主

---

① 魏德新编著《中国回族姓氏溯源》，新疆大学出版，1999。

要分布在西北地区。

丁姓也为回族古老的姓氏之一。丁姓大部分是来自先祖经名的尾音"迪尼",按汉语发音则可以译为"丁"。因为"迪尼"在阿拉伯文中是"宗教信仰"的意思,所以穆斯林多取与之有关的名字,丁姓回族分布在全国各地。

回族中的穆姓,主要来自经名首音,如经名"穆萨""穆罕麦""穆八喇沙"。穆姓回族主要分布在西北地区。

以上分析了回族主要姓氏,这些回族姓氏大多数来自其祖上的经名首音的音译,因而颇具民族特色。那么。回族中的姓氏张、王、李、赵、刘、杨、金、崔、周、曹来源为何呢?

回族中的张姓,主要源自赐姓。张姓回族分布在全国各地。

回族中的王姓,主要来自唐初到中国传播伊斯兰教的阿拉伯人"宛葛思"的谐音。王、宛、安、万的回族姓氏由此而来。王姓回族分布在全国各地。

回族中的李姓,主要源自赐姓。赐予回族的"李"姓,不仅唐朝有,明朝也有。李姓回族分布在全国各地。

回族中的杨姓,来源比较广泛。元代赛典赤·赡思丁之孙伯颜察儿,其后裔居宛平之羊中,故改羊姓,后又改为杨姓。明英宗时授官德州卫百户的西域回族虎林比失,其后裔为杨姓。在沈阳回族中,杨姓是大户,分支很多,相传有"六杨"。杨姓回族在全国分布很广。

中国回族姓氏,历经唐宋元明清千余年演变融合,已经基本中国化了。但是,这些回族姓氏中仍然保留着鲜明的个性和特性,是回族历史、文化的最可信的材料之一。

第二节 回族的名

任何一个社会成员的命名,都要遵循一定的规范,这个规范是以民族历史和民族文化为背景而约定俗成的社会法则。不同的民族取名的习俗不同,人名的结构形式也就不同。各个民族取名的习俗一旦形成，就具有相对的稳定性。当然，取名习俗并不是一成不变的，随着社会的变迁也被赋予时代特征。在某种程度上，社会成员取名内容的变化，就是反映社会形态观念变化的窗口。人类的姓名是建立在实践和认识的基础之上的，是社会、历史、文化的产物，直接或间接地参与了社会、历史和文化的生产或者再生产，姓名的功能及其相关活动对社会、历史、文化产生了很大的影响。回族以汉语为交际工具，回族姓名的构成特点与汉族基本上是一致的，但是，回族取名时毕竟以本民族文化为基础，以伊斯兰文化为内核。这就决定了回族姓氏的渊源、回族姓名的结构模式、回族取名的习俗以及回族名字中的文化内涵都带有浓厚的伊斯兰文化色彩。

回族通常有自己的经名，又叫回回名。回族取经名已经有很长的历史，并且它也成为回族取名行为中最能表现民族习俗的内容之一。取经名是回族伊斯兰情结的突出表现，具有鲜明的伊斯兰文化内涵也是回族宗教意识的突出表现。在回族中，经名最能增强民族亲近感。取经名不仅属于命名的简单范畴，更有民族文化背景。经名的选取，带有浓郁的伊斯兰宗教文化色彩，通常在婴儿出生后第三天或者第七天获得。取经名的意义就在于，奉真主的名义宣布初生者正式降临人世间，并且使其一出世便聆听到真主的召唤，成为一名穆斯林。可以这样认为，经名是伊斯兰教文化的结晶。回族形成后，以汉语为交际工具，回族姓名也随之趋于汉姓化。在与汉文化交融的过程中，回族恪守民族文化习俗，取经名就是回族命名和汉族命名的根本区别。这种有别于汉族的取名方式，是回族民族情感的昭示。经名的选取，以伊斯兰文化为标准，男的一般选取《古兰经》中提到的那些先贤先圣的名字，女的一般用圣母圣妻的名字，表示对受名者的尊敬，同时，也希望受名者能够成为先圣先贤、圣母圣妻那样具有完美的品行。使用较多的经名有阿丹、伊德力斯、努哈、呼德、撒力哈、易卜拉欣、鲁特、伊斯玛仪、伊斯哈格、叶尔古拜、穆萨、哈伦、尔撒以及法蒂玛、海蒂彻、哈芙赛、哈力麦等。在回族穆斯林心目中，这些人都是伊斯兰文化中"真、善、美"的化身，以这些名字命名，成为对受名者最理想、最美好、最崇高的祝福。经名的命取充分表现了伊斯兰文化在回族文化中的主导作用，也从一个侧面告诉我们回族笃信宗教的虔诚程度。

同时，我们还可以从经名的内涵中观察到回族的伦理道德观念。坚忍是回族崇尚的主要道德品质。伊斯兰教倡导教民坚韧不拔，在逆境中毫不气馁。坚忍已成为回族的理想性格特征。经名巴齐尔（勇敢的人）、麦克尼（强壮、坚强）、盖斯（坚定的）、古达麦（勇气）等就表达了对这种坚忍品德的执着追求。顺从主要指穆斯林在宗教信仰和道德行为方面都顺从真主的意志，"穆斯林"就是顺从真主者的意思。伊斯兰文化要求穆民要爱真主所爱、恶真主所恶，经名伊麻德丁（宗教的柱石）、穆耳台仪（顺从）以及哈法尼（忠诚的信徒）等都表现了这种顺从观念。慷慨是伊斯兰文化中涉及人际关系、心理调适、道德教化以及社会控制等多方面观念的综合品德。慷慨的伦理基础是宽容，慷慨的行为基础是大方、施舍，许多经名中就包含了这种品德观，如阿克弗（富于同情心）、希沙木（慷慨大方）、伊哈桑（善行）、穆哈希木（慈仁的、仁爱的）、赫伊里（仁慈的、慈善的）等。诚信是伊斯兰道德文化对穆斯林的基本要求，并把人与人之间的诚和信提到信仰的高度来认识，回族经名奈迪木（朋友）、拉米慈（信条）等就是这种诚信观的表现。无论是以伊斯兰先圣先贤、圣母圣妻的名字取经名，还是以伊斯兰所倡导的美德取经名，这些经名中都透视出了伊斯兰文化观念，是回族的心理特质和宗教观念在命名文化中的具体表现。

需要说明的是，回族的乳名、俗名与经名无关，如少儿时以祖父年龄命名的"五十子""四十子"和以排行命名的"二姐儿""三姐儿"等，与命取经名的宗教习俗没有多少关系。一般情况下，回族只取经名，很少起乳名；近年来，也出现了取乳名的现象，但有乳名的回族，一般也都有经名，经名可以替代乳名，乳名决不可以替代经名。经名是回族身份的标志，是伊斯兰宗教文化的结晶。经名的命取，要按照伊斯兰宗教程序进行；经名的选择，更要符合伊斯兰宗教文化观念。这些具有伊斯兰文化色彩的经名，有的甚至成为回族姓氏的渊源，如回族中的尤、羽、苏、舍、萨、木、穆、买、麦、满、麻、忽、海、艾、宝等姓氏，都来源于经名的音译，在前文中已列举了一些例子。由此可见，经名在回族姓氏文化中具有特殊地位。

回族聚居区的穆斯林，一般都有经名和"官名"。经名是阿拉伯文名，是典型的回回名；"官名"则是回族姓名汉姓化的结果。"官名"是乳名以外的正式名字，取"官名"在上古时期汉族社会就已经出现。古代儿童入学时，老师给起的名字就是"官名"，俗称"书名"，此后应考、出任即用这个名字。古人取名是有仪式的，对于命名的意义和方法，古人是这样认识的："名有五：有信、有义、有象、有假、有类。以生名为信，以德名为义，以类名为象；取于物为假，取于父为类。"（《左传·桓公六年》）古人除了取名，还要取字，名和字在意义上有一定的联系。现在名和字已经融合了，人们常把"名""字"连成一词。追根溯源，取"官名"是汉族的命名文化习俗，严格地说，回族先民并没有姓加名这种称谓形式，如元代政治家赛典赤、财政家阿合马、天文学家扎马刺丁、建筑学家也黑迭儿丁、伊斯兰经师夏不鲁罕丁等，他们都有回回名，并没有汉姓，他们的这些称谓还不能算作严格意义的姓名（即"官名"）。随着回族的形成，回族在与汉族长期交往以及通婚、通商中，不断接受汉文化的影响，表现在命名文化中就是一方面保留回回名，另一方面取汉姓，并采用汉名、字、号。元代作曲家马九皋，原回族名薛超五儿，后来他又取字昂夫，号九皋，汉姓马，又称马昂夫。元代负责管理海外贸易的蒲寿庚，"蒲"为阿语中"阿蒲"的译音，蒲虽然不是汉姓，但他起了一个"寿庚"的汉名。这种回族名字的变化，充分说明回族在保留民族文化习俗的同时，还不断吸收汉文化，促使回汉文化的不断交流和融合。

无论回族还是汉族，都有自己的"小名"和"官名"，只是回族的"小名"常常被经名替代；至于"官名"的构成形式，回族和汉族并没有严格的区别，就连官名的选择也基本趋同——男性一般取名忠、孝、仁、义、福、禄、寿、财、正、智、伟、武、文、雄、龙、虎等，女性一般取名兰、花、菊、秀、月、桂、萍、丽、芳、晶、玲、素、洁、淑、婉等，这些名字都深受中国传统文化观念的影响。当然，随着社会的变化，名字的内容也在不断变化。需要说明的是，回族"官名"虽然是在汉文化的影响下形成的，但仍然保留着一些自身民族的特色。一是由于回族姓氏和汉族姓氏的渊源大不一样，回族"官名"虽然也保留了"姓名"的基本格式，但姓氏内涵却并不相同。二是一些回族"官名"采用了"姓 + 经名"的独特形式，如马穆萨、田主麻、虎阿里等，在经名和"官名"的融合中，形成一种别具特色的回族"官名"。回族"官名"的使用，是回汉文化交融的结果。回族是一个文化兼容性较强的民族，回族文化在与汉族文化的交融中，丰富了自身的文化内涵，也极大地丰富了中华民族传统文化的内涵。在一定的社会历史时期，一个民族大多数成员的名字一般要遵循一定的法则和规范来命取，从而形成一种命名文化。姓氏名号是一个人特定的民族归属、血缘关系、男女性别、个人身份及其社会归属的标志。回族的来源包括多种民族成分，回族人名中国化内涵也丰富多彩，同时，这也在相当程度上增加了探讨回族姓氏起源的难度。

第三节　回族姓、名的文化意涵

　　回族姓氏文化是回族文化的重要组成部分，这种以伊斯兰文化为本体的文化，是伊斯兰文化流入中国后与中国本土文化相结合而形成的具有回族特色的文化。回族姓氏的渊源和回族人名的构成，都打上了民族文化的烙印。回族姓是从回族先民名字的音译而来；回族名既包括回族经名，也包括具有鲜明的回族特色的回族"官名"。这些姓氏、人名中，蕴含着非常丰富的文化要素，从中能够透视出回族历史文化的内容。一个社会成员的姓氏、人名也具有相对的稳定性。回族一般都有经名、"官名"，有的还有乳名。只是这些名字的使用范围是和各个生活阶段的变化相适应的。回族一般幼年时只用经名；青少年时期在家庭和宗教场合使用经名，在正式社会场合使用"官名"，经名的使用范围仍然比较广泛；成年后，很少用经名，只在特殊的宗教场合和外交场合才使用经名，一般使用"官名"。随着时代的发展，回族的取名习俗也在变化，给回族命名文化赋予了时代的特征。

从回族经名、官名特征中，可以管窥回族姓氏文化的民族性、多元性、传统性和现代性等诸多文化特征。对回族经名的认识，需要以对回族文化的理解为基础。伊斯兰教在回族文化中处于主导地位，这决定了回族经名从内容到形式上带有宗教色彩。虽然这些经名表现为汉译形式，但是，其中所表现出来的伊斯兰教文化情感却是经名的汉译形式难以体现的。因此，理解回族经名，就要理解回族文化，仅仅通过音译手段去了解回族经名，那也只能是表面的理解。回族经名中包含着语言、人文、心理、宗教、民族、社会等诸多深层文化要素，需要透过经名的表象去认识。如果说回族经名表现了伊斯兰文化情感，那么，回族官名则表现出回族文化的兼容性和多元性，表现了回族文化和汉儒文化的有机结合。在人类历史发展的各个阶段，姓名都会表现出不同的特点，甚至发生本质的变化，因为一个民族的历史是互动的过程，没有哪一个民族的历史是由该民族单独创造的，世界上也不存在纯粹的匀质族群文化，民族的接触导致姓名的不断变化，不同民族的姓名内容和形式随着民族文化的交流而彼此影响。应该承认，在充分保证传统姓名文化及民族心理的前提下，回族经名和"官名"从内容到形式也都发生了一些变化，主要表现在两个方面：一是单纯用经名取代乳名的现象已经日趋淡化，经名、乳名同时存在的双小名现象已经十分普遍，表现出回族姓名文化在现代文化理念冲击下出现了变异；二是回族用"官名"来"别民族"的现象也日趋减少，传统的回族"官名"仍然带有一定的民族色彩，现代回族"官名"中，这种色彩正在减弱。

第四节　回族姓、名举例

一　回族姓氏

* 阿

阿姓回族主要分布在西北地区，其姓氏主要来源于回族经名。回族穆斯林中以"阿"起头的经名很多，如阿剌浅、阿剌瓦而思、阿里罕、阿思兰、阿菡实、阿都赤、阿都剌、阿里、阿合马、阿答兀丁等。

* 艾

艾姓回族主要分布在河南、河北和江苏等地。回族中的艾姓，主要来源于回族经名的首音。

* 把

把姓回族主要分布在西北部分地区。回族中的把姓，大多来自明代入附者和贡使经名的首音。如景泰三年（1452 年）有入附者把把，景泰五年（1454 年）有从撒马尔罕（今属乌兹别克斯坦）入附的把好丁；嘉靖四十一年（1562 年）的贡使把部利朵思麻，不仅在中国娶妻生子，而且还授职指挥佥事。明代还有位西域使者把把赛。

* 白

白姓回族分布范围较广，人口数量也较大，白姓是回族大姓之一。关于回族白姓的来源，有多种说法。一是来源于祖先姓氏的对音。如广西桂林的白姓回族，一般认为其祖先是伯笃鲁丁，其后代就以"伯"为姓，"伯"与"白"对音，后来就改伯姓为白姓。二是来源于赐姓。据《新元史·氏族表》[1] 记载，西域人伯德那之子察罕，元仁宗赐其白姓。《明孝宗实录》《锦衣卫选薄》记载，明代哈密人哈只阿力，英宗北狩时有翊戴之功，后英宗复辟，哈只阿力举家内附，任锦衣卫指挥佥事。卒后，其子阿讨剌

---

① 柯劭忞、屠寄：《新元史》，上海古籍出版社，2012。

袭职，赐姓白。陕西丁也是哈密回回人，初居甘州（今张掖），任指挥使，后迁居北京，为锦衣卫百户，嘉靖六年赐姓白，名勇。[①]

＊摆

摆姓回族主要分布在西北地区，是回族常见姓氏。回族中的摆姓，主要来源于祖先的经名。传说于唐代天宝元年（742 年）进入中国、在长安县子午巷（化觉巷）任掌教的西域回部人摆都而的，其后人取其姓名中的摆为姓，摆姓也成为西北回族的主要姓氏之一。

＊拜

拜姓回族主要分布在西北地区，是西北回族的主要姓氏之一。拜姓为回族古老姓氏，主要来源于祖先名的首音。

＊宝

宝姓回族主要分布在西北地区和云南等地。回族中的宝姓，主要来源于回族经名的首音，如宝合丁、宝童、宝哥等。

＊保

保姓回族主要分布在西北大多地区和云南一带，为西北回族大姓之一。回族中的保姓来源比较复杂。一种说法是保姓回族源自赛典赤·赡思丁家族，属于"回族十三姓之一"。另一种说法是该姓跟蒙古有关，昭通《保氏族谱》称："吾族原于蒙古，初以特穆尔为氏，元之右族也。自库库台特穆尔尊号保保，而入滇始祖以阿保名，于是改姓保氏。"[②] 只是这个蒙古指的是蒙古族，还是古蒙古国，尚无定论。

＊比

比，回族姓氏之一，但并不多见，云南一带有这一姓氏。

＊卜

西北地区有回族卜姓，但不多见。回族中的卜姓主要源于改姓。相传元末明初，明太祖为惩罚蒲寿庚，对蒲氏家族进行了迫

① 转引自魏德新编著《中国回族姓氏溯源》，新疆大学出版社，1999。
② 转引自魏德新编著《中国回族姓氏溯源》，新疆大学出版社，1999。

害，"蒲姓恐被株连，故相率改为卜姓"。① 这是因为蒲、卜音近而改姓。另外，明洪武中入附回回儿只，因"使倒剌沙、撒马儿罕（今属乌兹别克）功官百户，占籍嘉定。后改姓卜，曾孙卜相、相侄永正、永正子升世代袭职，为嘉定回回世族。"②

*达

达姓回族主要分布在江浙、广东和宁夏一带，人口数量不多。回族达姓主要来源于赐姓。南方回族达姓主要源于成吉思汗西征时，波斯人毋把拉沙随父入华，居在台州，拜南宋遗民周仁荣为师，刻苦攻读汉语文，后来在乡试中考取榜首，次年又在廷试中考取进士及第，授江南行台监察御史，后又拜中台监察御史。文宗帝赐蒙古姓名达不华，其后裔就以"达"为姓。西北回族的达姓主要源于明万历年间的西北名将达云的祖上，达云出身于凉州卫武将世家，其祖上为西域回回贡使，留河西不归，其后代后来发展成为西北达姓回族。

*答

答姓回族分布于全国各地，答姓是回族中的重要姓氏。回族中的答姓主要来源于赐姓。据《答氏宗谱》记载，答姓回族的祖先来自西域，于元世祖至元癸巳（1293 年）深得国君赏识，获赐答姓。到了洪武二十四年（1391 年），答氏四世祖答失蛮定居湖北。答姓回族后散居于各地。

*党

党姓回族主要分布在山东、河南及西北一些地区。回族中的党姓，主要来源于古代少数民族姓氏。公元 1038 年党项首领李元昊建立西夏国，后一些党项人逐渐融于回族当中，并且延用党姓。

*邸

邸姓回族主要分布在山西、内蒙古和北京的一些地区。回族中的邸姓，源于民族融合，是在明永乐年间实行移民政策时由外地迁往山西太原的。山西太原的回族十大姓中就有邸姓。

---

① 转引自魏德新编著《中国回族姓氏溯源》，新疆大学出版社，1999。
② 转引自魏德新编著《中国回族姓氏溯源》，新疆大学出版社，1999。

*丁

丁姓回族分布在全国各地，丁姓是回族的传统姓氏，人口较多。丁姓的来源有多种说法，但主要来源于先祖经名的尾音"迪尼"。"迪尼"在阿拉伯文中表示"宗教信仰"的意思，穆斯林多取与之有关的名字，如安拉·迪尼、舍木颂·迪尼、纳速剌·迪尼等。"丁"是"迪尼"的另一音译。在元代，回族人名尾音带"丁"的相当多，于是他们中间一些人的后代便取"丁"为姓。丁姓中最大的一支，当源于赛典赤·瞻思丁家族，因其子孙甚多，分为纳、速、拉（喇）、丁等姓，在国内分布很广。

*定

回族中的定姓，人口虽不多见，却分布在全国十多个省、直辖市、自治区，定姓是回族古老的姓氏之一。回族中的定姓，是以穆斯林的谱系为基础而改写的汉字单姓。

*朵

朵姓回族主要分布在西北地区。回族中的朵姓，主要来源于回族阿拉伯语经名首音。如明宣德年间从西域进入中国贡狮、后来留居在北京的朵思麻，其后代就以朵为姓。

*尕

回族中的尕姓，主要分布在陕西、新疆、青海等地的回族聚居地区。回族中的尕姓来源比较复杂，主要源自伊斯兰教法官"尕最"的首音。另外，明清时回族穆斯林把自中亚而来、精通《古兰经》诵读的学者及在清真寺里担任初级经文教学的阿訇，称为"尕阿訇"，这也是少数尕姓的来源。还有个别尕姓也来自信仰伊斯兰教的藏族同胞。

*改

改姓回族主要分布在西北地区。回族中的改姓，主要来源于改姓或者赐姓。相传改姓的先祖是麦加人，所以人们一般认为改姓是由"名改姓"而来的，也有人认为是为求仕途入官者得到的赐姓。

*古

古姓回族主要分布在江苏和河南等地，在西北的回族聚居地区也有不少古姓。回族中的古姓，来源于其先祖名字的首音，主要来自由唐初进入中国、后来在天宝十四年（755年）任大将军的古都白丁。

* 哈

哈姓回族分布在全国各地，以西北地区最多，是回族中的大姓，位列"回族十三姓"之一，也是回族古老的姓氏。回族哈姓主要来源于中亚布哈拉王族。哈姓回族历代英才辈出，元代官员中著名的有哈散、哈辛、哈伯、哈八石、哈八失、哈儿沙、哈海赤、哈黑丁、哈麻、哈迷都丁等。在明代官员中，有哈林、哈铭、哈直、哈维新、哈斯哈，以及随同郑和一同下西洋的大掌教哈三等。到了清朝，有武昌水师提督哈应，其子是曾任云贵川总督的哈元生，其孙哈尚德在乾隆初年任总兵。另外，先后任过湖广提督和贵州提督的哈攀龙，其太祖哈先闻、祖父哈云、父亲哈世荣均任通议大夫等职。

* 海

回族中的海姓主要分布在西北地区，在河南、河北、山东等地也有。海姓是回族中的大姓，也是古老的回族姓氏。海姓主要来源于阿拉伯语经名的首音。如元代的海鲁丁的后裔姓海。海南海氏回族，其先祖海答儿，于明洪武十六年（1383年）从军到海南，后定居在琼山，著名政治家海瑞就是海氏家族后裔。在西北地区，宁夏同心县韦州镇也有海姓回族一百多户，这一支海姓为明末伊斯兰教经师海东阳之后。现今海家老坟上还有立于清康熙四十三年（1704年）纪念海大师的石碑。在甘肃和新疆亦有一少部分海姓，这部分海姓源自元朝时屯戍垦边的"西域亲军"和"探马赤军"的经名译音，与海南和中原地区的海姓不同源。

* 黑

黑姓回族在西北地区分布较广，也属于大姓。回族中的黑姓，来源比较复杂，有来源于经名的，也有来源于赐姓的，还有来源于改姓的。相传修建元大都的也黑迭儿丁的后裔姓黑。又据重录于明崇祯五年（1632年）的沈阳《黑氏家谱》载："吾族之源，乃唐贞观时西征吾国，至西域，未及攻斗，乃两国议和，互相各换士卒三千为质。吾原系西域一头目，及至面君，蒙授职亲军指挥。祖原名黑资哩，故赐黑为姓。"① 元代任丹阳县达鲁花赤的黑的儿，清代任象山协副将的黑鸣凤、任山西大同守备的黑永德，都是不同祖源的黑姓。另外，还有一些黑姓是由明朝皇帝赐给的朱姓转化而来的。

*忽

忽姓回族主要分布在云南，为古老的回族姓氏，也属于"回族十三姓"之一。回族忽姓主要来源于回族经名的首音。元代赡思丁三子忽辛、纳速剌丁四子忽先的后裔有以忽为姓的。在元代，著名的营养学家忽思慧也是回族。元代回族中，名字以"忽"字为首字者众多。清代张澍在《姓氏寻源》中也指出："陕西蒲城多忽氏，当为元忽都、忽辛之后。"② 又据金吉堂《回教民族说》称："忽先或忽辛之后裔姓忽。"③

*呼

呼姓回族在西北地区较多，主要分布在宁夏。回族呼姓主要来源于我国古代鲜卑人，因为民族交融、战争及其他一些原因，部分鲜卑人融于回族，就把呼姓也带入回族姓氏之中。

*虎

虎姓回族分布在全国各地，以西北地区为主，虎姓也是回族中的大姓。回族中的虎姓，主要来源于祖上经名首音。如明代西域人忝克里别儿的，入中国居南京任职锦衣卫副千户，其子虎歹别儿，以虎为姓，有孙虎先、虎马镇、虎梦解、虎如声、虎承瑞等。元明时将回族名首音译为"虎"字的还有撒马儿罕人虎歹达、康里人虎秃思等。回族虎姓也有从谐音字演变而来的，如赡思丁三子忽辛、纳速剌丁四子忽先，其后裔有以忽为姓者，也有改为虎姓者。虎姓回族还有以祖上官职为姓的。

---

① 转引自魏德新编著《中国回族姓氏溯源》，新疆大学出版社，1999。
② （清）张澍编纂《姓氏寻源》，岳麓书社，1992。
③ 转引自魏德新编著《中国回族姓氏溯源》，新疆大学出版社，1999。

＊回

回族中的回姓主要分布在河北、辽宁、吉林和山东等地，是富有民族特色的姓氏。回族中的回姓，来源于回族的民族称谓，因此有"回回姓回"的说法。回姓本来是一个复姓，即回回，后来逐步演变成了单姓。

＊翦

翦姓回族主要分布在湖南及河南、宁夏等地。回族中的翦姓来源比较复杂，有赐姓、改姓、其他民族姓氏融入等多种情况。相传明洪武五年（1372 年），受朱元璋调遣率军南下任常德指挥使的维吾尔族将领哈八十（翦八十），因守边有功，明太祖朱元璋赐给他剪姓，并封给良田 1170 亩，世代定居，繁衍后代。后来，剪氏的后人因剪字不雅，改为翦字。由于维吾尔族和回族信仰相同，生活习惯相近，故在长期的交往中，特别是通过联姻，部分维吾尔族的翦姓便融入了回族当中。

＊金

金姓回族分布在全国各地，以西北地区最多。回族中的金姓，主要来源于阿拉伯语经名和赐姓、改姓等。一种说法是金姓祖上在天方国，名亦不喇金（古时将"易卜拉欣"译为亦不喇金，金姓就取自名后的"金"字），后来移居撒马儿罕，唐贞观年间进入中原，金氏家庭也不断壮大。在元文帝至顺三年（1332 年），西域穆斯林金吉平乱有功，被授于武略将军左副翼万户府上千户，赐符节镇守泉州，为泉州金姓回族先祖。另外，也有一种说法是金姓回族来源于赐姓，明代著名诗人金大车的先祖为麦加人，东来后居永平（治所在今河北省卢龙），明太祖赐姓金。也有个别回族金姓来源于改姓。据《中国回族大词典》记载，清代归附回回胡达哩，"原为内务府回子，后改姓金氏，遂为金姓回民之一支"。[①]

＊喇

喇姓回族主要分布在甘肃临夏、青海等地。回族中的喇姓，

---

① 邱树森主编《中国回族大辞典》，江苏古籍出版社，1992。

主要来源于祖上的经名中的字，如赛曲赤·赡思丁长子纳速拉丁的"拉"字。元朝初，贵族纳速拉丁子孙众多，就从中分为纳、速、拉（喇）、丁四姓，居住在各地。

＊拉

回族中的喇姓，主要来源于祖上的经名中的字，是由赛典赤·赡思丁长子纳速拉丁的名字演变而来。

＊剌

剌姓虽人口不多，却是一个古老的回族姓氏。剌姓主要来源于祖上经名。早在元代，就有了回族剌姓，如元统元年（1333 年）进士任温州路录事司达鲁花赤的剌马丹、泰定四年（1327 年）任镇江圌山巡检司巡检的剌马丹，在元代的官员中还有剌马失干、剌速蛮、剌哲、剌剌等。

＊兰

兰姓回族分布在全国各地，以西北地区为主。回族中的兰姓，主要来源于祖上姓名中的字，一般认为兰氏家族来自元朝官员谙都剌家族。据《回族人物志》记载，"谙都剌，字瑞芝，生于至元十三年（1276 年）。祖父阿思兰，元初从大将阿术伐宋，转战河南、江北各地，官至冀宁路（治所在今山西太原）达鲁花赤。子孙因其名兰，或以兰为氏"。[1]

＊麻

麻姓回族主要分布在西北地区。回族中的麻姓，多取自祖先经名首音。如麻速忽、麻合马之后裔姓麻。在明代，回族"麻氏多将才"，故有"东李（铁岭朝鲜族）西麻"之誉。在山西大同任参将的麻禄家族中就有麻锦（宣府总兵官）、麻贵（宁夏总兵）、麻承恩（大同总兵官）、麻承诏（宁夏参将）等。

＊马

马姓在回族中所占比例较大，所以就有"十个回回九个马"的说法。回族马姓来源也就比较复杂，主要来自祖先经名的首音，

---

[1] 白寿彝主编《回族人物志》（上），宁夏人民出版社，1988。

也有赐姓、改姓、谐音、其他民族姓氏融入等多种情况。以经名为来源的，与穆罕默德的称谓有关，穆罕默德在中国历史上曾被一名多译，如马罕默德、马哈迈德、马哈马、马合麻、马哈木、马哈默等。这些都和回族马姓的来源有关。另外，回族经名中的穆萨等，在翻译时也向"马"靠近，如将其译成"马沙"等，这也是回族马姓的来源之一。回族中的马姓，还有一些是因各种原因改作马姓的。这些"同姓不同宗"的马姓，极大地丰富了回族马姓的来源。在回族马姓中，也汇入了一些兄弟民族的马姓，还有相当一部分是赐姓。

＊买

买姓回族主要分布在西北地区，买姓是西北回族中的常见姓氏，也是比较古老的回族姓氏。回族中的买姓，主要来源于祖上经名首音。在元代至正四年到至正七年（1344～1347 年）任中政院使海道万户府达鲁花赤的买述丁，先世为不花刺人，太祖时随父入关，为政期间削减赋税劳役、革除官场弊端、禁官府压价购民财、备银赈灾，功绩十分卓著，买述丁的后代以买为姓。

＊麦

麦姓回族主要分布在西北地区。回族中的麦姓，主要来源于祖先经名首音。相传回族中的麦姓和买姓同源，在元代，有任中书平章政事的麦术丁（麦术督丁）和任义乌县达鲁花赤的麦术丁。麦术丁又可翻译成"买述丁"，所以，麦和买姓是有一定的同源关系的。

＊满

满姓回族主要分布在山东、河南一带。回族中的满姓，主要来源于祖先经名的首音。"满苏尔"（又译为"曼苏尔"）表示"胜利者"的意思，是伊斯兰教历史上著名的阿巴斯王朝第二任哈里发，他原名为艾布·贾法尔，是阿巴斯王朝的实际开创人。回族穆斯林多以满苏尔（曼苏尔）为经名，其首音也就成了回族满姓的主要来源。

＊沐

回族中的沐姓主要分布在云南。回族沐姓，主要来源于祖先经名首音。最晚在明代以前，就有木八剌或木沙剌福丁、穆古必立、穆鲁丁等穆斯林的后代以沐为姓。在明代，深受明太祖器重的沐英，其后代就以沐为姓，而且沐氏成了当时回族中的大族，沐英的后裔中，就有沐昂、沐春、沐晟、沐斌、沐磷、沐天波、沐朝辅、沐朝弼等著名的将官。

＊穆

回族中的穆姓主要分布在西北地区，这也是一个古老的回族姓氏。元代穆古必立的后代大多以穆为姓。回族中的穆姓，主要来源于经名的首音。回族穆斯林中常见的经名就有穆萨、穆罕默德、穆罕麦、穆八剌沙等，这些都是回族穆姓的来源。

＊纳

纳姓回族主要分布在云南和宁夏。在宁夏永宁，就有著名的纳家户村，纳姓是西北回族中的望族。回族中的纳姓，主要来源于祖先经名中的字，一般认为取自赛典赤·赡思丁长子纳速拉丁名字的首音。

＊撒

撒姓回族主要分布在云南、河北、河南和西北地区。撒姓是回族中的大姓，属于"回族十三姓"之一。回族撒姓主要来源于祖先经名。回族撒姓祖先居住在西域，后来进入中原，其后代就以祖上经名中的首音为姓。在回民穆斯林中，经名首音为"撒"字的比较多，仅元代有史料可查的官员就有撒都丁、撒里蛮、撒特迷失、撒的迷失等，其中以撒的迷失为经名的就有百人之多，这些都是撒姓的主要来源。

＊萨

萨姓回族主要分布在福建和西北地区。回族中的萨姓主要来源于祖先波斯语的经名译音，如元代著名诗人萨都剌、萨都剌的弟弟萨野芝以及其子萨仲礼、萨仲明等都以"萨"为姓。一般认为萨姓回族的祖先来自西域，后来徙居福建。

＊赛

赛姓回族主要分布在云南和西北地区。回族中的赛姓，来源于祖先经名中的音译。回族赛氏家族，一般认为有两个族源。一个是来源于赛典赤·赡思丁。元朝初年，布哈拉王族后裔赛典赤·赡思丁受封咸阳王，并出任陕西五路西蜀四川和云南行省平章政事。至元年间，赛典赤病逝，留有五子廿三孙，分别以"纳、马、撒、哈、沙、赛、速、忽、闪、保、木、苏、郝"为姓，这就是著名的回族十三姓，赛姓便是这"十三姓"之一，所以，回族赛姓取自赛典赤的首音。另一个是来源于赛亦的·哈马鲁丁，他于明永乐三年（1405 年）从阿拉伯国家到西安化觉巷清真寺任教长，后来到松江清真寺并首任教长。

*沙

沙姓回族主要分布在西北、江浙地区。沙姓为回族中的大姓，也是一个古老的回族姓氏，属于"回族十三姓"之一。回族沙姓主要来源于其祖先经名中的译音，大多取自经名中的首音和尾音，也有来源于赐姓的。在回族经名中，带有"沙"的比较多，如元代就有谋沙、子密儿沙、次木八喇沙、次忽都鲁沙、次阿鲁浑沙等，这些都是沙姓之源。波斯语中"沙"表示的是"王"的意思，波斯国王旧称"沙因沙"，义为"万王之王"。沙姓中也有赐姓，相传明代的舍班是古里国回回，入附授南京锦衣卫镇抚，宣德五年（1430 年）出使西域，因为功绩显赫而升为副千户，并赐姓沙，名班。另外，"舍"和"沙"也是谐音。

*舍

舍姓回族主要分布在广西桂林及西北地区。舍姓主要来源于回族经名的音译。历史上以"舍"为经名首音的穆斯林相当多。元代任宜兴州、广州路同知和句容县达鲁花赤的两位舍利甫丁，任镇江府路总管府同知府事、同知建康路总管府事的舍里甫丁，福建泉州清净寺财产监管和回族巨商也分别为舍剌甫丁·哈悌卜和舍剌甫丁·梯卜雷则；在明代归附的回族和贡使当中，有舍黑马黑麻、舍班、舍力班和两位同名的舍剌夫丁，这些都是回族舍姓的主要来源。

*速

速姓回族主要分布在云南和西北地区，是一个古老的回族姓氏，也是"回族十三姓"之一。回族速姓主要来源于祖先经名的音译，一般认为取自赛典赤·赡思丁长子纳速拉丁名字中第二个字的音。

＊锁

锁姓回族主要分布在西北地区。回族中的锁姓来源比较复杂，一种说法是来源于祖先的经名，另一种说法是来源于居住地的名称。据薛文波《回回姓氏考》，明代诗人锁坚的名字是中亚撒马耳汗城的对音。[①] 撒马耳汗是中亚地区的名城，因其来自撒马耳汗即名为锁坚，是因地名而成人名，可见回族锁姓是因为居住地而成为姓氏的。

＊帖

帖姓回族主要分布在西北地区。回族中的帖姓，一部分来源于经名的音译，一部分来源于蒙古名"帖木儿"的首音。元代，蒙古帝国征服了欧亚非地区的一些国家后，大批阿拉伯人和信仰伊斯兰教的欧亚人也随之进入了中国，他们中的一些人便取当时掌握了政权的蒙古族名字"帖木儿"，如帖木迭儿、帖睦烈思、明里帖木儿、哈达帖木儿、完泽帖木儿等。一般认为，回族姓氏中的脱、妥、铁、帖、达、朵、贴、燕、何、塔、忽、萨、合、和等姓氏，大多都源于蒙古人的名字。

＊伍

伍姓回族主要分布在江浙和湖南等地，在西北地区也有伍姓回族。回族中的伍姓，祖上来自西域，后来发展成为金陵伍氏大族。据《伍氏家谱》[②] 记载，伍姓始祖伍儒，原籍西域撒马尔罕，明洪武二年（1369年）自北平奉诏迁居金陵城中天津街，授职钦天监刻漏科。伍氏自伍儒起连续六世皆任职于钦天监，任博士、司历等职，有"博士官六代"的美誉。伍氏后代人丁兴旺，人才辈出，著名的有伍遵契、伍长华、伍崇仁、伍崇学等。

---

① 薛文波：《回回姓氏考》，《宁夏大学学报》1981年第1期。
② 转引自魏德新编著《中国回族姓氏溯源》，新疆大学出版社，1999。

* 鲜

鲜姓回族主要分布在北京、江苏、甘肃、青海和宁夏等地。回族中的鲜姓主要来源于祖先的经名。相传鲜姓先祖是西域回纥人，宋金以前便迁入内地，其后代先居住在江浙一带，后迁往甘青宁地区。今北京、江苏、甘青宁的鲜姓有同一祖源。

* 伊

伊姓回族主要分布在北京、天津等地。回族中的伊姓主要来源于回族经名的首音，也有来源于改姓的。源于经名的取自伊斯兰教圣人"伊布拉欣"名字首音。回族中的伊姓也有来自改姓的，如清代内务府回回人密咱按布，改姓伊，遂成为了回族伊姓的另一支。

二 回族经名

* 阿里（عَلِيّ）

回族男性经名。

* 阿齐兹（عَزِيزّ）

回族男性经名，表示力量、伟大等意义。

* 巴里（عَبْدُ البَاري）

回族男性经名，表示造物主的仆人。

* 哈迪（هَادِي）

回族男性经名，表示向导的仆人。

* 哈格（عَبْدُ الحَقُّ）

回族男性经名，表示真理的仆人。

* 哈基木（عَبْدُ الحَكِيم）

回族男性经名，表示聪慧的仆人。

* 哈希卜（عَبْدُ الحَسِيبِ）

回族男性经名，表示被尊崇者之仆。

* 凯里木（عَبْدُالكَريم）

回族男性经名，表示高贵之仆。

* 拉菲尔（رَفِيعّ）

回族男性经名，表示才智、尊重。

* **拉希德**（رَشِيدٌ）

回族男性经名，表示正确的引路人之仆。

* **赛俩木**（عَبْدُ السَلَام）

回族男性经名，表示和平之仆。

* **哈里格**（عَبْدُالْخَالِق）

回族男性经名，表示造物主之仆。

* **阿布德**（عَابِدٌ）

回族男性经名，表示礼拜者。

* **阿丹**（آدَمُ）

回族男性经名，也是圣人名。

* **艾米尔**（أَمِيرَةُ）

回族男性经名，表示领袖、王子。

* **巴赛木**（بَاسِمٌ）

回族男性经名，表示喜气洋洋的。

* **白舍尔**（بَشِيرٌ）

回族男性经名，表示欢乐。

* **布尔汗**（بُرْهَانٌ）

回族男性经名，表示考验、证据。

* **阿西木**（عَاصِمٌ）

回族男性经名，表示保护人。

* **法迪**（فَادِي）

回族男性经名，表示赎罪者。

* **法希尔**（فَاخِرٌ）

回族男性经名，表示自豪的、优越的。

* **哈桑**（حَسَنٌ）

回族男性经名，表示美丽。

* **哈帖木**（حَاتِمٌ）

回族男性经名，表示评判。

* **希沙木**（هِشَامٌ）

回族男性经名，表示慷慨大方。

* **侯赛因**（حُسَيْنٌ）

回族男性经名。

* **易卜拉欣**（إبْرَاهِيمُ）

回族男性经名，也是圣人名。

* **易德里斯**（إدْرِيسُ）

回族男性经名，也是圣人名。

* **伊麻德**（عِمَادٌ）

回族男性经名，表示支持、柱石。

* **伊萨**（عِيسَى）

回族男性经名，也是圣人名。

* **易斯哈格**（إسْحَاقُ）

回族男性经名，也是圣人名。

* **伊萨姆**（عِصَامٌ）

回族男性经名，表示保护、捍卫。

* **伊斯玛仪**（إسْمَاعِيلُ）

回族男性经名，也是圣人名。

* **曼苏尔**（مَنْصُوٌ）

回族男性经名，表示援助、胜利。

* **麦尔旺**（مَرْوَانُ）

回族男性经名，古阿拉伯人名。

* **穆罕默德**（مُحَمّدٌ）

回族男性经名，意为被赞颂，也是圣人名。

* **穆萨**（مُوسَى）

回族男性经名，也是圣人名。

* **努哈**（نُوحُ）

回族男性经名，也是圣人名。

* **苏莱曼**（سُلَيمَانَ）

回族男性经名，也是圣人名。

* **素欧德**（سُعُودُ）

回族男性经名，意为福祉。

* 欧米尔 （عُمَرُ）

回族男性经名，古阿拉伯人名。

* 瓦希德 （وَاحِدٌ）

回族男性经名，表示独一的、独有的、唯一的。

* 萨比尔 （صَابِرٌ）

回族男性经名，表示忍耐的。

* 赛里木 （سَلِيمٌ）

回族男性经名，表示安全。

* 舍利夫 （شَرِيفٌ）

回族男性经名，表示知名的、高贵的。

* 优素福 （يُوسُفُ）

回族男性经名，也是圣人名。

* 扎菲尔 （ظَافِرٌ）

回族男性经名，表示胜利。

* 扎希德 （جَاهِدٌ）

回族男性经名，表示节俭的，苦行者。

* 阿菲法 （عَافِيَة）

回族女性经名，表示贞洁的意思。

* 阿依德 （عَائِدَةُ）

回族女性经名，表示探访、回应等。

* 阿依莎

回族女性经名，表示活泼、幸运。

* 阿里娅 （عَالِيَة）

回族女性经名，表示高贵。

* 艾麦拉 （أَمَلَى）

回族女性经名，表示希望。

* 艾玛尼 （أَمَانَة）

回族女性经名，表示信誉。

* 艾米娜 （أَمِينَة）

回族女性经名，表示忠实的。

* 艾米尔 （أَميرَةُ）

回族女性经名，表示公主。

* 阿娜妮 （عَنَان）

回族女性经名，表示云。

* 艾妮塞 （أنيسَة）

回族女性经名，表示温柔的。

* 拜希麦 （بَسيمَة）

回族女性经名，表示含笑者。

* 法依则 （فائزَةُ）

回族女性经名，表示优胜者。

* 法丽哈 （فرحَة）

回族女性经名，表示幸福，欢乐。

* 法图麦 （فاطِمَة）

回族女性经名，也是先知穆罕默德之女的名字。

* 法图娜 （فاتِنَة）

回族女性经名，表示很有魅力。

* 哈丽麦 （حَلِمَة）

回族女性经名，表示和缓、忍耐。

* 哈妮发 （حَنيفة）

回族女性经名，表示忠诚的信徒。

* 海妮耶 （هَنيئَة）

回族女性经名，表示高兴的、幸福的。

* 穆娜 （مُنَى）

回族女性经名，表示希望、愿望。

* 娜依麦 （ناعِمَة）

回族女性经名，表示快乐舒服的生活。

* 努尔 （نُورُ）

回族女性经名，表示光。

* 丽玛 （ريمَا）

回族女性经名，表示白羚羊。

* **索法**（صفى）

回族女性经名，表示清澈、纯洁、宁静。

* **塞海莱**（سَهْلَة）

回族女性经名，表示温柔、柔软的（地面）、流畅的（式样）。

* **萨丽哈**（صَالِحَة）

回族女性经名，表示好、有用。

* **塞丽麦**（سَلِمَة）

回族女性经名，表示安全、健康。

第六章　回族地名、亲属称谓的
文化解读

　　地名既属于地理学的研究范围，也是一种文化现象，同时也是语言学家的研究对象，因为它反映了民族的地理历史和语言文化，也反映出民族的风俗习惯和道德观念等。许多地名还与社会经济活动密切相关。从这些地名里，我们可以看到过去的社会、经济活动的各种情况。北京的许多街名、胡同名就同明清时代北京的社会经济活动有密切联系。我们从地名可以看出北京畜牧业兴旺的历史事实。元代，游牧民族入主中原，带动了畜牧业的繁荣发展，进而影响到北京的经济生活。因而，北京就有了许多带"马""羊"等的地名，如马市桥、瘦马营、骡马市、马甸、马道胡同、马道口、羊市口、养羊胡同、羊毛胡同、羊尾胡同、羊圈胡同等。从北京的地名还可看出其他商业交易活动，例如花市大街、米市口、珠宝市、缸瓦市、灯市口、菜市口、鲜鱼口、磁器口、棉花胡同、豆腐巷、金鱼胡同、烧酒胡同、绒线胡同等，这些地名反映出老北京城的市场上经营花、米、珠宝、缸瓦、灯、菜、瓷器、棉花、豆腐、煤、锣鼓等商品，品种繁多，大多是人们日常生活所需要的。

　　中国的地名还反映出中国社会重宗族礼制、求昌盛太平的社会心态。中国传统文化中，宗法观念根深蒂固，老百姓把家族的居住地当作乐土。在封建社会长期存在的自给自足的小农经济中，同族同姓的人往往聚居在一起，形成一个村落，这些村落就很自然地用姓氏命名。例如，以"王"姓为名的地名有王村、王庄、王家店、王家屯、王家岗、王家集、王家镇、王家沟等。以"张"

命名的村庄地名有张村、张店、张寨、张集、张家庄、张家口、张家沟等。中国姓氏有几百个之多，几乎每个姓都有很多地名，遍及全国各地。另外，人们求太平安宁、繁荣昌盛的心态也可在地名中寻找到线索。在中国漫长的历史进程中，烽火连年、战乱不断，百姓不得安宁，因而人们把"太平安宁"作为人生的美好理想。这种社会心态体现在许多有"太平""永平""永宁""永和"等字眼的地名中，例如太平店、太平街、太平岭、永安州、永安镇、永和关、永和镇等。另外，有些地名喜用寿、吉、昌、福一类的吉祥词语，寄托了人们祈求幸福、昌盛、吉利的良好愿望，如寿安山、寿春府、万寿山、吉安县、吉利河、昌平县、昌乐县、福山、福田、福州等。

地名还可以反映出民族迁徙和民族文化交流的历史踪迹。不同民族的交流接触以及一个民族的迁徙，都会在地名上留下痕迹。清朝是我国最后一个封建王朝，满族入关以后，大批满族人移居北京，因而在北京及东北地区均有不少含满语成分的地名。例如，清代北京有"昂邦章宁胡同"，"昂邦章宁"是满语，意思是"子爵"；又有"牛录胡同"，"牛录"是满族官职名"佐领"。又如北京西郊与八旗制度有关的地名，如蓝旗营、西三旗、东三旗等。近代，除满族人外，还有大批蒙古人移居北京。因此北京一些地名也有蒙古语的痕迹。如西海、北海、中南海、什刹海等地名中"海"来自蒙古语，而蒙古语的"海"也包括湖泊、水潭在内。又如在青海省，由于汉族与蒙古族、藏族、回族等长期友好相处，所以自古以来，这里就有许多蒙语、藏语及其他民族语言的地名。如蒙古语"塔木尔"，意思是"河流密集的地方"。青海地名中，常见的蒙古语用字有：乌拉（山）、木伦（江）、郭勒（河）、乌苏（水）、诺尔（湖）、布拉格（泉）、塔拉（草原）、柴达木（辽阔的地方）等。青海的藏语地名中，常见的音译汉字有：日（山）、岗日（雪山）、藏布（江）、错（湖）、曲（河或水）、曲库（温泉）等。

地名中的文化特性必不可少，同样，人们使用的称谓中的文化特性也十分突出。人与人之间在语言交际过程中必然会使用一些词语彼此称呼。这种称谓的使用能够反映人与人之间的相互关系以及人们的身份、地位、职业和心理因素等。相比之下，古汉语中的称谓比现代汉语更丰富一些，这跟讲究繁文缛节的古代社会现实有密不可分的关系。

传统称谓是在传统宗法制度、伦理观念的土壤里滋生的。"朝廷之礼，贵不让贱，所以明尊卑也；乡党之礼，长不让幼。所以明有年也。"（《白虎通义·礼乐篇》）古汉语中司空见惯的尊称和谦称就是在这种社会文化背景下产生的。在称谓词的使用上，古人遵循"贵贱有等，长幼有差，贫富轻重皆有称"（《荀子·富国》）的基本原则。称别人时一定要看其品级、地位、尊卑、贵贱、辈分、长幼等。对方如果在这些方面高于自己，称呼对方一定要用尊称，称呼自己时要用谦称；对方如果在这些方面低于自己，称呼对方可以用一般称谓甚至贬称。当然，中华传统文化重视人际关系的和谐，强调人与人间的和睦，这也是产生尊称和谦称的人文前提。

古汉语中尊称、谦称、贬称比较纷繁，是古代人文社会的一份语言信息图，透过这些称谓，我们从中能够管窥古代社会人际交往的基本理念。

先看古代的尊称。这是一种恭敬、尊重的称谓，用于对称。

对皇帝的尊称：陛下、万岁、圣上、皇上、天子、君。

对辈分、年龄高于自己者的尊称：君、公、父老、丈人、老先、先生、先辈、前辈、长者、师父、翁长、大人。

对职务高于自己者的尊称：将军、麾下、执事、足下。

再看古代的谦称。这是一种谦虚、恭下的称谓，用于自称。

皇帝、王侯专用的谦称：寡人、不谷、孤。

一般人的谦称：仆、愚、鄙人、不才、不敏、老拙。

有一定职务的下级的谦称：臣、卑职、微臣、卑吏。

年龄小、辈分低者的谦称：贱妾、妾。

贬称则是有意贬低的一种称谓，多用于他称。

男人对别人称自己的妻子：拙荆、山荆、内人、贱内。

用于其他人：竖子、逆、贼。

上面这些尊称、谦称、贬称，在上古汉语、中古汉语和近古汉语中都广泛运用，有些甚至流传于现代汉语中。如此丰富的称谓，是汉语的特点，其实也是汉文化的特点。封建社会的等第观念，使各种称谓打上了等第色彩，就连谦称这种表示恭下的称谓也无不打上等第观念的烙印，如孤、寡人、不谷等谦称也只有皇帝、王侯才能使用，如果别人用了，就有犯上作乱之嫌。

从古今汉语称谓的分化中，我们发现，总的发展趋势是单一化和弱化。现代汉语中，称谓大大减少了。称谓的简化倾向，呼应了现代社会交际的需要。作为交际工具的语言对其符号系统有经济化的要求，只要足够满足交际需要即可，因此要淘汰复杂多余的符号。这种简化，也大大促进了称谓的规范化。但是，我们也不可忽视另外一种现象，就是随着社会交际的需要，新的称谓不断出现。

从语法功能上看，古汉语中称谓的意义和功能比较单纯，它在句子中主要做主语、宾语、定语、状语，它一般不受其他词的修饰。现代汉语中，有些称谓可以受其他词和短语的修饰，出现了特殊句法功能。例如，人称代词本来不受别的词、短语修饰，"五四"以来，由于受外国语言的影响，出现了人称代词带上定语的语法现象。这种语法现象在现代汉语中已日趋普通，并以其独特的表现力而越来越被人们接受。称谓前面加上了修饰成分，打破了传统用法，是古今汉语称谓功能的一大突破。这是汉语吸收欧美语言的特点来丰富自己、增强自己表达力的结果。现代汉语中称谓比之古汉语要灵活得多。除了语言因素外，更重要的恐怕出于社会文化因素了。

回族话中的地名和称谓，和汉语中的一般地名和称谓有相同的地方，也有不同的地名。相同与不同，主要取决于民族文化因素。

第一节　回族地名

所谓民族，是在长期的历史进程中形成的具有共同语言、共同地域、共同经济生活以及表现于共同文化特质的共同心理素质的人们共同体。民族的形成使民族和地域发生了密不可分的联系。共同地域属于自然地理的范畴，共同经济生活与经济地理有关，而共同语言和共同文化以及共同的心理素质与人文地理有密切的关系。地名则是这些地理特征的综合表现。把民族学和地名学联系起来，具有十分重要的研究意义。任何一个民族都有一个共同地域，这在民族形成之前和形成之后，都是必备条件之一。一个民族共同体的成员，在一个共同的地域长期共同生活，就会形成具有共同民族特性的地名。在民族形成后，由于战争、商贸、自然灾害以及各种其他原因，会不断出现民族迁徙，并随之失去了过去的共同地域；在迁入新的地域后，还仍然保留着过去共同地域的若干因素，其中就包括原地名。地名作为民族发展的历史标记，在一定程度上反映了一个民族在一定时代和一定环境中的政治、经济、文化、军事等各方面情况，从这种意义上看，地名就是民族发展的活化石。

回族是我国分布最广的一个少数民族，从南到北，从东到西，这些生活在全国各地的回族，所处的自然地理环境和人文地理环境都有许多不同之处和共同之处，这种种不同和相同，都在地名中得以表现。

回族先民们最初沿着丝绸之路和香料之路来到中国内地和沿海地区进行商贸活动，后来由于战争及其他原因，回族先民们又散居在全国各地，形成了回族"大分散"的居住特征。在全国五十五个少数民族中，回族的散居特征是非常突出的。从大兴安岭到帕米尔高原，从黄河两岸到天涯海角，到处都有回族居住的村落，在大分散的基本格局中，又形成了"小聚居"的基本特征。回族这种"大分散，小聚居"的地域特征，形成了回回民族独有的地域文化，并在回族地名中得以表现。

一是回族地名的经济特性。我国幅员辽阔，资源丰富，人口众多，适应发展各种形式的经济。散居在全国各地的回族，在所聚居的地区，从事各种经济活动。生活在牧区的回族主要以畜牧业为主，或者农牧兼营；生活在林区的回族则以林业为主；生活在西北、西南的回族又以农为主，或者农商并重。回族经济呈现出鲜明的地域特征。这种经济的地域特征使形形色色的地名产生，并与地域经济和民族特征结下了不解之缘。不同民族的生产和生活都不同程度地存在差异，他们的经济活动和经济生活必然会对居住地的地名产生一定的影响。回族的许多地名，就反映了回族经济特色。俗话说："回族两把刀，一把卖羊肉，一把卖切糕。"由于宗教信仰的原因，养殖牛羊和经营牛羊肉成为回族传统行业。在回族聚居的宁夏南部西海固地区，就有牛圈塘、羊圈塘、牧羊湾、黑牛坪、驼羊沟、卧羊川、卧牛坪、羊路沟、羊圈堡、羊坡、羊洼、羊河、羊沟子等地名。这些地名表现了西海固地区回族畜养牛羊的经济特色。表现回族经营牛羊产业的地名，不仅出现在农村，在城市也有，如北京的牛角胡同、牛排子胡同、羊毛胡同、羊市口、羊角市、羊肉胡同，昆明的羊市口，西安的东羊市、西羊市，银川的羊肉街口，这些地名都与回族的经济生活有关。回族遍布全国各地，回族经济也因地域而存在差异，但从回族地名中足可以看出回族经济的共性。总体上，回族经济以农业为主，兼营畜牧业、商业、服务业和其他行业，尤其擅长清真饮食业，这是形成回族地名文化的重要经济基础。

二是回族地名的宗教文化特性。一个民族的文化，与其宗教文化密切相关。人们生存的地域文化背景直接影响着人们的社会活动以及文化的形成。回族生活在辽阔的中华大地上，其文化同时也表现出一定的宗教文化特性。地名本身就是一个丰富的文化宝库，通过地名，人们可以充分认识回族的民族宗教文化特征。回族聚居地是回族共同经营塑造的居住空间，在这个共同的区域里，必有其不可或缺的核心，这种核心在回族聚居地表现为地名的宗教意向。这种以宗教意向为结点的向心聚合形式，不仅表现在地域空间上，也表现在主观心理上，这就使宗教意向在回族地名中起到了核心作用。

回族形成后，在回族聚居区出现了以回族族名取地名的习俗，成为回族地名文化一道亮丽的风景线。在回族比较集中的河南、云南以及西北一些地方，有许多回回营、回回庄、回回村、回回寨、回回湾的地名。这是回族地名文化的标志。由于民族文化心理在社会中的重要地位，回族聚居村落的取名十分强调民族特性，特别由于回族"大分散，小聚居"的特征，在回汉杂居的大居区内又形成了回族聚居的小居区，这些回族聚居地，往往被赋予具有回族民族特色的地名。民族宗教文化是人类精神生活的重要组成部分，对民族居住空间的形成有着重要的影响。对于回族，清真寺是民族聚居地的结点，以清真寺为中心，回族围寺而居，留下了许多以清真寺命名的地名，如高台寺、王大寺、下寺村等，这是因为清真寺已成为这些地方的标志性建筑。在这些村落的入口处或者村中心地带，必定建有清真寺，并且其在建筑风格或建筑规模上都独树一帜，村落也一般以清真寺为中心或者为焦点而展开布局，清真寺成为村中的一大人文景观。宗教对民族居域的形态、景观、命名都产生着较大的影响。清真寺在回族居地中，既是宗教活动的中心，又是社会文化活动的中心，本身具有十分广泛的文化涵盖性，是回族聚居地人文景观中最为瞩目的标志。这些清真寺的名称具有准地名的性质，在一定的区域内又是最明显的建筑。

回族地名中的宗教文化特性，还表现在回族地名经常以"教门"命名，如湖南汉寿县的教门甸、教门岗，常德县的教门冲，安徽太和县的教门庄等。有些回族地名，虽然没有出现教门这类字眼，但地名本身已经成为教门的标志，地名在某种程度上成为教门的代名词，如宁夏同心县的洪岗子，是伊斯兰教虎夫耶门宦居住地；宁夏西吉县的沙沟，是伊斯兰教哲赫忍耶的重要居住地；宁夏海原县的九彩坪，是戛德忍耶门宦的居住地。这些地名本身就已经具备宗教意义了。

三是回族地名的地域特性。回族先民进入中国后，散居在中原大地，为了在中国这块土地上生存发展，必须适应中国的环境。回族在发展中，通过征战、垦田、经商、宣教、移民等，形成了颇具民族特色的村落和聚居区，这些居地的取名，具有鲜明的地域性，如突出营、坊、户、庄、屯等特征的回族地名在西北地区最多、最广，在其他回族聚居地也最明显。

"坊"，来源于回族穆斯林实行教坊制度以及回族先民初入时的居地被称作"蕃坊"的影响。用"坊"字地名在回族聚居地经常出现，如宁夏西海固地区的杨坊、周家坊、苏家坊、八家坊、官坊等。

"营"，跟营寨有关，如回族聚居地三营就是明代的三边重镇。在回族地名中，以营取名的还很多，仅宁夏西海固地区就有马营、哨马营、王家老营、七营、姬家营等。

回族先民初入中国时一般居住在经济中心地带，在回族地名中，"堡"和"集"就是跟经商有密切关系的地名，如宁夏西海固的单家集、王家集、贺堡等。后来由于各种原因，回族逐渐迁移到农村，使许多回族地名带上了农耕文化色彩，如宁夏西海固地区的回族村庄套湾、贾塬、王洼、罗川、妥家山、高台、李庄等，这些地名都表现了农村地域特征，诸如此类的地名还有马家渠、马塬、洪岗子等。

在这些富有民族特色的地名中，"营"跟征战有关，"屯"和垦田有关，"坊"和宗教有关，"集"和经商有关。这些民族特色十分浓厚的地名，足可以成为回族形成和发展历史的活化石。

有趣的是，这些回族地名，往往和姓氏联系起来。姓氏在回族聚居地成为一个特殊的标记，形成了许多回族姓氏地名群，如锁家湾、答家庄、海家庄、喜家湾、定家庄、闵家河、宛家屯等，这些地名中的姓氏，是西北地区回族独有的，在汉族中很少见到。

地名是语言学应该关注的重要领域之一，因为地名是民族迁徙最有力的证据。在中国古代，就有许多地名显示出民族迁徙的痕迹，古代西域有个龟兹国，汉代陕西米脂境内也有个龟兹县，这就是龟兹移民的标志。古龟兹在现在的新疆库车境内。库车和米脂相距甚远，汉代出现在米脂境内的龟兹县，说明这时已经有一部分龟兹人移民到陕西境内。地名迁移，在历史上屡见不鲜。回回民族其实就是在迁移中逐渐形成的，研究回族地名，对研究回族发展史就显得至关重要了。

回族商人因经商或征战而进入中国，并且在地名中留下了经商和征战的痕迹。元代时期，回族人在统一中国的征战中，战时打仗，平时屯田，兵屯合一，现在回族地名中的营、屯、寨、户等地名，就是回族兵屯历史的真实写照。元代回族屯田最为显著，据《元史》记载："河洛、山东居天下腹心，则以蒙古、探马赤军列，……以屯之"，"至元八年，立南阳屯田总府屯田一万零六百六十二顷七亩"。① 从这些资料中足见当时回族屯田的规模之大、成绩之著。后来，这些回族屯田区逐渐演化为回族聚居区，形成了颇具屯田特征的回族地名，如现在南阳县的石桥屯、瓦店屯，就是当年回族屯田的地方。现在开封的回回寨，也是当年回族兵匠屯田的地方。洛阳的回回凹，也是元代时回族牧马屯垦的地方。山东一些回族村落，也保留着元代屯垦的地名，如元棣县的五营，阳信县的六营、大营、小营，鄄城县的军屯，泰安县（今泰安市的一部分）的前营、后营，济阳县的刘家营、马家营，禹城县的韩家寨，齐河县的老寨子、小寨子，陵县的亚虎寨，冠县的七甲、八甲，等等，这些地名都是回族屯田定居的例证。

回族屯田的历史，一直延续到明清时代，宁夏固原的老三营、上马营、下马营、哨马营、黑马营、上北屯、下北屯等，都是明代留下的地名，这些古代屯田之地现在已经成为回族聚居区。现在宁夏西吉的穆家营，北京的常营、薛营等，都是明代回族屯田的地方。清代回族屯田也很显著，分布在新疆的头屯、三屯、左营、右营等，都是当年回族屯田历史的遗存。

---

① （明）宋濂：《元史》，中华书局，2006。

从以上地名中不难看出，回族征战到哪里，就屯田到哪里，也就迁徙到哪里，并且在哪里定居了下来，并且形成了颇富民族特色的地名。

回族的很多先民以商人身份来到中国，并在中国居住下来，形成了许多商贸地名，如明代浙江澉浦的角里街，是番货土产集散地，俗称回回街；历史上福建泉州的市舶司遗址、来运驿旧址，都是回族经商历史的见证。

历史上回族经历过几次较大的民族迁徙，在迁徙过程中，在各地又形成了回族村、回族镇、回族街，并赋予这些地方回族地名。这就是民族趋同心理在地名文化中的生动体现。文化是一个民族在一定的历史阶段由人类的精神财富和物质财富形成的积淀，并广泛存在于意识形态、心理结构、行为模式中，显示出有别于其他民族的独特文化。从回族地名文化中，足可以看出回回民族的民族认同文化。一方面，回族迁徙带来了富于民族特色的地名；另一方面，回族地名也随着民族迁徙而被带到新的居住地。

其一，在经商活动中，回族地名表现出迁徙的信息。回族长于经商，经常流动，往往从一个地方迁移到另外一个地方，为了表示原籍的所在就使用原来的地名来称呼新地名。在新疆乌鲁木齐就有陕西巷、河州巷、固原巷等，这些以原籍取名的地方，是从那些地方经商而来的回族的聚居地。这些回族商人，以籍贯为中心形成了新的居住地，久而久之，便形成了以原籍取名的地名。湖南常德、邵阳等地的回族大多是明代从南京、扬州一带经商而来的，人们称他们为南京帮，他们建的清真寺称为南京寺，他们住的地方称为南京湾。这种因经商而迁徙的现象多出现在经济比较发达的城市。回族比较注重经商，并且鼓励远行经商。经商的历程也是传教的过程，回族无论人处天南海北，伊斯兰教文化的根从不断绝，这就为地名迁徙创造了深厚的宗教文化基础。

其二，因为政治因素而出现的地名转移。回族先民的迁徙，主要出于商贸和征战原因，后来由于政治原因，也出现了回族的大迁徙，最突出的就是清同治年间回民起义失败后，清政府的安置政策使大批回族从陕西、甘肃和宁夏的银川、金积等地迁徙到宁夏固原一带，成为回族历史上规模最大的一次民族迁徙，也形成了全国最大的回族聚居区之一。为了纪念原居地，迁徙到固原地区的回族聚居地都保留了陕甘两省的原地名。从陕西大荔、渭南迁到宁夏泾源的回族，大多以故里的名称来称呼新建的村寨，如大园子、小园子、伍家、拜家、马家等地名在现在的大荔都能找到，而北马营、北营、南营、金家等地名在现在的渭南一带也能找到。在宁夏西海固地区还能找到许多这种以原籍地名取名的地方：泾源的平凉庄，是从甘肃平凉迁移来的回族的居住地；西吉的玉桥，是从陕西玉桥村迁移来的回族的居住地。这种地名"搬迁"，在很大程度上表现了被迫迁徙的回族移民对故土的怀念。

其三，由回族自发移民而形成的地名转移。一个民族的形成、发展和壮大，往往要经历移民和迁徙的过程，才最终形成聚居区。回族由于政治压迫而出现的大规模的民族迁徙，主要出现在清同治年之后，其实，由于各种原因，回族也经常小规模自发迁徙。如乌鲁木齐的固原巷、河州巷就是自发移民形成的回族聚居区；青海门源、大通等地的河州庄、凉州庄、临夏巷等地，都是清朝时从甘肃自发迁徙来的回族形成的民族聚居区。

回族地名所蕴含的语言学意义并不在于地名本身，其中包含着丰富的民族文化内容。据《汉书·地理志》记载："凡民函五常之性，而其刚柔缓急，音声不同，系水土之风气，故谓之风；好恶取舍，动静亡常，随君上情欲，故谓之俗。"[①] 从这段话中不难看出音声不同为风俗的重要标准之一，从这段话中我们也不难体会出地名语言的民俗学意义。

地名是多维立体的文化景观，地名表现出的地域形象十分鲜明，表现出的人文景观也十分清晰。地名的形成，不仅受居住功能的制约，而且还受自然环境、宗法观念、宗教、礼法、民间习俗以及文化心理等多种因素的制约，因此，由地名表现出来的文

---

① 转引自周振鹤编著《汉书地理志汇释》，安徽教育出版社，2006。

化意象是丰富多彩的。

第二节 回族亲属称谓

复杂的亲属称谓，体现了各种人际关系和社会结构中的复杂要素。以汉语为基本交际工具的回族，其亲属称谓系统和汉族并没有多少本质的区别。但是，回族亲属称谓毕竟以伊斯兰文化为内核，带有很强的民族个性，打上了民族文化的烙印。

亲属称谓是人们用来表示亲属与非亲属关系的外在形式，人们相互形成的亲属关系是无法改变的，以血缘、婚姻为纽带形成的人类社会关系具有相对的稳定性，这是亲属称谓系统赖以形成的基本条件。综观回族亲属称谓，它还是主要以婚姻家庭为核心，并形成了富有民族特色的亲属称谓系统。一是地域性。回族分布在全国各地，"大分散，小聚居"的地域特征形成了众多的回族方言区，回族亲属称谓也就不可避免地带有这些方言区的语言特征。当然，许多不同方言区的回族亲属称谓以民族聚居地为基础，跨越了方言区的地域限制。二是民族性。回族亲属系统是以伊斯兰婚姻家庭文化为内核形成的，虽然也接受了一些儒家伦理观念的影响，但还是突出了回族文化的主体性，表现在亲属称谓词中则是有意选择"别同"词汇，形成了具有民族特色的亲属称谓系统。回族亲属称谓的民族性是回族文化心理的折射。三是系统性。综观回族亲属称谓，它表现出长幼有序的特征，每个称谓词的指称对象是确定的，没有西方社会亲属称谓那种模糊性。丰富的亲属称谓形成了一个亲属称谓词族，成为一个丰富的系统。从这个系统能够管窥回族家庭社会的风貌。

伊斯兰文化非常重视婚姻家庭的功能，把婚姻家庭看作伊斯兰社会的基础。《古兰经》和圣训都以较大的篇幅阐述婚姻家庭问题。对婚姻家庭的重视，形成了一套以婚姻家庭为内容的亲属称谓系统。

家庭的主干是父亲和母亲，以父亲、母亲为核心，形成了父系亲属称谓系统和母系亲属称谓系统。

不同回族方言区对父亲的称谓，虽不完全一样，但基本上是相通的。在西北回族中，主要有"大""达达""阿大"等称谓。值得注意的是，在回汉杂居区，同一地方的回族、汉族对父亲的称谓，要么从词汇有所区别，要么从声调上有所区别。在宁夏西海固地区，汉族一般把父亲称作"大"。在新疆、青海一些地方，汉族对父亲有多种称谓，而回族则只称"阿大"，而把伯父称"达达"，把叔叔称"阿爸"。总体上说，西北回族方言中把父亲称作"达达"的比较常见。以汉语为交际工具的回族，使用汉语时总要带上一些民族特色，在构词和声调上都有差异；即便有些地方的回族称父亲为"大"，也要从声调上和汉族称谓区分开来。对父亲的兄弟姐妹，各地回族和汉族的称谓并不一样。新疆乌鲁木齐回族把叔叔称"阿爷"，汉族则称"爸爸"。宁夏西海固地区回族把叔叔按顺序排列称作"二爸爸""三爸爸"等，汉族则称作"二大""三大"。近年来，回族、汉族都有把叔叔改为"爸""爸爸"的趋势，亲属称谓正在趋同，这是民族文化不断交流的结果。

总体上说，回族亲属称谓的结构层次和汉族是相似的，只是具体称谓词出现了变异，异中有同，同中求异。回族和汉族的亲属称谓，名称上同大于异。回族毕竟以汉语为交际语言，回、汉文化有许多相通之处；至于回族亲属称谓和汉族的差异，则蕴含着复杂的民族心理与文化特质。

丰富的父系、母系亲属称谓系统，充分表现了回族对血缘、姻亲的重视，是回族大家庭意识的产物。回族社会以一夫一妻制为家庭的主要结构形式，虽然伊斯兰文化倡导家庭成员平等，但家庭中男子仍然居主导地位，把父系亲属视作内亲，而把母系亲属视作外亲。在过去，回族多为二三代同堂的大家庭，这就形成了回族亲属的庞大而丰富的特点。

除了以父亲、母亲为核心形成的亲属系统外，还以夫、妻为核心形成了另外一个层次的亲属系统。伊斯兰婚姻文化强调夫妻的权利与义务，要求夫妻之间互敬、互爱、互助。回族穆斯林中就认为"有信仰的男人与女人，彼此都是朋友"，夫妻关系被表述为"她们是你们的衣服，你们是她们的衣服"，强调夫妻间相敬如宾、和睦相处，重视夫妻间亲情关系，是产生夫系、妻系亲属称谓的必要条件。

亲属称谓中对夫方、妻方亲属有明确的称谓，夫妻间的称谓却比较模糊，也随着年龄阶段不同而变化。结婚初期，在一般场合夫妻双方以"哎"呼唤对方，主要原因在于婚姻受父母之命、媒妁之言，结婚前双方较少接触，男女双方羞涩，不知道如何称呼对方，使"哎"成为特定时期约定俗成的夫妻间称谓。婚后一个阶段后，丈夫一般称妻子为"屋里的"，妻子称丈夫为"掌柜的""当家的"等，从这种称谓中可以看出男主外、女主内的传统观念对回族婚姻家庭观念的影响。

在回族亲属称谓中，还有些特别的称谓方式，如把婶子称作"新妈"，把嫂子称作"新姐"，把表兄弟称作"姑舅"。这种称谓，在西北回族方言中普遍存在。

伊斯兰文化非常看重家庭伦理，对于长辈，特别是父母，要更加尊敬与孝顺，不但要从衣、食、住、行等物质生活方面提供照顾，而且还要从感情上、心理上、精神上倍加安慰。丰富的亲属称谓，是回族注重家庭伦理的标志，也是家庭精神文明的源泉。在回族家庭内部，叔叔的子女和自己的兄弟姐妹都以"哥哥""姐姐""弟弟""妹妹"统称，称谓中并没有亲疏之别，这充分表现了回族的大家庭意识。

对婚姻家庭的重视，是伊斯兰文化的精髓，同时，也不排除接受了传统的儒家伦理观念，从回族亲属称谓中不难看出这一点。回族在"大分散，小聚居"中，主要与汉族杂居，与汉族的交往也就比较频繁。特别是由于回汉通婚，大批汉族加入回族群体，回族的亲属称谓也就不能不受汉族主体文化的影响。这就是回汉亲属称谓结构层次基本相同的原因之一。回族的亲属称谓，基本遵从了儒家的"亲亲、尊尊、长长、男女有别"的道德规范。儒家文化宣扬"三纲五常",明确规定了社会成员的尊卑地位,规范了家庭伦理道德以及人们立身行事的方式。回族文化中的"人道五典"与儒家伦理观念有许多相通之处,只是"人道五典"强调人的关系,把夫妇关系放在"五典"的最前列。刘智《天方典礼》卷十中就有这样的论述:"有夫妇而后有上下,在家为父子,在国为君臣,在上下而后有比肩,同出为兄弟,别氏为朋友。"① 婚姻家庭是决定"上下""父子""兄弟"等关系的基础,理所当然也是形成亲属称谓系统的必要前提。

回族文化是多元文化,在历史发展进程中,阿拉伯文化、波斯文化和汉文化有机地融合,形成了独具特色的回族文化。表现在亲属称谓上,回族和汉族有许多相通之处。回族文化毕竟以伊斯兰文化为核心,回族亲属称谓同样带有很强的民族色彩,特别是回汉杂居区回族亲属称谓有别于汉族亲属称谓的"别同"现象,更具民族特性。"别同"是回族为表达语言的民族属性而选用一些有别于汉族语言的词汇,这种现象在回族宗教生活用语和日常生活用语中经常见到,如"油香""举意""点香"等。在回族亲属称谓中,同样存在"别同"现象,同一方言区,同一称谓对象,回族和汉族称谓方式并不一样。"别同"正是为了求同,求得具有民族特色的民族共同语,给语言打上民族情感的烙印。自人类社会形成民族后,语言就带上了民族情感,人们在使用民族语言时,也倾注了民族情感。使用汉语的回族在语言交际中通过"别同"以求得语言的民族属性,一听到这些带有民族色彩的称谓,就更增强了一种亲近感。

亲属称谓并不是一成不变的,它往往被赋予时代特征。现代中国提倡一对夫妇只生一个孩子,"独生子女"已成为家庭中最常用的词汇,"独生子女"现象将改变亲属称谓系统。在未来社会中,汉族亲属称谓中"哥哥""姐姐""弟弟""妹妹"等词语将失去真实含意,出现意义变异。由于允许回族生二胎的政策,这

---

① (清)刘智:《天方典礼》,天津古籍出版社,1988。

些称谓在回族中将会继续保留传统意义。若干年后，我们会从这些称谓词中能够体会特定阶段党的民族政策的内涵。可见，对亲属称谓的研究，不仅仅局限在语言文化范畴，还具有广阔的社会意义。

第七章 回族话对汉语佛教词的
回避与化用

在汉语中，来源于佛教文化的词数以万计，有的词在发展演变的过程中失去了佛教词的本来面目，一般人很少能看出它们和佛教之间的关联；有的词至今还努力恪守着佛教本源，成为表现佛教宗教文化和理念的专用词。在回族话中，有一种跟汉语佛教词相关联的语言现象值得关注：一方面，在回族的民族宗教生活用语中，特别注重语言的民族个性，有意回避甚至排斥一些汉语佛教词语，形成对佛教词的回避现象；另一方面，又有意无意地选择了一些带有佛教痕迹的词语，并使其化用为表现回族宗教文化和伊斯兰宗教理念的专用词，形成了对汉语佛教词的化用现象。这种对汉语佛教词的回避与化用，并不矛盾，是语言接触和文化兼容的结果。

第一节 回族话对汉语佛教词的回避

在回族话中，有一种特殊的语言禁忌现象，就是对汉语佛教词刻意回避乃至排斥，特别在回族的宗教生活中，这种回避甚至成为一种惯例而被回族穆斯林严格遵守，不得超越。这种语用现象，表面上是语言的回避，实际上是宗教的回避，旨在通过词语界限来划分出宗教界限。在回族话中，这种语言禁忌现象广泛存在。如"宰"字，特别用于牛、羊、鸡等，说成"宰牛""宰羊""宰鸡"，回族人在日常生活中禁忌使用"杀"字。回族在宗教活动中也要烧香、念经，但在语言使用中禁忌说"烧香"，特别在宗教活动中，不能说"烧香"，而用"点香"来替代。这种对语言的选择使用，主要是出于对佛教色彩较浓的词的回避，形成了西北回族话中有别于一般汉语的一些特殊词语。

和一般的语言禁忌不同，回族话中的对汉语佛教词的回避现象，是以区分佛教和伊斯兰不同的宗教理念为目的，用词语差别来表现宗教差别。这恐怕主要出于宗教回避的民族语用心理。西北回族话中对一些佛教词的回避，更是出于区别伊斯兰文化与佛教文化的民族文化需求。

"许愿"是最常见的汉语佛教词之一，主要用于信众对佛有所祈求的宗教仪式中。信众在向佛祈福时，要立下某种承诺和保证，"许愿"是普通信众中常见佛事仪式的用语。这个词在近代汉语中已经广泛使用，清代著名小说家李汝珍的长篇小说《镜花缘》第十二回就有"父母一经得有子女，或西庙烧香，或东庵许愿，莫不望其无灾无病，福寿绵长"。这是对古代民间佛教仪式的原始记录。在西北回族宗教生活中，也有类似于许愿的仪式，但禁忌使用"许愿"一词，在表达和"许愿"相关的意义时，用"举意"或者"立意"等词来表示。"举意""立意"，在回族话中表示的意义和佛教中"许愿"一词表示的意义十分相近，指的就是通过宗教所要求的行为来达到所要求的目的，祈求真主赐予。回族话中有意回避和佛教相关的"许愿"这个词，以语言界限来形成宗教界限。不难看出，词语形式的回避是表象，宗教理念的区别才是内因。

"烧香"是佛事活动中一种常见的礼仪，信众礼拜时要把香点燃插在香炉中，香的作用是向佛传达敬仰的信息。宋代文人陆游的《移花遇小雨喜甚为赋二十字》中也有"独坐闲无事，烧香赋小诗"的句子。和"烧香"密切关联的另一个词是"香火"。"香火"也是一个佛教色彩很浓的词，指的是烧香燃火祭祖，也指供奉神佛之事。白居易《五月斋戒先以长句呈谢》中就有"散斋香火今朝散，开素盘筵后日开"的句子。对"烧香""香火"这些佛教色彩浓厚的词，西北回族在宗教用词中十分禁忌。在回族穆斯林的宗教仪式中，也要烧香，但禁忌使用"烧香"这个词，就用"点香"这一专用词来替代。"点香"和"烧香"在字面意义上并没有严格的区分，只是在回族话中，"点香"是为了和佛教中的"烧香"区别开来，这也出于追求宗教区别的民族心理需求。

对回族话中这种因宗教回避而形成的词语回避现象，要从民族关系和语言关系的角度深入理解。民族是人类历史上形成的具有共同文化、共同地域、共同语言的共同体。同一民族，在语言、心理状态、生产活动、居住地域等方面都表现出共同的特征。自人类社会形成民族后，语言就被打上了民族的烙印，人们在使用语言时，往往倾注了浓厚的民族情感。正因为语言与民族情感存在如此的联系，回族话对汉语佛教词采取回避甚至排斥的态度，并因此而形成特殊的语言禁忌，就不足为怪了。为什么在回族话中不把"点香"称作"烧香"呢？因为"烧香""香火"是佛教术语，"点香"的运用，正是为了回避佛教中的"烧香"一词，才代之以"点香"，用词语界限来表明宗教界限。

回族话中对佛教词的回避，一方面是为了强调宗教的区分，另一方面是为了形成带有民族特色的民族共同语，给语言打上民族文化的烙印。西北回族话中的对汉语佛教词的回避，也形成了回族话区别于汉语的特性，回族人所说的一些汉语，有时叫初来乍到的外族人无法理解，而在回族内部却运用自如。从这个意义上来说，词语的回避构成了回族话的民族特征，也深刻地反映出回族文化的民族特征。

第二节　回族话对汉语佛教词的化用

与一些佛教词在回族话中受排斥这一情况形成鲜明对比的是，回族话又有意或者无意地接纳了一些原本用于表达佛教意义的词。这种语言现象，和回族话的文化特征无不关联。回族文化本来就是伊斯兰文化本土化的结果，回族话中的一些佛教词，也是一种外来文化吸收本土文化的表现。以汉语为民族母语的回族，在语言运用时，无法完全回避汉语中数量众多的佛教词，有时为了信息沟通的需要，不得不使用一些汉语佛教词。需要说明的是，西北回族话中对汉语佛教词的接纳，并不是简单照搬，而是采用了化用的语用手段。

所谓化用，就是在语言应用中巧妙地把已有的词语移植到自己的语言中，并且赋予其新的意义和内容。回族话对汉语佛教词的化用，就是借用这些佛教词的形式，在内容上却完全脱离了佛教色彩，赋予其伊斯兰教的内容。

"清真"是回族日常生活、宗教生活中最常用的一个词，甚至是回族民族习俗的标志词。究其词源，"清真"一词和佛教关系密切。早在南朝刘义庆的《世说新语》中就有"有清真寡欲，万物不能移也"的句子，"清真"原为普通词，主要用于道观、佛寺以及楼阁和幽静场所等。明末清初，中国穆斯林学者在介绍伊斯兰教教义时，用"清净无染""真乃独一""至清至真"和"真主原有独尊，谓之清真"等含有"清""真""清真"的词语，来称颂真主。"清真"就被赋予了特定的伊斯兰教内容，并且为回族专用，特别是回族饮食习俗，十分注重清真的界限。"清真"在回族话中已经完全伊斯兰宗教化了，和佛教没有任何关联。

"无常"在回族话中表示穆斯林逝世。回族忌称"死亡"，习惯上称"无常"，表示"尘世无常在"。"无常"一词也源于佛教，在近代汉语中已经有了这一用法，元杂剧《朱砂担滴水浮沤记》二折中有"罢罢罢，我这性命啊，似半轮残月三更后，一日无常万事休"的句子。"无常"是梵语的意译，表示世间一切事物忽生忽灭、迁流不住。"无常"在回族话中已经成为日常用语，更是经堂语中的基本词语。尤其是指长辈或尊敬的人去世时，回族要用"无常了""完了"或"冒提了""口唤了"来表示。在回族话中，"无常"已经被化用为伊斯兰教专用词了。

"归依"，又作"皈依"，是一个佛教术语，表示对佛的归顺、皈依，原指佛教的入教仪式，后来也泛指参加宗教组织。唐代著名诗人王维《游感化寺》中就有"抖擞辞贫里，归依宿化城"的句子。在回族话中，"归依"特指加入伊斯兰教的礼仪，已经化用为一个民族宗教专用词。

"劫数"是一个佛教用语，原义指极漫长的时间，后来主要表示厄运、灾难、大限等。五代齐己《勉送吴国三五新戒归》诗中有"法王遗制付仁王，难得难持劫数长"的句子。这个出于佛教的词语，也在回族话中使用，其字面意义和"劫数"的本义并没有大的差别，只是其语用背景被专门化了。

"大慈大悲"是佛教中的常用词语，《敦煌变文集·长兴四年中兴殿应圣节讲经文》中有"巍巍佛像类金山，烦恼枯来万劫闲。妙展慈悲安国界，巧将功名润人间"的句子。对这个词，回族话中不但在内容上进行化用，而且在形式上也进行化用，接受其中"慈"的思想，舍弃"悲"的思想，将"大慈大悲"改用为"普慈独慈"，在使用上融入了伊斯兰教内容，特用于真主。

"念经"是佛教最基本的宗教仪式和日常宗教功课。念经时，用木鱼等控制音节，称之为"海潮音""呗音"。在回族的宗教生活中，"念经"也是常见的宗教活动，这个词在回族话中已经化用为特指伊斯兰教的宗教活动。

"劝化"是一个典型的佛教词语，表示宣传教义，劝导人改邪归正。宋初慧琳《均善论》中有"务劝化之业，结师党之势，苦节以要厉精之誉，护法以展陵竞之情"的句子。如今这个词已不单单是佛教用语，在回族经堂语中也经常使用，主要是指劝导人改邪归正、走向正道，其字面意义和原词并没有明显的区别，只是语用背景被专门化了。

"寺"最初是指古代宫中供使令的小臣，后来演化为官府名称。东汉时印度佛教徒摄摩腾、竺法兰来到中国，他们先住鸿胪寺，后来创建住所，就是现在的白马寺。因为他们的经典是用白马驮载而来，所以将这个住所命名为"白马寺"。此后，"寺"就成了佛教建筑名称，寺也成为佛教专用场所。伊斯兰教传入中国之后，回族先民也开始修建礼拜的场所，如广州怀圣寺、泉州圣友寺、杭州真教寺、扬州仙鹤寺，都是沿海著名的清真寺。"寺"

在回族话中，特指清真寺，和佛教建筑没有任何关联。

从以上例子中不难看出，回族话在对汉语佛教词有意回避的同时，又有意无意地化用了不少佛教词。这种化用绝非出于偶然，而是文化兼容和语言接触的必然结果。回族以汉语为民族母语，很难完全回避汉语中大量的佛教词，巧妙化用汉语佛教词来对伊斯兰教教义进行阐释，具有"他山之石，可以攻玉"的效果，不失为一种重要的语用手段。需要说明的是，这些汉语佛教词融入西北回族话后，有的被赋予了伊斯兰教内容，如"劝化"等；有的已经完全伊斯兰宗教化了，如"归真"；有的甚至成为回族专用词，如"清真"，完全成为一个包含伊斯兰生活理念的民族专用词。

第三节　回族话对汉语佛教词的化用形式

所谓化用，就是在语言运用中，把已有的语言材料，借助一定的语用手段，移植到自己使用的语言中，并且赋予其新的内容、意义和色彩。回族话中对汉语佛教词，在回避的同时又采用了化用的方式，使原本属于表达佛教理念和佛教文化的词，转化为表达回族宗教理念和宗教文化的专用词，起到了"他山之石，可以攻玉"的语用效果。出于宗教理念和宗教文化的不同，回族话对汉语佛教词本来是回避的，甚至排斥的，但以汉语为民族母语的回族，在语言使用中，根本无法完全排除数量众多的汉语佛教词，化用就成为一种最有效的语用方式，既避免了宗教理念的混淆和冲撞，又强化了语言信息的传递和沟通，通过语用手段巧妙地化解了语言信息传递造成的宗教理念歧义。

化用是一种独特的语用方式，在已有的词语中融入自己的思想、观念、情感和判断，善假于物，为我所用，既开发和利用了语言资源，又充实和丰富了语言材料，具有事半功倍的效果。回族话对汉语佛教词的化用，基于复杂的民族情感和语用心理，在排斥中接纳，在接纳中化用，形成了富有民族语言特色的词语化用形式，包括以下几种类型。

一是借义化用。这是一种借用词的本义、通过化用的方式引申出新意义的语用方式。化用后，词的基本意义并没有改变，只是词所指称的对象和范围发生了变化。回族话中对汉语佛教词的借义化用，主要是出于表达的需要保留了这些词的基本意义，而在使用这些佛教词时，排除了其中的佛教内容，化用后词的意义指向和使用范围都被民族宗教化了。

比如"念经"一词指佛教最基本的功课之一，在近代汉语中主要表示佛教内容。五代齐己《和郑谷郎中幽栖之什》中就有"墨沾吟石黑，苔染钓船青，相对惟溪寺，初宵闻念经"的诗句。念经也是回族日常宗教活动内容，只是诵念的经文和佛教大不相同。在回族话中，"念经"一词的基本意义并没有发生变化，只是所表示的对象和范围发生了根本变化。"念经"在回族话中，特指回族人朗诵、背诵经文，也指在经堂念经的满拉等。单从词的表象看，"念经"一词的基本意义并没有发生本质的变化，但已经有了特定的对象和范围，限定在表达回族宗教内容的特定对象和范围中。

同样，"寺"字，古已有之，东汉学者许慎在《说文解字》中解释为"寺，廷也。有法度者也"。① 早在汉代，朝廷就设立了太常寺、光禄寺、鸿胪寺等机构。东汉后，随着佛教传入中国，"寺"就成了佛教建筑的名称。唐代著名诗人杜牧的诗句"南朝四百八十寺，多少楼台烟雨中"记录的就是当时寺庙林立的盛况。伊斯兰教从唐宋时期传入中国，穆斯林也开始修建礼拜的场所，并且借用"寺"来称之。在回族话中，"寺"也是宗教建筑，但特指回族的清真寺。

回族话对汉语佛教词的借义化用，旨在借这些汉语佛教词之义表达回族民族宗教生活的特定内容。借义化用突出了"借"的特征，就是借汉语佛教词的基本意义，用引申的方式加以化用，

---

① （汉）许慎：《说文解字》，天津古籍出版社，1991。

词所表示的基本意义并没有发生根本变化，变化的是词的使用对象和范围。

二是变义化用。这是一种改变了词的基本意义的语用方式，不仅词所表示的对象和范围发生了变化，词的内容和色彩也发生了变化。在回族话中，为了表达的需求会选用一些汉语佛教词，改变这些词的基本意义，使其意义民族宗教化。

例如，"知感"最初就是一个佛教术语，表示的是知恩、感恩的意思。在近代汉语中经常能见到这个词。明朝末年凌濛初编著的拟话本小说集《初刻拍案惊奇》卷二十七中有"承蒙相公夫人抬举，人非木石，岂不知感"的句子。"知感"一词进入回族话后，被赋予了特定的民族宗教内涵，专指对真主的赐予知恩、感谢，回族在有喜庆的事，要念知感经，感谢真主的回赐。

变义化用与借义化用的不同之处就在于，变义化用重在"变"，在化用汉语佛教词时，改变了其基本意义，使词所表示的内涵和外延都发生了变化，从而把汉语佛教词化用为表达回族宗教文化特定意义的词；借义化用突出了"借"，借用汉语佛教词中已有的词义，化用为表示特定的民族宗教内容的词，词的基本意义并没有发生根本变化，只是词所包含的外延发生了变化。因借义而化用的词，回族话和汉族方言中在都使用；因变义而化用的词，主要在回族话中使用，汉族方言中就很少使用了。

三是转义化用。在回族话中，对汉语佛教词有一种特殊的化用现象，就是转义化用。所谓转义化用，是借汉语佛教词之形，完全表达回族宗教文化内容之实。化用后，这些词在特定的语用范围内，已经完全回族文化化了，成为回族文化的专用词，和佛教词完全脱离了关系。

如上文所述，"清真"一词也来源于佛教，后被赋予了特定的伊斯兰教内容，并且为回族专用。"清真"在回族话中已经完全民族化了，和佛教没有任何关联。在回族话中，"清真"已经由表示宗教建筑的意义转化为表示宗教理念的意义，并成为回族宗教文化的代名词，其意义和用法发生了本质的变化。

"归真"一词的词根是"真",《说文解字》中解释为"真,仙人变形而登天也"。① "真"本来是道家的宗教理念,道家追求"返璞归真",而后佛教将其发扬光大,"归真"是指皈依佛教,也指僧人死亡、归于真知。《释氏要览》下《送终·初亡》中解释为:"释氏死谓涅槃、圆寂、归真、归迹、灭度、迁化、顺世,皆一义也。"在回族话中,"归真"的意思虽仍然表示"死亡",却是回族穆斯林对死亡的另一种称呼,特指死亡的本质是回归真主、返回本真。这个词已经完全转用为回族专用词了,和佛教没有任何关联。

转义化用的基本特点是,转用后原词所表示的意义和所指涉的范围已经消失,完全化用为表达回族宗教文化内容的一个专用词,而在西北汉语方言中反倒已经很少使用这些词了。和前面的借义化用、变义化用相比,转义化用主要借汉语佛教词之形表达回族宗教文化之义,化用的程度更强一些。

四是改形化用。这是一种对词的原形进行改变而达到独特的表达效果的化用方式。在回族话中,有这样一种有趣的语言现象,就是在对汉语佛教词刻意回避的同时,又通过改变这些汉语佛教词的结构来形成民族专用词。比如前文提到的"普慈独慈",是回族话中经堂解经的常用词,这个词就由"大慈大悲"改形而成。"大慈大悲"在佛教中比较常用,《妙法莲花经·譬喻品》中有"大慈大悲,常无懈倦,恒求善事,利益一切"的句子。回族话利用这个词的基本形式,舍弃其中的一些词素,又增加一些词素,组成新的词,将"大慈大悲"化形为"普慈独慈",使之成为民族专用词,在使用上融入了民族宗教文化的特定内容。

改形化用是回族话中特有的语用方式,通过改形使回族的宗教文化理念和佛教的宗教文化理念严格区分开来。其实,改形化用是西北回族话中化解语言禁忌的一种语用手段。化形就是通过对词结构的改变来表达相通而又别的宗教观念。大家知道,无

---

① (汉)许慎:《说文解字》,天津古籍出版社,1991。

论佛教、道教，还是伊斯兰教、基督教，虽然宗教教义大不相同，却有许多共同的宗教观念，如倡导仁爱、教化民众、追求和平等。因此既要宣扬共同的宗教理念，又要区分不同的宗教教义时，就用化形的语用方式形成语言界限。

回族话中对汉语佛教词的化用现象，有着深刻的民族语用心理因素。回族是以汉语为民族母语的，但是，回族和汉族也有着不同的宗教信仰。化用就是用相同的词语表达不同的宗教文化的一种最有效的方式。而且根据不同的语用需求，化用的形式和程度也不尽相同，有词形的化用，也有词义的化用；有的只是词义的引申，有的则完全是词义的转变。化用的深、浅、宽、窄不同，却都出于一个共同的语用心理，就是通过化用形成词语界限。

化用不同于仿用。仿用就是按照已有的语言形式，再造出与之相仿的词语，虽然能激发创新灵感，但往往注重外形相似。回族话之所以对汉语佛教词采用化用的方式，就是要用语言界限区分宗教文化界限，注重宗教理念的区别，在已有词语的基础上加入本民族的文化内容、思想情感和表达需求，既有利于语言信息的沟通，又能充分地显示语言独特的表达效果。

化用也不同于借用。借用是从其他语言中借来词语，以丰富自己的语言词汇，这是一种跨文化交际的重要手段。借用的方式主要有音译、意译、半音半意译、形译等形式。化用则是对已有的词加以改造，使其意义、内容、色彩等发生变化，以达到特殊的语用目的。西北回族话对汉语佛教的化用，是把汉语中来源于佛教的词语通过化用来表达回族宗教文化的内容，和语言中的借用大不相同。

化用是一种传统的修辞方式，古人对化用已经有了自己的理论和实践。宋代著名学者朱熹认为，化用就是在作诗作文时多模仿前人的作品，学之既久，自然纯熟。这种化用是为了合理地开发语言资源，艺术地改造语言资源，以达到别具情趣、表达机智的语用效果。回族话中的化用则不然，通过对汉语佛教词的化用，借已有的词，通过化用手段表达自己的宗教理念。由于表达需求不同，化用的方式也不尽相同，化用中有区别，区别中有接纳，接纳中有界限。如此因化用而形成了民族专用词，也因此大大丰富了汉语词汇。

第四节　回族话对汉语佛教词回避与化用的文化成因

回族话中对汉语佛教词的回避，无疑是出于宗教别同的心理和文化。大家知道，有不少出自佛教经典的词语，在现代汉语中已经很难看出其宗教本源。比如出界、真理、聪明、赞叹、究竟、缘分、妄想、烦恼、障碍等，这些佛教词在汉语中被日常生活化后，已经成为汉语中的通用词，很少用于表现宗教理念。西北回族话中并不刻意回避这些原本表达佛教理念的词，因为这些词在实际运用中已经脱离了宗教内容，在语用中看不出佛教的痕迹，没有刻意回避的语用需求。回族话中对汉语佛教词的回避，与其说是语言的回避，不如说是宗教的回避。

回族话对汉语佛教词的回避，并不是采用简单排斥的态度，在回避中化用，在化用中接纳。对那些表现具体的佛教仪式、明显带有佛教痕迹的词，采用回避的方式；对那些表现宗教理念、人伦纲常的词，则采用了化用的方式。回避和化用是相辅相成的，回避是为了形成宗教界限，化用是为了诠释宗教理念。这一语用现象，表现出了回族文化的兼容性和多元性，也表现了回族文化对儒家文化的吸收和接纳。

回族文化是兼容的，它善于吸收其他文化的元素来丰富自己和发展自身。而语言是文化的载体，词汇又是语言中反映社会的最为敏感的部分，所以在西北回族话中出现对汉语佛教词的回避和化用就不足为奇了。西北回族话对汉语佛教词的回避和化用，是语言接触与文化兼容的必然结果。语言和社会相互影响、相互作用、相互制约，特别是语言中最敏感的词汇部分，是社会生活的载体。社会生活的任何变化，哪怕是最细微的变化，也要在语言中，特别是在词汇中反映出来。回族是以汉语为民族母语的，佛教词在汉语中几乎无处不在，回族话无法完全回避那些想要回避的词语，化用则是最有效的解决手段。事实上，语言的影响是双向的，在回汉杂居区，随着回汉文化的不断交流，一些回族话中特有的民族专用词也被汉族所接受。回族话也对汉族语言产生着一定的影响。这种影响主要表现在几个方面：一是随着回族经堂语的生活化、世俗化、普通化，在回汉杂居区，回族经堂语中的一些词语融入了汉语方言中，诸如"恕迷""乌巴力""尔卜""尔林""乜帖"等词语，也在西北地区的汉族方言中经常使用。二是一些回族专用词，如"口到""口唤""油香""完了"等词语也被西北地区的汉族采用。一些表现回族风情的词汇，如"盖碗"等也融入汉族生活中。从这种语言的交融现象中不难看出，生活的交流引起了语言的交融，这是符合语言发展规律的。因此，西北回族话中对汉语佛教词的回避和化用，是语言接触与文化兼容的必然结果。

语言：民族文化的活化石

　　文化是人类在发展与进化的过程中所创造的物质文明和精神文明的结晶。文化和语言是两个相互依存的共同体。文化的创造与发展离不开语言，语言的变化与发展也脱离不开一定的文化环境。文化是语言的本体，语言是文化的载体，二者的关系相辅相成、密不可分。

　　语言是人类最重要的交际工具、思维工具和文化传承工具。严格地说，语言有广义与狭义之分。狭义的语言一般包括口头语言与书面语言。而广义语言除包括狭义语言外，还包括其他听觉、视觉符号，如红绿灯、旗语、手势、铃声等。我们所说的语言是狭义的语言。文化也是一个众说纷纭的概念。关于文化的定义，学术界提出了不下一百种。有的学者认为文化只包括精神方面；有的则认为文化应包括精神文化，也应包括物质文化，是广义的。我们认为文化是广义的概念，并把文化看作社会成员共同拥有的生活方式和为满足这些方式而共同创造的事物，以及基于这些方式而形成的心理和行为。这样说来，广义的文化可以分为物质文化、制度文化和心理文化三个层次。物质文化指人类制造的种种物质文明，诸如生产和交通工具、衣食住行等；而制度文化和心理文化则是处于隐性的深层次文化，包括各种社会制度、思维方式、宗教信仰、价值观念、民族习俗等。

　　简单地认识了这两个概念后，我们可以对语言和文化的关系进行一般性理解。一方面，语言是记录人类文化的符号体系，是文化的一种载体，是组成文化的重要部分；另一方面，语言与文化之间又是相互制约和相互影响的。我国语言学家罗常培先生的

《语言与文化》① 一书，对语言与文化的关系进行了细致的探索，他认为语言和文化的关系体现为：语言不仅是人际交流和记录文化的符号系统，而且是我们感知和理解世界的手段。也就是说人按照其使用的语言形式来接受世界，这种接受形式决定了思维、感情、知觉、意识和无意识的格局。因此，我们必须重视语言所包含的文化意义及其与文化的相互作用。既然语言与文化的关系这样密切，那么作为语言中最活跃、最敏感要素的词汇，必然与文化更为紧密相连。语言中的词汇，忠实地反映了它所服务的文化，可以说语言史和文化史并列平行。我国古代，皇帝后宫里有佳丽三千，妻妾等级分明，因而汉语中有关宫女名称的词汇就丰富多彩，如皇后、皇贵妃、妃、嫔、贵人等，这是清代宫廷文化的一个写照。而英国是一个君主制国家，贵族内由君主封给的爵位等级十分严明，和这种文化背景密切相关的是英语中的爵位名称，如公爵、侯爵、伯爵、子爵以及男爵等。

语言的三大要素语音、词汇、语法都跟文化关系密切，而在回族话中，词汇的文化特性更加突出。由于语言的词汇系统及其构成成分与民族文化具有密切关系，因此在回族话研究中，我们应当结合民族传统文化和文化史来深入研究词汇，尤其是其中的文化词汇。一种语言的文化词汇体系是指这种民族文化会在其中有直接或间接反映的词汇。如汉语中龙、凤一类的词汇，带有明确的汉文化信息。汉语中颜色词、数目词等，隐含着深层的民族文化含义。这种文化词汇的研究应是汉语词汇研究的重要内容。语言是社会生活和社会意识的一面镜子，它反映着文化的产生与演进过程。而语言与社会生活、社会意识的关系又明显地表现在词汇方面，因此可以通过词汇的变化去探究社会生活的图景和变动，从而概括出某些规律性的东西。社会生活和意识的变化，即使非常微小的变化，也都会在词汇中有所反映。语言中没有或少见的词汇，就是社会生活中所没有或少见的词汇，也就是该社会

---

① 罗常培：《语言与文化》，语文出版社，1989。

中所没有或少见的现象。有的语言农业词汇多，说明农耕文化在当时占主导地位。如果在日常使用的语言中发现很多科学词，那就足以推断，这个社会的科学水平很高。在人类发展的历史长河中，社会无时无刻不在变动。某些社会变化已经发生过了，某些现象可能早已消失了，甚至也没什么实物存留了，但这些事物及其变化或多或少地保留在语言中。从对词汇的分析和探究中，我们可以推断或还原已经消失的某些社会现象。

郭沫若先生是较早利用甲骨文、金文材料探索我国古代社会的一位学者。他在《卜辞中的古代社会》一文中指出，田猎的猎物以鹿为主，从而证明当时的生产已脱离渔猎时代；卜辞中的狐、鹿、野马、野象等捕获物，证明三四千年前的黄河流域中部是未经开辟的地方。① 从《诗经》、《尔雅》和《说文解字》中可以了解到，上古社会对畜牧业是相当重视的。《诗经》中提到马的名称有十几种，全是根据马的颜色定名的。《尔雅》中，禽畜的名称已相当丰富，它们各有许多专名，其中马的专名51个，牛的专名18个，羊的专名11个，犬的专名10个，鸡的专名6个。可见当时人们主要役养六畜，而其中尤以马、羊为多，它们在人们生活中占有相当重要的地位。我们还可以从有关古代农业的词汇探究古代农业生产活动的一些情况。

中国在漫长的封建社会阶段，非常重视亲属关系，因而汉语中表示亲属关系的词就特别多，各种区分泾渭分明。如表兄和表弟，表姐与表妹，区分相当严格，既要说出性别，还要区分大小，而英语中只用 cousin 一词就概括了。英语中的 uncle 在汉语中却区分为伯父、叔父、舅父、姑夫、姨夫等几种不同名称。英语中的 aunt 一词，在汉语中有伯母、婶母、舅母、姑妈、姨妈等不同称呼。这众多的称呼与汉民族文化背景分不开。封建社会重视亲属关系，无论哪一方面的社会交际，都要遵守亲属称谓规定。因此，严格复杂的亲属称谓反映汉民族封建社会的文化特征。同样，魏

---

① 郭沫若：《中国古代社会研究》，华侨出版社，2008。

晋时期各种与品评人物、佛教和玄学有关的词汇繁多，受士族门阀制度的影响而产生的各种称谓词相当集中，也反映出魏晋时代的风尚。例如，崇尚清高、清谈的风尚笼罩了整个社会，"清"成为这一时期最活跃的褒美之词，以"清"为修饰语素，形成庞大的褒义词群，如清平、清坚、清峻、清约、清朗、清远、清严、清敏、清真、清雅、清恬、清谨、清高、清隽等；以"玄"为语素的一批复音词，如玄言、玄论、玄谈、玄风、玄远等，也在汉语词汇中出现了。另外，还有其他与时代特征密切相关的词语，在一定程度上反映了那个时代和社会的特征。

在现代社会，情况依然如此。在"文化大革命"期间，社会经历了一场大浩劫，而汉语词汇也反映了这一时期社会生活的急剧变化，如以"黑"字构成的词就有黑帮、黑线、黑后台、黑秀才、黑五类、黑货等；以"红"字构成的词则有红太阳、红宝书、红卫兵、红心、红海洋等。这些词汇，正是那个时代的真实写照。

改革开放以来，与对外开放和经济改革相适应，汉语中出现了大量的新词汇，如理顺、失控、紧俏、待业、理财、股票、期货、炒作、智力开发、感情投资等。这些新词的出现，都有其文化渊源。再如"软"和"硬"软卧、硬座早已有之；随着计算机的发展，又有软件、硬件之分；日本科学界20世纪70年代后提出"软科学"；当人造卫星以及各种航天器成功发射之后，又有"软着陆"一词，以区别"硬着陆"——"软着陆"本指航天器在地球或其他星球上原封不动着陆、使本身没有受到破坏的动作，现在又可用来指经济增长方式。科学技术的发展导入了不少新词汇，它们丰富了人类的语料库，其中有不少以普通词的身份进入我们的日常词汇。例如计算机和网络技术的突飞猛进，极大地改变了人们的生活方式，与之相关的词如手机、上网、网络、网虫、飞信、微信等频繁地出现在人们的交际中。这都说明，词汇是社会变化的晴雨表，从中我们可以了解社会生活与社会意识的变化。

文化对语言的影响不仅体现在内容方面，也体现在形式方面。中国传统文化崇尚对称和谐，汉语构词、用词喜欢成双成对的格式。由单音节向双音节的发展，本身就是汉语词汇发展的趋势。古人名物时，往往取双字同义，或两字对称，这和汉语词汇的复音化是密切相关的，同样也与用词的心理有关。事实表明，在汉语词的运用中，单音节不断扩充为双音节，三音节压缩为双音节或扩充为四音节，都是围绕双音化这一目的而做的调整。把一些单音节词配上助词变为双音节，是汉语词汇中经常使用的手段。在古代汉语中，为凑足双音节拍或造成偶对而随意增添衬音助词的现象十分普遍。词的双音节化趋势与人的审美心理也密切相关。追求和谐与对称是人类共同的审美心理倾向。我们观察日常的事物就可以发现，对称的造型是十分普遍的。这种语言美感可以追溯到人类的原始时代。事实上，人及动植物的形体构造往往也是成双成对的。而我们的先民追求对偶平衡的心理也是同样的。比如中国古代建筑十分讲究整齐对称，从平面布局上看，一般都有一条显明的中轴线，把建筑物分成两半，左右两边的建筑物往往也是对称的。在这种审美心理的影响下，人们说话为文都讲求骈偶对称。如《诗经》以四言为主，以二言为一节拍，充满了骈偶对称的句子；散文中也重视成双成对的运用。可以说，华夏民族自古以来就喜欢运用骈偶的语言形式表现思想感情。正如刘勰《文心雕龙·丽辞》所说："造化赋形，支体必双，神理为用，事不孤立。夫心生文辞，运裁百虑，高下相须，自然成对。"① 这就是对汉语结构形式最好的诠释。

　　《马氏文通》出版以后，汉语研究走上了结构主义描写性研究的西式路径，虽然取得了不少有意义的研究成果，但并不完全符合汉语的实际。20 世纪 80 年代后期，随着文化语言学应运而生，阐释性汉语研究模式逐渐占据主导位置。文化语言学是研究语言与文化关系的本土学科，作为交叉性的边缘学科，不仅其概念不能与其他学科概念严格区分，而且该学科与其他学科的研究内容和方式都有着千丝万缕的关联。人们开始认识到，语言现象中有

---

① 刘勰：《文心雕龙》，郭晋稀释，岳麓书社，2004。

文化，文化现象中有语言，两者互相依存，语言研究应着眼于语言和文化两者关系上，探讨语言和文化在不同历史层面上的关系，包括现代语言和现代文化的关系、古代语言和历史文化的关系、现代语言和历史文化的关系、语言变化和文化变化的关系以及语言差异和文化差异的关系等。文化语言研究的重要任务就是要站在语言体系本身即语言内部结构研究的基础上，用民族文化的思维特征观照民族语言，概括出符合被研究民族语言特点的范畴体系，用以描述其结构特征，从而用阐释的方式全面揭示同民族文化特征相一致的民族语言的结构规律，建立起语言学新体系。

结构语言学和文化语言学的本质区别就在于对"描写"与"阐释"两种不同方法的使用。对回族话的研究侧重阐释。阐释法强调文化背景透视、语言符号读解、文化差异比较和学科交叉研究。背景透视是对语言现象背后的文化背景进行探究，从而了解其渊源，推测其未来。符号读解指的是对语言中的文化符号分析，语言作为民族文化的载体，对民族文化的建构和传承具有关键的作用。语言符号因语言与文化的血肉相融性，天然地具有文化汇载的功能。在民族的演化中，往往用日常的语言符号指称特定的文化信息，使语言符号成为文化符号。差异比较则通过对汉语和其他民族语言在结构、语法和使用上的差异来分析产生差异的文化根源。比较之法早已有之，然而对语言自身或语言之外文化因素的比较，可算是较新的方法。这个方法尤其受到外语研究界和对外汉语教育界的青睐，运用也日益广泛。交叉研究是把多种学科引进语言学，把语言学引进别的学科的指导方法，即立足语言学与其他学科多向交流，吸取其他学科的研究成果和分析方法。学科交流，尤其表现在方法的借鉴与习得上，如融合语言学中的共时描写法、历时分析法，社会学中的社会调查法、阶层分析法，以及其他学科中的统计法、历史研究法等。这一研究方法的领域十分广阔。语言学工作者已注意到更广泛的交流空间，如文化人类学中的文化区、文化层、经济文化类型理论，生物学中的进化理论，甚至地质学中的板块理论，都会给我们的语言文化分析带来很大启示。

一般认为，语音对民族文化心理没什么影响，也很难推论出民族文化心理对语音的影响。实则不然，汉语语音与汉民族心理文化有着千丝万缕的联系。人们通常认为，汉语中单音节词或"字"占主导地位，音素组合具有共起性，可谓"密不透风"。另外单音节和语义结合得很紧密，以至于离开语义就无以论音，离开音节则无从说义，音义和语义二者如影随形、难以分离。这正说明了汉语与汉民族文化心理的密切关系。中国韵学中的经典"音位"，与音位体紧密结合，而且与语义互为表里。语言发生的原点，不是音位而是语调，由音响形象与认知意象通过符号能力联结为一体的语词。因此，词音的产生、词音之间的派生以及词音相连的网络系统生成，才是一种语言的语音系统的全部内容及文化价值所在。因此，音韵是一种认知方式，是一种符号功能，是一种文化形态。在这个意义上，我们可称之为"音韵文化"。可见，语音和文化是有联系的。同样，文化心理和语言也是有联系的。汉语中语音系统蕴含着生动、丰富、深刻的民族个性和文化功能，影响着汉语，充分表现为汉语音韵的宣泄功能、认知功能、美学功能和社会功能

中国古人于语音修辞上有直追自然或者说是近于自然本身的、富有韵律之美的作品，这同时也与汉语自身特点有极大关系。我们可以看到，汉语具有单音成字、一音一词、一音四声、一字成义、一字多义、一字多音、多字一音等多种特点。汉语中元音是重头部分，39 个元音，再考虑声调、语气、强弱等因素，几乎是可以有无限组合的。疑问、摹声、押韵、倒文、伸缩、连言、反复、谐音等，都如音乐般具有内在结构和外在美感。这正是汉语固有的语音文化内涵。

语言长河川流不息，变化发展是绝对的，但它也有相对稳定的一面。这就形成了特定时期语言自身的特点。我们知道，古汉语一些特殊的语法现象，就是在特定的时期形成的。诸如否定代词做宾语的宾语前置在先秦时期几乎是一种语言规范，这是上古

汉语语言发展的规律所致。语言符号系统随着社会的发展从一个平衡过渡到另一个平衡，这就表现出语言的可变性或发展性。我们不妨把它看作语言的二律背反，并且不妨沿着这一变化顺序去研究它的演化规律。无论是古汉语语法，还是现代汉语语法，在发展的特定时期，都形成了一种特定的语言现象，并且能持续一段时间。就人称代词复数而言，先秦典籍上偶见在第一、第二人称代词后面加上"辈、属、曹、侪"等词表示复数，汉以后这种表复数的形式逐渐多起来，并持续了相当长的一段时间。现代汉语中无论第一、第二人称还是第三人称，一般都在代词后加上"们"表复数形式。"们"是"五四"以后逐渐形成的表复数范畴。从古到今，形成了一个语言发展系统，这个系统是建立在民族思维文化基础之上的。

每种语言的语法都有区别于其他语言语法的特点，这就是语言的个性，即民族性。描写解释语法现象，建立语法体系，必须以民族语言语法特点为出发点。汉语语法主要有这样一些特点：缺乏严格意义的形态变化，词类和句法成分之间关系错综复杂；语序显得特别重要；虚词数量较多，是一种重要的语法手段；等等。汉语语法研究，要注意这些民族特性。

语言研究无论运用什么方法，都是建立在充分认识语法规律的基础之上。语法规律的演化，既是一种共时现象，也是一种历时现象。语言不是封闭的系统，而是要经历一种动态的过程。其实，发展的过程本身就是按某种规律来实现的。语言的历时现象应该理解为有规律的一个接着一个按顺序发展的过程，这个顺序与人类思维发展过程是相辅相成的。

促进语言发展变化的原因，一是外部环境的影响，包括社会发展以及民族和文化交流；二是语言内部各种因素的相互影响或自动调节。汉语句序的变化与语言结构类型变化有关。语言在不断变化着，它自觉或不自觉地由一种类型转化为另一种类型。上古汉语中宾语前置比较普遍，汉代以后则逐渐减少。因为在上古汉语中，句序还不是主要的语法手段。上古汉语正处在形态消失、句序又尚未完全规范的新旧交替时代，才呈现出句序不定的状况，诸如宾语位置的不稳定、介词结构的灵活多变等。这种不固定的语序毕竟不利于交际。到了魏晋，经过发展变化，汉语句序逐渐趋于稳定。汉语句序的变化，和语言整体发展变化一样，与社会的变化、交际的需要、人们对客观事物的认识程度等都有密切关系。

语言反映了一个民族的社会、文化、心理结构，同时个人的世界观又受到语言的控制。人的认识具有主观性，观念并不等于外在世界，人对世界的认识受到主观意识的决定，而个人的世界观又受到民族文化的制约；每一个民族都有自己的世界观，这个世界观反映在民族的语言中，接受了这个语言同时也就是接受了这个民族的世界观，因此个人对世界的认识逃脱不了民族语言的控制。

语言形式的形成有时是偶然的，不能牵强附会。每一个民族的文化不同，这个文化透过民族语言陶冶每一个民族成员，个人的世界观当然受到民族文化（主要是民族语言）的控制，这一点在特定的程度内是可以承认的。但民族文化并非一成不变，文化改变，语言也要随着改变，不过语言特别是语法改变的速度往往赶不上文化改变的速度。尽管语言和民族文化具有互相依存的关系，但不能把民族语言对个人的控制看作绝对不可抗拒的，否则民族文化就无所谓进化，而语言也不可能改变了。

回族话在某种程度上就是一种文化现象，这种语言与文化的特殊关系在回族话中表现得更为鲜明。回族话是以回族社会和文化为语言基础的，回族在长期的共同生活中形成了富有民族特征的词汇，这些词汇就是回族社会文化的反映。回族先民的语言的确丰富多样，表现出了多元的特征，但这些语言都有一个共同的文化背景，那就是以伊斯兰文化为基础。回族文化毕竟是一种多元文化——以伊斯兰文化为核心，也不断吸收了其他民族的文化成分。如在回族常用语言中，也有不少儒家思想的具体表现。

人类最伟大的创造就是语言，语言和思维的发展伴随人类进入文明社会。语言使人们的思想得以沟通，行动得以协调，经验得以传承。一个民族的语言是最富有文化特征的创造。回族形成后，和其他民族一样，在创造灿烂的民族文化的同时，也创造了灿烂的语言文化。虽然回族在失去先民母语后转用了汉语，但其所使用的汉语中仍然保留着鲜明的民族文化特色。回族用于交际的语言虽然发生了变化，但回族话赖以生存的文化土壤并没有发生变化。回族话的形成和发展过程，就是以伊斯兰文化为纽带的。回族话在一定程度上也就是汉语的变异现象，这种语言的变异不仅是纵向的地域差异，更是横向的民族文化差异，只是这种差异并没有形成另外一种属性的语言，仅仅形成了汉语中的一个变异系统，也就是回族话系统。

回族话是以回族社会和回族文化为语言基础的，是民族社会、民族文化以及民族关系的直接表现。回族在长期的共同生活中形成了富有民族特征的词汇，这些民族语言词汇，就是回族社会文化的反映。语言是人类最重要的交际工具，因为只有语言才能克服空间障碍，把信息传达给交际对象。语言是使人类社会得以生存和发展的交际工具、联系纽带和信息基础，任何复杂的感情、深奥的道理、抽象的推算都可以通过语言来表现。回族话就是回族在民族内部交际中形成的，其中具有独特民族个性的词汇，正是民族情感的流露。我们在研究回族话时发现了这样一种有趣的语言别同现象：回族使用汉语时，总要千方百计地保留语言中的民族特色，无论在语音上还是在词汇上总是要表现出和现代汉语的某些不同。这种语言的别同，其实就是回族内部形成的反映共同情感的民族语言现象，是维系民族共同社会生活的纽带，是民族心理文化的结晶。这种语言现象的形成，也是语言交际功能的体现。由此看来，语言的交际功能是多层次的，是与语言的社会功能、文化功能和心理机制紧密联系在一起的。

语言总是真实地反映一个民族的全部历史。语言演变史，在某种程度上就是民族变迁史。语言的演变，不仅真实地反映了语音变迁、语法嬗变、词汇源流等内容，而且也真实地反映了一个民族发展的历史，这是由语言的社会属性所决定的。语言反映出的民族历史，在语音、语法、词汇等方面都有所表现。特别是词汇，几乎和民族的社会历史同步产生、同步发展、同步变迁。我们不妨以回族姓名为线索来探讨一下回族的历史本源。姓氏在社会发展进程中具有特别的社会意义、文化意义、宗教意义、情感意义和象征意义等。姓名的本质是信息交流，其中就包括历史信息的交流。回族姓氏的形成过程在一定程度上也反映了回回民族的形成过程。"回回"这个民族称谓本身就凝结了回族历史内容。"回回"一词由唐宋时期的"回纥""回鹘"音转而来。在元代，回鹘已改称畏兀儿或畏吾儿，回回主要指称信奉伊斯兰教的中亚、西亚诸民族。回族在发展过程中经历了唐宋移入、元明形成的历史阶段，这个民族发展过程和"回回"一词的发展过程是相辅相成的。回族姓氏的形成也和回族先民的迁入以及回族形成和发展历史相伴随。回族先民初入中国时，姓名仍然保留着阿拉伯人姓名、波斯人姓名的传统，例如多用复姓，姓名的完整排列方式大多为本名＋姓氏（父名）＋冠姓（祖父或加上曾高祖名及教区、部落、出生地等）；有的姓名前还要冠以身份和尊号；也有的姓名方式只有姓氏和名字，如纳只卜·阿合马·侯赛因等，比较完整的有赛典赤·赡思丁·乌马儿、阿老瓦丁·赤思马因等。这种回族先民初入中国时的姓名称谓方式，表明其阿拉伯人、波斯人族源。随着回族的形成，其姓氏也正式形成。这些由于伊斯兰文化的传播、商业贸易的交流及征战而进入中国的穆斯林，已经由蕃客转变为中国人的一部分。这些穆斯林的姓名也逐渐中国化了，在保留原回回名的同时，还取一个中国化的名字，或者取一个中阿合一的名字。这种取名特征，表明了回族文化在融入中华民族文化的同时，还努力保持着自身的基本特征。明清时期是回族迅速发展的时期，也是回族文化和中国传统文化广泛交融的时期。由于各种原因，明代回族的姓名也发生了一些变化，有的任改一姓，如保姓改马姓，蒲姓改吴、卜、杨姓；有的变繁为简，如赛亦多·哈马鲁丁改为赛孝祖等；有的中姓阿名，还出现了皇帝赐姓、以名为姓等改姓方式，使回族姓氏大大中国化。回族姓名方式的变化和当时社会的政治、经济、文化、社会等各种复杂历史因素不无关联，也表现出了回族在特定时期的社会风貌。

从语言的功能来看，语言是社会生活得以进行的最重要的交际工具，离开语言这个交际工具，人类的各种社会活动难以正常进行。反过来说，人类的各种社会活动也必然在语言中留下它的痕迹。语言的这种社会功能，使我们能够得以借助语言这一交际工具来认识社会和了解社会。因而，我们从回族话中富有民族特色的词语中同样能了解回族社会的图景。回族文化是以伊斯兰文化为基础形成的，回族社会的伊斯兰文化特征，从回族话中的阿拉伯语、波斯语词中可见一斑。在回族话中，融入了不少阿拉伯语和波斯语词，这些阿拉伯语、波斯语词充分表现了回族的日常生活和宗教生活的内核。回族的信仰原则总体上被概括为"六信"，基本的宗教礼仪被称为"五功"，这些宗教专门术语，除了宗教专职人员熟悉外，一般回族群众也很熟悉，其中有些词语甚至演变为具有一般描述时间功能的词语。这类阿拉伯语、波斯语词在回族话中使用比较广泛，特别是一些表示宗教生活内容的词语，一般都用这类借词来表示。如大净用阿拉伯语词"吾苏里"来表示，小净用波斯语词"阿卜代斯"来表示。对宗教人士，也有专门的阿拉伯语、波斯语称谓，如热伊斯、伊玛目、阿訇、满拉等。回族话中加入的这些伊斯兰文化特征十分鲜明的阿拉伯语、波斯语词，构成了十分富有民族特色的语言图景。

一些本来专用于回族宗教生活的阿拉伯语、波斯语词，随着社会的发展，也不断趋于生活化和世俗化。比如回族话中表示时间概念时，把星期一称作"杜闪白"，把星期二称作"斜闪白"，把星期三称作"彻闪白"，把星期四称作"盼闪白"，把星期六称作"闪白"，把星期日称作"叶克闪白"，星期五用一个阿拉伯语词"主麻"表示——主麻本来指回族群众聚礼的日子。这些时间概念，对人们日常重大行为的抉择，具有十分重要的指导意义。现在，这些词语也往往用来表示一般时间概念，已经大大世俗化了。

语言是社会的一面镜子，社会是语言产生的土壤。联系社会来研究语言，可以最终清楚地发现语言交际的本质。毫无疑问，民族语言作为一种社会现象，必然要反映民族社会的基本特征。现实生活中使用的自然语言，是民族社会长期发展的结果，民族社会的基本特征，必然在本民族使用的语言中或多或少地留下痕迹。从这个意义上看，研究回族社会群体的民族特征，应该从回族话的研究入手，从富有民族特色的回族话中，领略富有民族特色的回族文化。当然，研究回族语言文化也离不开回族生活的社会土壤。回族相对于其他少数民族，比如蒙古族、藏族、维吾尔族相比，并没有形成相对比较大、比较单一的民族聚居区域，这样就使回族社会风貌更接近汉族社会，回族话也与汉族语言相似。但是，回族社会毕竟以回族文化为基本构成要素，回族社会在许多方面都有别于汉族社会，这一点在回族话中也充分表现了出来，这也是回族话有别于一般汉语而形成具有民族特征的语言的基础。

语言与文化，二者都是人类的永恒主题，它们共同支配并制约着人类社会的存在与发展、文明与进步，同时，它们又独具个性特征。不同的民族，拥有不同的民族文化背景，保留着不同的民族文化习俗，持有不同的民族文化习性。但是，这些不同的民族间却完全可以凭借语言这一交际媒介而相互沟通。回族是以汉语为交际工具的，回族话实际上就是回族使用的汉语。我们之所以从汉语中分离出回族话这样一个颇具民族特色的语言范畴，主要是根据回族话的文化因素。回族话是以回族文化为基础的，同样，回族话也就是回族文化的载体。回族文化是回族话产生、生存和发展的丰厚的土壤，离开了回族文化这一土壤，回族话也就失去了生存和发展的必要条件。从这个意义上看，我们所说的回族话实际上是一种语言文化现象。

回族话的特征和回族文化的特征是十分相似的。大家知道，回族话建立在伊斯兰文化和中华传统文化这两种源远流长的人类文化体系之上，并逐渐发展为富有民族个性的文化体系。回族文化深深根植于伊斯兰文化的土壤中，回族先民们将伊斯兰教规范融入世俗生活之中，从物质世界到精神世界，维系了回族文化的民族性。同时，回族文化又根植于中华传统文化的土壤中，在伊斯兰文化和中华传统文化的双向交流、双向渗透中不断丰富和发展。回族的哲学思想、伦理观念、文学艺术等诸多方面无不闪烁着中华传统文明的光芒。回族文化的这种多元性也决定了回族语言文化的多元性。

伊斯兰文化是回族文化的基础，多维的回族文化凭借着伊斯兰文化的纽带凝结成了一个回族文化的综合体。伊斯兰文化不是区域性文化，而是一种世界性的文化。回族先民从唐宋时期到元明时期，从世界各地纷纷来到中国内地，一边经商，一边传播伊斯兰文化。不可否认，伊斯兰文化在中国的传播和发展，主要应该归功于回族先民及其后代。尽管回族先民初入中国时成分各异，但伊斯兰文化的共同基础，使他们在生活习俗、社会观念、伦理标准、心理情感等许多方面不断趋同。颇富民族特性的回族话则是在这种趋同中产生的。

回族语言文化同样经历了伊斯兰文化本土化的过程。至于回族为什么转用了汉语，对其中的原因学术界有多种说法，但人们却达成了这样一个共识，就是回族转用汉语是多种因素综合的结果，而这种种因素都是以文化为基础的。回族兼容并蓄的宗教文化、经济文化、婚姻家庭文化、衣食住行文化、社会伦理文化等都是回族语言文化的基础。单纯从语言本身的独立特性看，回族话和现代汉语并没有什么区别，更没有本质的区别，回族话只是汉语的一个特殊属类。如果从语言文化的视角看，回族话有许多相对独立的语言文化成分。回族话和现代汉语之间总是异中有同、同中有异，这其中的差异并不单纯取决于语言本身，而主要取决于文化因素。文化不是自然形成的产物，而是人类社会的产物。文化在特定的社会群体中具有共同性，同别的社会群体又呈现差异。当然，不同的文化领域又有许多交融。语言中的文化差异，在不同的语言群体的比较中很容易表现出来。回族虽然使用汉语，但其使用的汉语和现代汉语是有差别的。回汉语言的这种差异在回汉杂居的小方言区中就能明显地被体会到，无论从声、韵、调，还是从语法、词汇等方面都能找出这种区别，而且这种语言区别单凭语言表象就能感受到。回族话有别于现代汉语的种种区别，不仅表现在语言的多种因素上，如语音、词汇、语法等方面，更主要也来源于民族语言文化心理的需求。其实，回族话正是通过在语言运用中的种种文化差别来昭示语言的民族特性的。

回族文化毕竟是一种多元文化，以伊斯兰文化为核心，也不断吸收了其他民族的文化成分。在回族常用语言中，也有不少儒家思想的具体表现，如"孝道"是在儒家思想影响下表现儒家传统伦理观念的一个词语，而回族在道德准则中也十分注重孝道。回族话中的一些词带有儒家传统伦理观念影响的痕迹。回族话中的这些词语都表现了伊斯兰文化在中国传播过程中对本土文化的吸收与容纳。回族话中的伊斯兰文化特征，增加了回族语言文化的民族色彩。尽管表现出了鲜明的民族特性，但回族话的汉语属性并没有改变，我们所说的回族话与现代汉语的差别主要表现在文化的差别上，回族既然以汉语为交际工具，那么回族话中表现出汉民族的文化色彩就不足为奇了。

附　录

1. 回族话研究主要论文

刘俐李:《略论乌鲁木齐汉语话和回族话的形成》,《新疆大学学报》1983 年第 4 期,《语言文字学》(人大复印资料) 1982 年第 12 期。

刘俐李:《乌鲁木齐回民汉语和汉民汉语词汇比较》,《新疆大学学报》1987 年第 4 期。

倪大白:《海南岛三亚回族语言的系属》,《民族语文》1988 年第 2 期。

安继武:《简论回族语言变化及其影响》,《新疆社会科学》1989 年第 2 期。

刘俐李:《乌鲁木齐回民汉语的单字调、连读调和调类共时演变》,《新疆大学学报》1989 年第 1 期。

许宪隆:《试论回族形成中的语言问题》,《甘肃民族研究》1989 年第 3 期。

李树俨:《平罗回族使用汉语方言的一些特点》,《宁夏大学学报》1990 年第 4 期。

胡振华:《苏联的回族及其语言文字》,《语言与翻译》1990 年第 3 期。

张安生:《同心音略》,《固原师专学报》1991 年第 2 期。

《简论回族使用汉文的历史发展》,载安继武、袁晓园主编《汉字汉语学术研讨会论文集》(上),吉林教育出版社,1991。

刘桢:《对回族语言的探讨》,《内蒙古社会科学》1991 年第 1 期。

马耀圻、马永真：《试论回族的语言特色》，《内蒙古社会科学》1991 年第 5 期。

刘俐李：《乌鲁木齐回民汉语声母与〈广韵〉比较》，《新疆大学学报》1992 年第 1 期。

赵相如：《回族话及其文化特征探析》，《语言与翻译》1992 年第 1 期。

赵相如：《回族话及其文化特征探析（续）》，《语言与翻译》，1992 年第 2 期。

刘俐李：《乌鲁木齐回民汉语中的双焦点辅音》，《新疆大学学报》1992 年第 4 期。

马平、马文鹰：《"移词"——略谈回族语言》，《中国穆斯林》1993 年第 3 期。

张安生：《同心（回民）方言的语法特点》，《宁夏社会科学》1993 年第 6 期。

张安生：《同心回民话中的阿拉伯语、波斯语借词》，《回族研究》1994 年第 1 期。

张安生：《同心（回民）方言语词考释》，《宁夏大学学报》1994 年第 1 期。

韩建业：《康家回族话语法探析》，《青海民族研究》1994 年第 3 期。

丁克家：《回民语言及其文化属性》，《西北第二民族学院学报》1995 年第 1 期。

李树俨：《吴忠回民使用的阿拉伯语、波斯语借词汇》，《西北第二民族学院学报》1995 年第 2 期。

席元麟：《康家回族话的词汇特点》，《青海民族研究》1995 年第 2 期。

高莉琴：《回族话是汉民族共同语的民族变体》，《语言与翻译》1995 年第 2 期。

安继武：《〈忾达尼〉与回族语言文字》，《回族研究》1995 年第 4 期。

张安生：《同心（回民）方言语词考释（二）》，《宁夏大学学报》1996年第1期。

林涛：《纳家户方言的语音系统》，《西北第二民族学院学报》1997年第4期。

林涛：《纳家户方言和北京话语音的比较》，《西北第二民族学院学报》1998年第4期。

马燕：《回族常用语言的特点及所蕴含的民俗文化》，《青海民族学院学报》1999年第4期。

林涛：《纳家户方言中的外来词和特殊用语》，《西北第二民族学院学报》1999年第4期。

李生信：《语言禁忌与回回民族的人文观》，《回族研究》2000年第3期。

刘鑫民、朱琪：《回族汉语中的禁忌语》，《修辞学习》2000年第3期。

刘俐李：《新疆回族的经名的语言变异》，《中国语文》2001年第2期。

李生信：《回族语言中的民俗文化》，《固原师专学报》2001年第2期。

马红艳：《回族语言及其反映的同族认同心理》，《青海民族学院学报》2001年第4期。

刘迎胜：《关于我国部分穆斯林民族中通行的"小经"文字的几个问题》，《回族研究》2001年第4期。

李生信：《回族语言的文化属性》，《固原师专学报》2001年第5期。

林涛：《宁夏纳家户回民汉语方言记略》，《西北第二民族学院学报》2002年第2期。

李生信：《回族亲属称谓的文化意义》，《固原师专学报》2002年第4期。

李生信：《西北回族话中的别同现象》，《修辞学习》2002年第6期。

刘迎胜：《回族与其他一些西北穆斯林民族文字形成史初探——从回回字到"小经"文字》，《回族研究》2002 年第 1 期。

张新婷：《乌鲁木齐汉民汉语和回民汉语声调的实验分析》，《语言与翻译》2002 年第 1 期。

李树俨：《灵武回民使用的选择性用语》，《中国语言研究》2002 年第 2 期。

刘俐李：《同源异境三方言声调比较》，《语言研究》2003 年第 2 期。

刘迎胜：《"回族汉语"及"小经"文字的产生背景》，《中国民族报》2003 年 10 月 28 日第 3 版。

〔吉尔吉斯斯坦〕张尔里：《中亚回族的民族意识与汉语论著中"东干"一词的使用问题》，崔红芬译，《西北第二民族学院学报》2002 年第 4 期。

刘迎胜：《回族语言 800 年发展史简要回顾——从波斯语到"回族汉语"》，《中国文化研究》2003 年第 4 期。

张安生：《宁夏同心话的选择性问句——兼论西北方言"X 吗 Y"句式的来历》，《方言》2003 年第 1 期，《语言文字学》（人大复印资料）2003 年第 5 期。

李生信：《回族话中借词的特殊性》，《固原师专学报》2003 年第 5 期。

刘俐李：《东干语、焉耆话、关中话同源异境之百年演化》，《中国社会语言学》2003 年第 1 期。

刘迎胜：《"小经"文字产生的背景——关于"回族汉语"》，《西北民族研究》2003 年第 1 期。

殷军：《南疆回族方言初探》，《喀什师范学院学报》2003 年第 2 期。

刘迎胜：《回族语言 800 年发展史简要回顾》，《中国文化研究》2003 年冬之卷。

刘俐李：《永宁音系》，《青海师专学报》2004 年第 6 期。

马利章：《试析云南回族穆斯林语言中的波斯语词汇》，《云南民族大学学报》2004 年第 3 期。

　　刘俐李：《宗教避讳和"大肉"》，《中国社会语言学》2004 年第 2 期。

　　李生信：《从语言接触理论看回族母语的演变》，《宁夏社会科学》2004 年第 3 期。

　　李生信：《回族的经名和官名》，《固原师专学报》2004 年第 4 期。

　　刘迎胜：《社会底层的汉—伊斯兰文明对话——对回族语言演进史的简要回顾》，《南京大学学报》2004 年第 1 期。

　　韩中义：《小经拼写体系及其流派初探》，《西北第二民族学院学报》2005 年第 3 期。

　　林涛：《东干文——汉语拼音文字的成功尝试》，《西北第二民族学院学报》2005 年第 4 期。

　　马利章：《云南回族语言文化构成分析》，《云南民族大学学报》2005 年第 6 期。

　　贾东：《略论西安回族的语言特色》，《陕西师范大学学报》2005 年第 1 期。

　　马晓玲：《宁夏北部回民话词汇特点新探》，《宁夏大学学报》2006 年第 4 期。

　　海峰：《中亚东干语的语言学价值》，《新疆大学学报》2006 年第 3 期。

　　韩中义：《文明的本土化及其传承载体——中国阿拉伯字母体系汉语拼音"小经"文字历史演变考论》，《南京大学学报》2006 年第 3 期。

　　马千里：《回族经堂语词汇的渊薮与构成刍议》，《现代语文》2006 年第 5 期。

　　李生信：《回族话形成的民族语言基础》，《西北第二民族学院学报》2006 年第 3 期。

　　张安生：《西宁回民话的引语标记"‒说着、‒说"》，《中国语文》2007 年第 4 期。

李生信:《西北回族话中词语的"转用"现象》,《修辞学习》2007 年第 2 期。

柏莹:《南京回族话探析》,《黑龙江民族丛刊》2007 年第 6 期。

杨捷:《关于同心方言中后鼻音读为前鼻音探源》,《回族研究》2007 年第 4 期。

李生信:《西北回族话中对近代汉语词语的"化用"现象》,《修辞学习》2007 年第 6 期。

李生信:《西北回族话中的近代汉语词汇》,《西北第二民族学院学报》2008 年第 2 期。

柏莹:《回族汉语词语规范刍议》,《扬州职业大学学报》2008 年第 2 期。

马辉芬:《〈经汉杂学摘要注解〉词汇特点简述》,《现代语文》2008 年第 2 期。

沙丽华:《论回族语言的交融性文化特征及其汉化进程》,《回族研究》2009 年第 3 期。

2. 回族话研究主要著作

刘俐李:《回民乌鲁木齐语言志》,新疆大学出版社,1989。

李树俨、张安生:《银川方言词典》,江苏教育出版社,1996。

刘俐李:《乌鲁木齐回民汉语语法、汉语方言语法类编》,青岛人民出版社,1996。

高葆泰、张安生:《银川话音档》,上海教育出版社,1997。

杨占武:《回族语言文化》,宁夏人民出版社,1996。

张安生:《同心方言研究》,宁夏人民出版社,2000。

李生信:《回族语言民俗》,宁夏人民教育出版社,2003。

何克俭、杨万宝:《回族穆斯林常用词语手册》,宁夏人民出版社,2003。

林涛:《中亚回族陕西话研究》,宁夏人民出版社,2008。

海峰:《中亚东干语言研究》,新疆大学出版社,2003。

马广德编著《回族口头文化览胜》,宁夏人民出版社,2009。

后 记

　　《西北回族话研究》是 2008 年度国家社会科学基金项目"回族话语料库建设"的成果之一。该成果由两部分组成，一是研究报告，二是语料库。本书是在研究报告的基础上修改而成，将由社会科学文献出版社出版，这是一件值得庆贺的事。我对回族话的研究，始于 2000 年。现全国政协副主席，时任宁夏回族自治区党委常委、宣传部长王正伟，在固原调研工作时向我建议，作为一名在回族聚居地区长期从事语言学教学与研究工作的高校教师，应该关注回族话的研究。当时我在固原师专工作，研究回族话有着得天独厚的人文、地理优势，于是就编写了一个比较系统的研究提纲，并且被特批为当年的宁夏社科规划项目。我的第一本专著《回族语言民俗》出版时，正伟同志还亲自写序予以鼓励。从此，我就开始了回族话的研究之路。十多年来，在繁忙的教学工作之余，我始终坚持调研、探讨、分析，并且陆陆续续产出了一些科研成果。迄今为止，围绕回族话研究，本人已经主持了两项国家社科基金项目、三项宁夏社科规划项目、一项国家民委研究项目；出版专著两部，发表论文 40 多篇；获得两项宁夏优秀社科成果论文奖，一项宁夏优秀社科成果著作奖，一项北方十五省哲学社会科学优秀图书奖。可以说，我对回族话的研究取得了初步的成效，交上了第一份合格的答卷。

　　《西北回族话研究》一书，是对我前一个阶段回族话研究成果的小结。以往的回族话研究，主要从词汇和语用方面入手，对回族话的特点进行比较系统的分析。回族话其实是一种文化现象，在词汇和语用方面表现得尤为突出，但回族话在语音和语法方面也有自身的民族语言特点。在以往的研究中，对这方面的问题关注不够，成果不多，但这也恰好为后续研究留下了空间，今后回族话研究应该重点关注其语音和语法问题。

回族话研究是一个新的研究领域，需要更多的学者关注。本人所在的北方民族大学，已经形成了一支与之相关的研究团队，其中有教授，也有博士；有年长者，也有年轻人。大家默默无闻地在这块土地上耕耘着，从申报研究项目入手，寻找研究的突破口。近年来围绕回族话研究，我们已经成功申报了6项国家社会科学基金项目、近20项省部级项目，有了一个良好的开端。北方民族大学文史学院，已经把"东干语、回族话与西北方言研究"作为学院学科建设的主要方向，这无疑将推进回族话研究的进一步发展。既然已经播下了希望的种子，收获的季节就会到来，我们满怀信心地期待着丰收的果实。

李生信

2015 年 6 月

图书在版编目(CIP)数据

　　西北回族话研究／李生信著． —— 北京：社会科学
文献出版社，2016.9
　　ISBN 978 - 7 - 5097 - 8791 - 5

　　Ⅰ.①西… Ⅱ.①李… Ⅲ.①回族 - 民族语 - 研究 -
西北地区　Ⅳ.①H289

　　中国版本图书馆 CIP 数据核字（2016）第 034973 号

西北回族话研究

著　　者／李生信

出 版 人／谢寿光
项目统筹／谢蕊芬
责任编辑／杨　阳　谢蕊芬

出　　版／社会科学文献出版社·社会学编辑部（010）59367159
　　　　　　地址：北京市北三环中路甲 29 号院华龙大厦　邮编：100029
　　　　　　网址：www. ssap. com. cn
发　　行／市场营销中心（010）59367081　59367018
印　　装／三河市尚艺印装有限公司

规　　格／开　本：787mm × 1092mm　1/16
　　　　　　印　张：15.25　字　数：210 千字
版　　次／2016 年 9 月第 1 版　2016 年 9 月第 1 次印刷
书　　号／ISBN 978 - 7 - 5097 - 8791 - 5
定　　价／59.00 元

本书如有印装质量问题，请与读者服务中心（010 - 59367028）联系